하이데거의 삶의 해석학

하이데거의 삶의 해석학 ▌

1판 1쇄 인쇄 │ 2009년 6월 5일
1판 1쇄 발행 │ 2009년 6월 15일

지은이 │ 조형국
펴낸이 │ 서채윤
펴낸곳 │ 채륜

본문 │ design ○₂(ahha02@hanmail.net)
표지 │ 디자인창(66605700@hanmail.net)

등록 │ 2007년 6월 25일(제25100-2007-000025호)
주소 │ 서울 광진구 군자동 229
전화 │ 02-6080-8778
팩스 │ 02-6080-0707
이메일 │ chaeryunbook@naver.com

ISBN 978-89-93799-02-6 93160

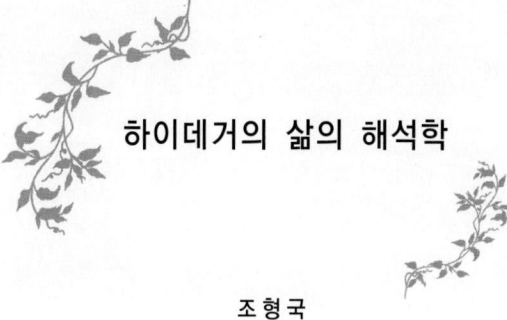

하이데거의 삶의 해석학

조형국

채륜
CHAE RYUN

"현존재는 그 자신이 바로 그에게로 가는
길 위에 있는 자(Unterwegs)로서 있다."
— 『존재론─현사실성의 해석학』

"결단성은 본래적인 열어 밝혀져 있음으로서
본래적으로 세계─내─존재 외에 다른 것이 아니다.
결단성은 자기 자신을 바로 그때마다의
배려하며 손안의 것 곁에 있음으로 데려오며
자기 자신을 타인과 함께 심려하며
더불어 있음에 부딪치게 한다.(중략)
결단성의 본래적인 자기존재에서부터 비로소 처음으로
본래적인 '서로 함께'가 발원되는 것이지,
'사람들'(그들)속에서의 애매하고 질투심 섞인 약속들과 수다스러운 친교
그리고 사람들이 도모하려고 드는 일에서부터 생기는 것이 아니다."
— 『존재와 시간』

책머리에

인간은 특정한 언어와 존재이해가 힘을 발휘하고 있는 세계에 처하여(Befindlichkeit) 살아갈 수밖에 없는 존재이다. 특정한 세계에서 태어나 그 세계 안에서 통용되고 있는 언어와 삶의 논리를 배워 자신의 삶을 가꾸어가게 된다. 자신만의 세계를 만들어가며 살아간다. 자신이 속해 있는 세계에서 통용되는 언어와 삶의 문법을 배우고 또 그것을 나름대로 변형시켜 자신의 삶의 세계를 형성해가게 된다. 그런데 자신의 삶의 세계를 가꾸어 가는데 있어 '우선 대개(Zunächst und Zumeist)' 살아가는 모습, 즉 일상적 삶이란 전통과 문화라는 이름아래 많은 사람이 인정하는 삶이기에 그러한 삶의 논리에 맞춰 살아가면 안정감과 포근함을 느낄 수 있는 삶이다. 이러한 일상적 삶의 문법은 흔히 윤리와 도덕, 종교, 법과 제도 그리고 과학의 이름으로 시스템화되어 있다.

우리는 '우선 대개' 이러한 세계 속에서 「사람들(das Man)」의 분위기와 논리에 적절히 대응하며 자신의 삶을 영위해가고 있다. 흔히 사회적 존재, 정치적 존재로서의 인간을 이야기하듯이 인간은 「사람들」과 더불어 살아갈 수밖에 없는 존재이다. 인간(人間)이라는 낱말 자체에서 알 수 있듯이 인간은 사람 사이를 살아가는 존재이다. 물론 인간은 시간과 시간 사이를 살아가고, 공간과 공간 사이를 의식하며 살고 더 나아가 천지간(天地間), 즉 하늘과 땅 사이를 이어가며 살아가기도 한다. 그러나 우리의 일상적 삶은 사람과 사람 사이를 이어가고 관계짓는 양태에 따라 그 모습이 크게 달라진다. 우리는 사람과 사람 사이에서 울고 웃으며, 사랑과 미움을 느끼며, 기쁨과 고통을 경험하게 된다. 이러한 모든 현상이 바로 우리의 삶을 채워 우리들 삶의 무늬를 수놓고 있는 것이다. 우리는 이 모든 것을 무시하고 살아갈 수가 없다. 아무리 마주치는 것이 싫고 타인과 더불어 일을 해나가는 것이 힘겨울지라도 더불어 살아가고 있는 우리의 삶의 마당자체를 부정할 수는 없는 것이다. "타인이 곧 지옥이다."라는 사르트르 식의 생각 속에 혼자만의 자유의 세계를 꿈꾼다하더라도 자신의 자유의 결단은 주위세계의 환경으로 연결되는 것이며 자신의 홀로 있음 속에는 이미 더불어 있음이 함께 속하고 있다. 우리는 좋든 싫든 타인과 더불어 우리 일상의 삶을 꾸려나가야 한다.

그런데 이렇듯 「사람들」과 더불어 만들어나가는 우리의 일상적 삶의 모습은 어떠한가? 우리는 일상적 삶 속에서 자신의 본래적인 존재가능을 실현시켜가며 살아가는가? 「사람들」의 시선과 폭력에 구속당하는 삶을 살아가고 있는 것은 아닌가? 왜 우리는 「자기 자신」의 본래적 가능성을 향해, 긴장을 늦추지 않으면서 줄기차게 살아가지 못하는가? 일상의 세계와 결단의 세계 사이를 여행하며 우리는 어디를 향해 가고 있는 것인가?

하이데거는 이러한 우리의 일상적 삶의 모습을 자신의 주저인 『존재와 시간』(Sein und Zeit)에서 현상학적─해석학적으로 보여주고 있다. 그런데 사실 이러한 분석은 『존재와 시간』 이전 초기 하이데거의 강의들에서 나타나고 있었던 바이다. 우리가 초기 하이데거의 강의들─『존재론(현사실성의 해석학)』, 『아리스토텔레스에 대한 현상학적 해석』 등─에서 나타나는 개념들, 즉 '현사실적 삶(Das faktische Leben)', '현사실성(Faktizität)'에서 알 수 있듯이 하이데거는 초기 때부터 삶(Leben)과 현존재(Dasein)의 관계 다시 말해 현존재의 삶 속에서 존재(Sein)와의 관련성에 관한 사유의 씨앗을 잉태하고 있었다. 이러한 하이데거의 사유는 『존재와 시간』에서 현존재분석론이라는 이름하에 학문적으로 정제된 형태로 표출되었고 이후 후기에 가서는 존재의 빛 가운데서 삶의 거기(Da)를 보려는 방향으로 전개되었다.

이러한 하이데거 사유의 길에 대한 시각에서 필자는 초기 하이데거에서 『존재와 시간』에까지 나타난 하이데거의 문제의식을 삶의 해석(학)이라는 관점에서 먼저 조망해 보는 작업에 관심을 가지게 되었다. 또한 필자는 '현사실적 삶이란 무엇인가', '삶의 거기(Da)에 있는 자, 즉 현존재(Dasein)의 있음(삶)은 어떻게 현상하는가'를 밝히는 것이 하이데거의 주저인 『존재와 시간』을 충실히 읽는 데 필수적인 작업이라고 생각한다. 따라서 삶의 해석(학)이라는 관점에서 『존재와 시간』에 나타난 현존재 분석과 실존으로서의 인간

이해 그리고 불안과 양심, 인간의 죽음의식에 대한 하이데거 사유의 사태들을 읽어보려는 것이 필자의 관심사이다.

이러한 관심과 의도, 시야를 가지고 필자는 『존재와 시간』에서의 현존재 분석론과 일상성(Alltäglichkeit) 분석 그리고 결단성(Entschlossenheit) 등의 내용을 우리가 살아가고 있는 오늘날에 적용하여 말해보려 노력하였다. 이름하여 「하이데거의 삶의 해석학」. 하이데거 철학에 대한 생산적 이해와 오늘날 우리의 삶에 대한 창조적 적용 등을 생각하며 풀이해 보았지만 앞으로 많은 분들과의 대화와 '다른' 목소리들에 귀 기울여보아야 할 것 같다.

시대에 대한 고민과 삶에 대한 애정, 이러한 사태를 사유와 언어로 길어내어 다시 우리의 시대와 삶을 치유하고 나아가야 할 바에 대해 이정표를 제시하는 일이 바로 철학함임을 하이데거로부터 배웠기에 먼저 하이데거의 시대와 인간 읽기에 기대어 내가 살아가는 현사실적 삶의 세계를 다시 보고자 하는 실존적 동기가 이 글을 쓰게 된 또 다른 이유이기도 하다. 그런데 하이데거와 더불어 나의 실존, 나의 삶을 고민한다고 하는 그 긴장된 순간순간에도 나는 이미 더불어 있음의 세계에서 많은 이들로부터 크나큰 은혜를 입고 빚을 지고 있었다. 나의 현사실적 삶을 생각할 때 그 분들을 떠올리지 않을 수 없다.

먼저 나의 은사이신 이기상 선생님을 기억한다. 학부에서 신학을 전공하였기에 철학의 세계로의 입문(入門)이 수월치 않았던 나에게 많은 관심과 지도로 이만큼 성장시켜 주셨다. 한국외대 철학과의 학부수업에서부터 대학원 세미나를 통해 선생님으로부터 배운 모든 삶과 철학적 내용들은 앞으로 나의 삶의 중심잡기에 커다란 힘이 될 것이다. 다시 한 번 깊이 감사드리며 회갑을 지나신 선생님의 만수무강을 두 손 모아 기원한다.

그리고 부족한 글을 읽어주시고 중요한 코멘트를 주신 한국외대 철학과의 박치완, 윤성우 교수님과 경원대의 전동진 교수님, 가톨릭대의 신승환 교수님께 심심한 감사를 드린다. 다음으로 경북대 철학과의 김재철 교수님과 신상희 선생님을 기억한다. 김재철 교수님은 마인츠대학에서 학위를 하시고 오셔서 나에게 특히 초기 하이데거의 철학에 대해 새로운 눈을 뜨게 해주셨기에 오늘의 나의 글이 나올 수 있었다. 교수님의 박사학위논문(Leben und Dasein)과 초기 하이데거 텍스트들을 함께 강독했던 시간들을 잊을 수가 없다. 지금은 경북대에 계셔서 자주 뵙지는 못하지만 늘 감사한 마음을 간직하고 있다. 신상희 선생님은 선문대 재학시절 수업을 통해, 이후 한국하이데거학회 모임을 통해 나에게 하이데거 존재사유의 신학적 유래에 관해 깊은 이해와 감동을 주셨다. 앞으로 전개되는 선생님의 하이데거 저서 번역과 연구 작업은 필자뿐만 아니라 이 땅의 하이데거 연구자들에게 깊은 지혜와 통찰을 줄 것이다. 끝으로 나의 하이데거 사유로의 길에서 한국외대에서 만난 구연상 선생님을 빼놓을 수 없다. 선생님과 수년간 함께 한 세월과『존재와 시간』강독의 시간들은 나의 삶과 사유의 세계 속에 고스란히 스며들어 있다. 선생님의 하이데거 텍스트 깊이 읽기 혹은 되씹어 읽기는 나에게 하이데거 텍스트 읽기의 맛을 또 다른 차원에서 체휼케 하였다.

이러한 하이데거 사유의 세계로의 입문을 이끌어 주신 분들과 더불어 나의 현사실적 삶의 세계에서 하이데거 철학을 비롯하여 <서양철학특강>, <서양철학의 제문제> 등을 실질적으로 강의할 수 있도록 배려해주신 분들께도 감사드리지 않을 수 없다. 먼저 선문대학교 문화콘텐츠학과의 진성배 교수님께 감사의 인사를 드린다. 진성배 교수님은 숱한 고민과 방황 속에 힘들어하던 학부시절 <철학개론>, <기독교사상사>, <통일사상> 등의 강의를 통해 심정적 삶과 신앙의 중심을 잡을 수 있는 힘을 주셨다. 아울러 선문대학교 교목실의 정호웅 실장님과 반재구, 김홍수 목사님께도 감사를 전한다. 선문대학교에서 강의하고 생활하는 동안 현실적인 많은 도움과 배려를 해 주셨다. 그리고 어설프고 설익은 나의 강의를 들어주고 열띤 토론의 자리를 함께하며 삶의 즐거움과 철학함의 의미를 나누었던 선문대학교 학생들 — 맹윤호, 김종엽, 김화성, 이혜진, 서미정, 이성수, 박병진, 윤병직, 윤현군, 김숙대, 양지영, 최종원 — 에게 감사한 마음을 전하고 싶다.

끝으로 나에게 하나님의 심정세계(心情世界)를 생활적으로 체휼케 해주신 사랑하는 부모님을 기억한다. 사랑과 인내로 자신들의 삶의 현사실성을 온몸으로 살아내시는 부모님은 나에게 영원히 살아갈 수 있는 용기와 지혜를 주신다. 더불어 아내 선향(善香)은 다 들어지지 않은 나의 생각과 말을 들어주고 이해해주고 조언해주며 함께 성장해가려고 노력하는 영원한 삶의 동반자이다. 그리고 나의 사랑하는 세 딸들, 예원, 예정 그리고 예인이는 영원한 삶의 기쁨이요 희망이다. 이분들은 나의 현사실적 삶의 근원이자 조건이며 근본내용이다.

이토록 많은 분들의 배려 덕분에 이 작은 결실을 보게 되었다. 물론 이 작은 결실을 구체적이고 현실적으로 성사시켜 주신 분은 채륜 출판사 서채윤 사장님이다. 선뜻 이 글의 출판을 허락해 주시고, 큰 애정을 갖고 책을 만들어 주심에 진심으로 감사를 드린다.

이 모든 분들께 나는 큰 빚을 지고 있다. 그 빚을 갚는 길은 앞으로 나의 현사실적 삶의 숲길(Holzwege)을 거닐며 새로운 생각과 삶의 이정표를 하나하나 만들어가는 일일 것이다. 앞으로 필자는 삶을 사랑하고 생명을 키우는 존재지혜를 추구하는 일에 더욱 정진할 것을 다짐하며 오늘날까지 음으로 양으로 도움을 주신 모든 분들께 이 작은 글을 바친다.

선문대학교 아산배움터 연구실에서

2009.4

조형국

제2장

현존재와 염려 그리고 현사실성의 해석학

제3장

일상성, 결단성, 본래성

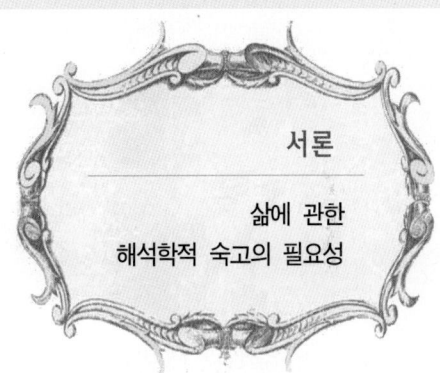

서론

삶에 관한
해석학적 숙고의 필요성

1. 삶의 현사실성과 해석학

　욕망하는 인간과 디지털 기술의 만남으로 더욱 사치스러운 일상
적 삶에의 욕구가 팽배해져 가는 오늘날, 우리는 왜 기술적으로 디
자인된 다양한 상품과 부품들로 둘러싸인 삶의 외적인 변화가 아
닌 외적으로 변화된 세계 안에서도 여전히 자신의 존재가능을 염
려하고 주위의 사물(도구)과 타인들을 배려(Besorge)하고 심려(Fürsorge)
하며 살아가는 현존재 자신과 삶의 현사실성(Faktizität)에 대해 물음
을 던지고자 하는가? 더 나아가 삶의 현사실성에 관한 물음이 모
든 인간 현존재에게 문제가 되고 있다는 것은 무엇을 뜻하는가?
물음을 던진다는 것이 우발적으로 떠오른 생각을 말한다거나 인터
넷에서 사람들(das Man)에 의해 회자되는 소문을 반복한다는 것이
아니라 사태와의 대결에서 나오는 것이라는 측면에서 생각해 볼

때,[1] 기술정보화시대라는 오늘날에도 여전히 인간의 문제, 즉 삶의 현사실성의 수행문제는 저마다 다양한 차원에서 그 수행하는 모습은 차이가 있을지언정 우리 모두의 삶의 과제이자 철학의 근본문제라고 할 수 있다.

삶이란 무엇인가? 그리고 철학(해석학)을 한다는 것은 무엇인가?[2] 이 두 물음은 초기 때부터 하이데거에게서 뗄래야 뗄 수 없는 관계에 있는 물음이며 하이데거 자신의 철학함을 이끄는 근원적 사태였다. 무명(無明)의 삶을 밝은 데로 드러내어, 지혜로운 삶으로 인도하는 일에 기여하는 행위가 곧 철학함일 것이다. 그런데 무명에 처한 우리의 삶은 우선 대개(zunächst und zumeist) 밝지 못한 상태에 처해 있으며 따라서 삶에 대한 근원적 물음은 억눌려진 가운데

---

1 M. Heidegger, *Ontologie*(Hermeneutik der Faktizität) GA 63, hrsg. von Käte Bröcker-Oltmanns, Vittorio Klostermann Frankfurt am Main, 1988, 5쪽; 『존재론(현사실성의 해석학)』, 이기상 / 김재철 옮김(서울: 서광사, 2002), 21쪽. (이하 『존재론』을 Onto로 직접 본문에 인용과 표기)

2 여기서 '철학이 왜 꼭 해석학이어야 하는가'라는 물음이 제기될 수 있을 것이다. 초기 하이데거에 의하면, 철학은 현사실적 삶 자체 안에 존재하고 있는 자기이해의 한 방식이며 그러한 방식으로 현사실적 현존재는 자신을 자기 자신에게 다시 붙잡아 온다. 이렇듯 초기 하이데거는 삶의 그때그때마다의 현사실성을 해석학적으로 장악하여 개념으로 끌고 오는 만큼 현존재의 역사적 가능성이 투명해진다고 본 것이다. 이기상, 「하이데거의 현사실성의 해석학」, 『하이데거 철학에의 안내』(서울: 서광사, 1993), 97쪽 참조. 신승환 교수는 『존재와 시간』 이후 "하이데거의 기초존재론과 해석학적 현상학에 기반하여 근대 이성의 체계를 넘어서는 존재론적 의미에 근거한 해석학을 존재론적 해석학이라고 한다면, 하이데거의 존재론적 해석학은 존재자 중심의 현전 형이상학과 사물의 존재자성의 탐구에 치중하는 본질철학에 대한 비판과 수정으로 이해된다. 존재자의 존재의미에 기초한 현상학적 해석학의 작업은 모든 존재자의 본질에서가 아니라 현존재의 현사실성에서 출발한다"고 하이데거의 해석학적 입장을 정리한다. 신승환, 「하이데거와 로티의 존재론적 해석학」, 한국하이데거학회 엮음, 『하이데거연구(제16집)』(파주: 한국학술정보, 2007), 가을호, 152쪽.

처해 있으면서도 매일 매일을 그럭저럭 살아가고 있다. 마치 우리가 시간의 본질에 대해 잘 모르면서도 시계를 보며 '지금은 몇 시이다'라고 대답을 하며 아무런 문제가 없는 듯 지내듯이 그렇게 우리는 살아가고 있다. 그런데 만약 누군가 시계가 고장이 나서 귀중한 면접시간에 늦어 크나큰 낭패를 보았다고 가정해 보자. 그는 면접시간에 늦은 자신을 자책하며 시간의 소중함에 대해 절감할 것이다. 더 나아가 그는 '시간이 뭐길래 나의 운명을 이렇게 결정짓는 걸까'라고 물으며 시간에 관하여 더 깊이 생각해 볼 수도 있을 것이다.

마찬가지로 우리는 일상 속에서 우선 대개 나보다 앞서 사람들(das Man)에 의해 나타나는 공공성의 세계 속에 우리의 삶이 사물화, 객관화된 ─ 삶 자체의 제거(Entlebung des Lebens) ─ 일상의 구조 가운데 염려로부터 벗어나는(Sorglosigkeit), 적당히 안정되고 포근한 기분에 기꺼이 안주(安住)하며 살아가고 있다. 하지만 삶의 다양한 계기들 ─ 교통사고, 경제적 어려움, 질병, 가까운 이의 죽음 등 ─ 을 통해 또한 우리는 새롭게 삶을 보는 지평을 열기도 한다. 이러한 일상적 삶과 결단하는 순간의 반복 그리고 그 반복을 통한 새로운 삶의 길로의 여정이 바로 현사실적 삶의 그때그때마다의 성격이며 모습이 아닌가. 그러한 **현사실적 삶**을 철학의 중심주제로 놓고 나토르프에서의 **선험성 문제**와 딜타이에서의 **체험의 문제**라는 그 당시 양대 철학계의 중심테마를 비판적으로 해체하며 사유의 근원적인 힘과 본래적인 새 것을 추구하고자 했던 것이 바로 초기 하이데거의 문제의식이었다.[3]

청년 하이데거의 모습

 그러한 하이데거에게 현존재의 존재론은 다름 아닌 (삶의) 현사
실성의 해석학이었으며, 그러므로 "해석학적 연구의 주제는 각기
고유한 현존재, 즉 그 자신에 대해 근본적으로 깨어 있음을 발전시
키려는 의도에서 그의 존재성격에 기초하여 해석학적으로 심문되
는(befragt) 자로서의 현존재이다."(Onto 38) 현존재는 다른 사물이나
도구와는 그 존재방식이 달라서 삶의 그때그때마다(Jeweiligkeit)를 각
자가 수행해야만 하는 존재이다. 이것이 바로 하이데거가 말하는
실존(Existenz)의 의미인데, 이는 우리 삶의 현사실성(Faktizität)[4]에서

---

3 M. Heidegger, *Phänomenologie der Anschauung und des Ausdrucks* GA 59, hrsg. von
  Claudius Strube, Vittorio Klostermann Frankfurt am Main, 1993. 18~29쪽 참조. 삶
  의 현사실성과 역사성에 주목한 초기 하이데거에게 "현상학은 삶을 객관화하고 탈
  체험화하는 종래의 학문적 경향에서 벗어나 삶 자체로 접근해 들어감으로써, 그 안
  에서 삶의 전체성이 드러나는 근본상황들과 근본경험들을 열어 밝혀주는 삶의 근원
  학문으로 여겨졌다." 신상희, 『하이데거와 신』(서울: 철학과 현실사, 2007), 17쪽.
4 여기에서 현사실성(Faktizität)은 일회적, 우연적, 상대적, 시간적, 개인적, 반복할 수

유래하는 것이다. 하이데거는 현사실성이라는 낱말을 인간 현존재의 고유한 존재성격을 지칭하는 개념으로 사용하고 있다. 인간 현존재는 "그때마다 고유한 것(je eigenes)으로서 그는 외관상 보이는

없는 역사적인 것인 반면, 논리성은 항상적, 필연적, 일반적, 초시간적인 것에 관련한다. 고대에서부터 철학의 전통은 이 현사실성을 극복하기 위해 절대적이고 규범적인 선험성에서 근거 지우거나, 또는 그것을 비이성적인 것으로 여겨 이론적 이성의 하위 개념에 두었다. 우리는 초기 하이데거에서 나타나는 현사실성 개념을 서양 형이상학에서의 보편과 개체 논쟁과 관련하여 생각해 볼 수도 있다. 보편과 개체, 논리적인 것과 현사실적인 것의 관계정립 문제는 인간 사유의 근본적인 내적 갈등이라 할 수 있다. 우리가 만약 보편·유·동일성 등의 개념들(논리적인 것)만 강조하면 전체를 쉽게 조감하게 될 수는 있지만 개체가 가지고 있는 질적인 깊이를 놓치게 된다. 반면에 개체(역사적인 것, 현사실적인 것)만을 강조하다보면 개별자 하나하나가 전해주는 심도 있는 질량감은 느낄 수 있어도 존재자 전체의 맥락 속에서 그 개별자가 타자들과의 비교 속에서 어떤 점이 같고 다른지를 동시에 알 수 있는 전체적 공관(共觀)은 할 수 없게 된다. 따라서 플라톤의 이데아론과 아리스토텔레스의 유개념 사상 등은 이러한 인간 사유의 내적 갈등을 인식하고 우리가 어느 하나만을 강조할 때 발생하는 인식의 한계를 근본적으로 자각한 가운데 나온 형이상학적 노작인 것이다. 하지만 서양 형이상학사에서 그리스 이후 유대·그리스도교적 전통에 의해 동일성 중심의 사유가 더욱 석화(石化)되어 내려오다 20세기 이후 차이를 중시하는 포스트모던이라는 운동이 철학뿐만 아니라 삶의 전반에 걸쳐 일어나게 된 것이다. 여기에서 우리는 형이상학(철학)과 삶의 세계는 밀접한 연관관계에 있음을 확인할 수 있으며 동일성 중심의 폭력성과 차이성 중심의 허구성을 극복할 수 있는 창조적 사유의 필요성을 절감할 수 있다. 전통 형이상학의 역사와 성격을 꿰뚫어 본 하이데거였기에 그는 서양철학의 전통에 뿌리박혀있는 이러한 대립상들―보편과 개체, 이성과 비이성, 정신과 물질, 의미와 무의미, 인간(주체)과 세계 등의 분리에서 나오는 철학들―이 '비철학적'임을 지적하면서 거기에서 나오는 철학의 경향들에 대해 근본적으로 물음을 제기한 것이다. Kim Jae Chul, *Leben und Dasein(Die Bedeutung Wilhelm Diltheys für den Denkweg Martin Heideggers)*, Inauguraldissertation, Mainz, 1999; 『존재론』, 26쪽. 역주 1); 박희영, 「그리스 정신이 인류 지성사에 끼친 영향과 그 한계」, 한국철학회 편, 『문명의 전환과 한국문화』(서울: 철학과 현실사, 1997), 97~119쪽; 양문흠, 「실재하는 것에 관한 아리스토텔레스의 물음」, 『고전 형이상학의 전개(형이상학과 존재론 1)』(서울: 철학과 현실사, 1995), 73~98쪽 참조. 특히 하이데거 사유와 포스트모더니즘과의 관계에 대한 자세한 논의는 다음을 참조. 신승환, 「하이데거에 있어서 형이상학적 사유의 극복」, 『하이데거 철학의 근본문제』(서울: 철학과 현실사, 1996), 323~370쪽.

개별자들로, 그로 인해 단독자(solus ipse)로 고립되는 상대화를 의미하지 않는다. 그의 고유성(Eigenheit)은 오히려 그 존재의 어떻게, 즉 깨어 있을 수 있는 존재방식에 대한 제시이다."(Onto 25) 이러한 현존재에게는 삶의 순간순간마다 그 존재의 어떻게, 다시 말해 깨어 있을 수 있는 존재방식이 문제가 된다. 즉 **현사실성의 자기해석**이 문제된다는 것이다. 이러한 물음에 대해 하이데거는 바로 해석학이라는 낱말을 그 근원적인 의미에서 추궁하여 현사실성의 철저한 탐구에서 작동하는 몇 가지 계기를 알려주며, 강조하고 있기 때문에 사용한다고 주장한다. 따라서 초기 하이데거에게 "해석학은 그의 존재성격에서 각기 고유한 현존재를 이 현존재 자체에 접근하게 하고, 전달하며, 현존재가 당하고 있는 자기소외(Selbstentfremdung)를 추적하는 과제를 가진다. 해석학에서 자기 자신을 이해하면서 되어가고 존재하는 하나의 가능성이 현존재를 위해 형성된다."(Onto 37) 이러한 현사실성과 해석학의 관계에 관한 새로운 시야에서 철학함의 새로운 길을 모색한 하이데거는 『존재와 시간』에서 "철학은 현존재의 해석학에서 출발하는 보편적인 현상학적 존재론인데, 이 해석학은 실존에 대한 분석론으로서 모든 철학적 물음의 실마리의 끝을, 그것이 발원하며 그것이 되돌아가는 거기에다 고정해놓았다."[5]라고 간명하게 정의내리고 있다.

---

5 M. Heidegger, *Sein und Zeit* GA2, hrsg. von Friedrich-Wilhelm von Hermann, Vittorio Klostermann Frankfurt am Main, 1975, 51쪽;『존재와 시간』, 이기상 옮김 (서울: 까치, 1998), 62쪽. (이하 이기상 교수의 번역『존재와 시간』을 SZ로 약기하여 본문에 직접 인용과 표기)

초기 때부터『존재와 시간』에 이르기까지 하이데거 사유에서 핵심적 주제인 현사실성을 (서양)철학사적인 맥락에서 잠시 생각해 보기로 하자. 하이데거는 전통 형이상학과 특히 데카르트 이후의 근대철학에 대해 '인간의지의 현상학'이라는 관점에서 비판하면서 철학이 인간 현존재의 생생한 삶, 구체적인 현사실성을 간과해 왔다고 본다.[6] 이점에 대해 하이데거는 다음과 같이 설명한다. 전통 형이상학이 사유를 '봄'으로서, 그리고 **존재를 지속적인 눈앞에 있음**(現前, Anwesen)으로 생각했기 때문에 현사실적, 역사적 삶 자체를 대상으로 삼을 수 없었고, 삶의 수행 자체를 개념으로 끌고 올 수가 없었다. 전통 형이상학이 잊고 있었던 것은 **현사실성과 시간성**이었다. 전통 형이상학이 존재를 '지속적인 현전'으로 사유한다면, 이때 (전통)형이상학은 존재를 하나의 특정한 시간의 양상, 다시 말해 현재에서부터 사유하게 되는 것이다. 그러므로 존재의 의미에 대한 결정이 이미 내려지게 되는 것이고, 그 본질에서 시간은 사유되지 않은 것이 된다. 즉 시간은 전통 형이상학이 망각한 것이 된다. '존재는 지속적인 현전이다'라는 것은 하이데거에 와서 더 이상 자명한 것이 되지 못함으로, 존재의 의미에 대한 물음은 존재와 시간에 대한 물음으로 대치될 수 있었던 것이다.

그런데 하이데거의『존재와 시간』에서 보이는 현사실성(Faktizität)과 현존재(Dasein)라는 개념은『존재와 시간』이 출판되기 전에 이미

---

6 M. 하이데거,『니체와 니힐리즘』, 박찬국 옮김(서울: 지성의 샘, 1996); M. 하이데거,『세계상의 시대』, 최상욱 옮김(서울: 서광사, 1995) 참조.

초기 하이데거의 사유의 세계에서 그 씨앗이 발아되고 있었다. 하이데거는 1920년 여름학기 『직관과 표현의 현상학(철학적 개념형성론)』 강의에서 처음으로 '현사실성'이란 단어를 나토르프의 '논리성(Logizität)' 개념과 대립되는 의미에서 사용했다.

　"이 1920년 여름학기 강의에서 하이데거는 신칸트학파가 문화가 치인 삶의 절대적인 규범적 내용을 얻기 위하여, 상대적인 것으로 보이는 역사적 일회성과 우연성의 특성을 가지는 현사실적 삶을 도외시하였다고 비판한다. 하이데거는 이 강의에서 '현사실성'인 구체적이고 개인적인 역사를 수행하는 삶을 자신의 철학함의 중심에 놓는다. 이로써 '현사실성' 개념이 더 이상 우연적이거나 부수적인 것이 아니라, 철학일반의 가장 중심적인 개념으로 등장하게 되었다. (중략) 이같이 하이데거는 자신의 현상학적 해석학 철학의 발아기라 할 수 있는 1919년에서 1921년 사이에 '현사실성' 개념을 '즉자대자적 삶', 결국에는 역사적인 것으로서 떠맡아야 할 '현사실적 삶'이라는 개념의 핵심적 의미와 연관하여 사용하였다. 이 '현사실적 삶' 개념은 1923년 여름학기[7]에 와서는 무엇보다도 인간의 존재방식을 뜻함으로써, 명백하게 존재론적인 의미를 띠게 된다. 즉 '현사실적 삶'이라는 개념은 인간의 삶이 이론적으로 고찰되는 어떤 것으로서가 아니라, 선(先) 이론적으로 살아진 하나의 사

---

7 『존재론』 참조. 하이데거는 이 강의에서 인간 현존재의 현사실성과 해석학 사이의 연관을 나타내고자 하였다. 그에 따르면 현사실성은 인간 현존재의 존재성격을 위한 표현이며 해석학은 이 존재 성격의 자기양식화(Selbstartikulation)를 의미한다. 해석은 현사실적으로 존재하는 인간 현존재의 존재방식이다.

태(Sache)로서 '거기에(da)' '있다(ist)'라는 사실을 가리킨다."[8]

초기 하이데거에게 '현사실적 삶' 개념은 점점 더 현존재(Dasein)라는 술어로 대치되어가며 이때 말하는 현존재는 다름 아닌 인간의 근본규정을 가리키게 된다. 초기 하이데거는 존재의 개방성을 삶의 '거기(Da)'라는 술어로 표현한다. 이 삶의 '거기(Da)'는 대단히 중요한 철학적 함의를 지니는데, 인간은 저마다 자신의 현사실적 삶의 '거기(Da)'에서 '곁에-있음(Sein-bei)'의 수행에 의해 존재의 개방성을 감지할 수 있기 때문이다. 이와 같이 인간의 있음의 독특함, 즉 삶의 '거기(Da)'에 있음을 그때그때마다 수행해야만 하는, 현-존재(Da-sein)로 파악한 하이데거는 철학을 규정함에 있어서도 독특한 입장을 고수한다. 초기 하이데거는 당시의 철학적 상황을 이성주의와 비이성주의의 대립으로 보고 이러한 분리는 근본적으로 인간과 세계의 관계가 왜곡된 데서 비롯한다고 본다. 그리고 이러한 대립을 근원적으로 극복하기 위해 삶의 현사실성을 보존하고 현존재의 현사실성을 강화하는 철학을 자신의 과제로서 설정하는 데서 비로소 자신의 새로운 철학의 길을 모색한다.[9]

전통 형이상학에서의 철학적 문제들이 잉태되어 나오는 근원적 사태로서 삶(현사실성)을 파악한 하이데거는 따라서 철학규정의 문

---

8 김인석, 「존재론 혹은 현사실성의 해석학」, 『하이데거의 철학세계』(서울: 철학과 현실사, 1997), 59~60쪽; *Phänomenologie der Anschauung und des Ausdrucks* GA 59, hrsg. von Claudius Strube, Vittorio Klostermann Frankfurt am Main, 1993, 168~174쪽 참조.
9 M. Heidegger, *Phänomenologie der Anschauung und des Ausdrucks* GA59, hrsg. von Claudius Strube, Vittorio Klostermann Frankkfurt am Main 1993, 174쪽 참조.

제에서 '철학은 철학함이다'(Philosophie ist Philosophieren)라는 명제로 자신의 입장을 제시한다. 인간으로 있음은 이미 철학한다는 것을 뜻하며 우리가 철학으로 안내한다는 것은 철학함의 길 위에 올려 놓는 것(In Gang bringen des Philosophierens)을 뜻한다.[10] 다시 말해, 철학으로 안내한다는 것은 이미 현존재가 가지고 있는 존재가능성을 꽃피워 주는 일이다.

인간 현존재는 누구나 자신의 독특한 현실, 현사실적 삶이라는 처해있음(Befindlichkeit)의 한 가운데에서 철학함이라는 작업을 다양한 차원에서 수행하며 살아가고 있다. 이것은 인간으로 있음의 근본적인 사건이다. 이와 같이 현존재의 현사실적 삶의 세계와의 연관에서 철학함을 이해한 하이데거의 사유에서는 마침내 '거기에— 있음(Da-sein)'이 '존재의 거기에(Da des Seins)'가 된다. 그리고 존재의 거기에 나가있는 현존재는 존재사건(Ereignis)을 경험할 수 있는 가능성의 길 위에 놓이게 된다. 이로써 우리는 전기에서 후기에 이르기까지 하이데거의 모든 사유함의 여정이 현존재의 '현사실적 삶'이라는 출발점에 이미 그 근원을 두고 있었다고 볼 수 있을 것이

---

10 M. Heidegger, *Einleitung in die Philosophie*, hrsg. von Otto Saame und Ina Saame -Speidel, Vittorio Klostermann Frankfurt am Main 1996, 3~4쪽; 이기상 / 김재철 옮김, 『철학입문』(서울: 까치, 2006), 15~16쪽. (이하 『철학입문』을 EiP로 본문에 직접 인용과 표기) 이와 같이 철학함으로써 철학을 이해하는 하이데거에 따르면, 철학은 삶(현사실성)의 제반에 대한 반성(자화상 그리기)과 그러한 반성작업을 통한 새로운 미래상을 제시하는 창조적 현실 읽기라 할 수 있다. 내가 속한 삶의 세계에서의 존재 사건을 주시하고 자신의 모국어로 담아내고 펼쳐 보이는 행위가 진정한 철학함이요 현사실성의 해석일 것이다.

다. 따라서 우리가 흔히 듣게 되는 하이데거의 사유 여정, 즉 실존 중심의 전기사유에서 존재중심의 후기사유로의 전회(Kehre)라는 것은 인간 현존재의 현사실적 삶이라는 자리에서 출발한 현사실성의 해석이 기초존재론적 변형을 거쳐 후기에서는 존재사건의 의미숙고로 이어진 존재사유의 길로 이해할 수 있을 것이다. 하이데거는 현사실적 삶에 집중된 사유를 통하여 인간 현-존재로 있음의 의미를 삶의 거기(Da)에서 다양한 사태들을 사건적으로 만나고 있음으로 해명하고자 한 것이다.

이러한 문제의식에 입각하여, 염려에서의 세계 성격을 유의미성(Bedeutsamkeit)이라 보고, 하이데거는 『존재와 시간』이전 초기 때부터 삶의 현사실성에 주목하면서 『존재와 시간』에서 구체화될 실존범주들과 현존재의 존재로서의 염려를 말하게 되었던 것이다. 특히 1921 / 22년 겨울학기 강의인 『아리스토텔레스에 대한 현상학적 해석』에서 하이데거는 염려에서의 지시성격(Weisungen des Sorgens)을 또한 강조하였다. 더 나아가 삶의 연관의미에서의 다양한 범주들 — 경향성(Neigung), 거리두기(Abstand), 빗장걸기(Abriegelung), 가벼움(Leichte) — 을 제시하기도 하였다.[11]

이렇듯 현사실적 삶의 세계와 철학(해석학)과의 관련성에 주목했기 때문에, 하이데거는 철학이 그때그때마다의 철학-함(현사실성의

---

11 M. Heidegger, *Phänomenologische Interpretationen zu Aristoteles* GA 61, hrsg. von Walter Bröcker und Kate Bröcker-Oltmanns, Vittorio Klostermann Frankfurt am Main 1985, 89~110쪽 참조. (이하 PhIA로 약기하여 본문에 직접 인용)

해석학)이 되어야 하며 오늘날의 '해석되어 있음'을 끊임없이 문제시해야 함을 강조하였다. 따라서 하이데거는 그의 초기 강의『아리스토텔레스에 대한 현상학적 해석』에서 '철학은 대학의 강단철학인가?' 혹은 '우연적인 대학의 상황이 철학을 위해 무엇을 할 수 있는가?' 등의 물음들을 던지면서 '철학이란 무엇인가'에 대해 근본적으로 천착해 들어갔던 것이다. 현존재 삶의 현사실성과 그 희미하고 어두운 현사실성을 탈—은폐시켜 밝은 데로 드러나게 하는, 다시 말해 현존재 삶의 존재(현사실성)를 현상학적—해석학적으로 해명해보려는 것이 바로 초기 하이데거의 근본 문제의식이었다.

2. 문제제기 및 내용 개괄

날로 친절하게 진화해가는 디지털기술과 욕망하는 인간의 의지가 만나 더 고급스럽고 사치스러운 삶을 추구하는 오늘날, 우리가 우리 삶의 외적인 환경과 세계의 변화가 아닌 우리의 현사실적 삶, 다시 말해 우리의 있음 자체(實存)를 문제 삼는다는 것은 무엇을 뜻하는가? 오히려 이러한 물음은 변화하는 시대에 발맞추어 행진하지 못하는 예외자들의 자기 내면의 위로를 위한 푸념은 아닌가? 더욱이 주로 초기에서『존재와 시간』에까지 나타난 하이데거의 현사실적 삶의 분석과 그러한 분석에서 드러나는 인간이해에 관한 연구는 어떠한 철학적 혹은 시대적 의의를 확보할 수 있겠는가? 분명 오늘날 우리의 현사실적 삶의 세계는 모든 분야에서 메가 트렌드적 문화코드에 맞춰 숨 가쁘게 변화해가고 있다. 그리고 이러한 시대적 변화에 대응하기 위한 삶의 지혜를 얻기 위해 우리는 여기 저기 분주하게 기웃거리기도 한다. 하지만 우리는 그러한 삶의 외적인 조건의 변화에 초점이 맞춰진 수많은 지식과 정보에도 불구하고 여전히 형이상학적 허무감을 느끼게 된다. 이는 인간 현존재의 삶 자체의 성격, 즉 자유의지를 바탕으로 자신의 존재가능을 끊임없이 염려하는 현존재의 성격에 대한 기초적 분석이 빠져 있을 때 일어나는 기분일 것이다.

인간의 삶이란 그때그때마다 자신이 열어 밝힌 삶의 상황(Situation) 속에서 다양한 관계맺음 가운데 드러나는 연관의미, 내용의미, 수행의미로 채워져 가는, 자신이 자신의 삶을 떠맡아 가야만하는 여행과 같다. 그리고 제대로 된 여행에는 용기와 모험의 정신이 필요하며 다양한 준비가 필요하다. 하지만 우리는 매일 현사실적인 삶의 여행을 떠나면서도 어떻게 사는 것이 나의 현사실성을 제대로 떠맡는 삶인가에 대한 고민의 부재, 자기 자신의 삶의 현상과 해석에 대한 무관심에 빠져 있는 것은 아닌가? 이것이 바로 우리가 캄캄한 인생이라는 터널 속에서 헤매고 있는 연유인 것이다. 그래서 그 칠흑 같은 어둠을 깊게 경험한 사람일수록 한줄기 존재지혜의 빛을 갈구하는 정도도 깊어지는 법이다. 현사실적 삶이라는 내던져 져 있음 속에서, 주어진 얼마 되지 않은 시간 속에서, 자신의 본래성에 관한 무관심과 무지를 극복하고자 노력하는 자는, 배부른 오늘(날)의 통상적인 해석되어 있음에 만족하지 못하고 매순간 새로운 여행을 떠나고자 할 것이고 그러한 자는 분명 열린 정신의 소유자일 것이다. 그리고 그 열린 정신의 소유자는 자신의 현사실적 삶의 세계 속에서 끊임없이 사람들 세계로의 몰락(Ruinanz, 비본래성)과 복귀(Reluzenz, 본래성)라는 긴장과 화해를 겪을 것이며 그러한 경험의 반복 가운데 삶의 그때그때마다의 새로움과 생경함을 맛보게 될 것이다.[12]

우선 대개 은폐되고 어두운 삶을 밝은 데로 드러내려는 현사실성의 해석행위는 무엇을 말하는가? 우리 삶의 본래성과 비본래성에 대해 물음을 던지며 살아간다는 것은 무엇을 뜻하는가? 그리고 그 본래적, 비본래적이라는 것에 대한 객관적인 기준은 제시될 수 있는가? 이러한 자기 삶의 현상학 혹은 삶의 해석학적 사태에 대해 하이데거는 현사실적 삶이라는 주제설정(Thematik)과 현상학적 해석학 혹은 해석학적 현상학이라는 방법모색(Methodik)을 통해 여일하게 삶과 현존재 분석을 수행하였던 것이다. 필자는 이러한 초기 하이데거의 문제의식의 흐름에 따라 삶의 해석학적 혜안과 기초존재론적 변형의 모습을 제시해보고자 한다.

우선 제1장(현사실적 삶이란 무엇을 말하는가)에서는 초기 『아리스토

---

12 '우선 대개'의 현존재는 도구(사물)를 배려하고 남들(더불어 세계)에 대해 심려하며 그 가운데 자기 자신의 존재가능성에 대해서 염려하며 살아간다. 그런데 이러한 현사실적 삶의 세계에서 현존재는, 특히 남들과의 더불어 있음의 세계에서, 자기 자신의 삶이 그 자신에서 벗어나 물화(物化)된 세계로 몰락할(Verfallen) 경향이 있음을 염려하며 끊임없이 자기 자신을 가짐(Sich-selbst-Haben)의 사태를 문제 삼는다. 이러한 요동치는 삶의 과정에서 우리는 현존재의 본래성과 비본래성이라는 사태를 말해볼 수 있는데, 이 본래성─비본래성을 대립적으로 보는 시각 속에서의 긴장과 본래성─비본래성을 아울러 여여(如如)하게 볼 줄 아는 눈에서의 화해의 경험 가운데 우리는 삶의 그때그때마다의 새로움과 생경함을 맛볼 수 있을 것이다.

텔레스에 대한 현상학적 해석』강의에서 나타난 현사실적 삶 분석에 대해 이야기하고자 한다. 세부적으로는 제1절에서 초기 하이데거 당시의 철학적 상황에서 드러나는 삶과 삶의 철학의 문제, 초기 하이데거에서의 삶과 세계의 관계에 대해 밝힐 것이다. 그리고 제2절에서는 초기 하이데거에서부터 나타나는 염려 개념에 대한 분석이 이루어질 것인데, 여기서 우리는 염려개념이 삶의 연관의미로서 제시되고 있음을 확인할 수 있을 것이다. 더 나아가 제3절에서 그러한 염려에서의 세계는 유의미성이라는 성격을 가지게 되며 염려가 일정한 지시성을 지니고 있음도 아울러 확인하게 될 것이다.

다음으로 제2장(현존재와 염려 그리고 현사실성의 해석학)에서는 현사실적 삶에 대한 분석에 바탕해서 그렇다면 그러한 삶을 살아가는 인간을 어떻게 읽어야 할 것인가에 대한 하이데거의 문제의식을 따라가 보고자 한다. 그리하여 우선 제4절에서는 전통적인 인간 개념과 차이나는 하이데거의 현존재 이해가 함의하고 있는 다양한 특징과 철학적 의의 등에 대해 고찰하고자 한다. 제5절에서는 그러한 현존재의 존재가 단일적으로 염려로 볼 수 있으며 그 염려현상에서 체험하는 인간의 시간의식, 현존재의 시간성과 가능성에 대해 생각해 보고자 하였다. 제6절에서는 초기 하이데거의 존재론(현사실성의 해석학)에 바탕하여 삶의 현사실성의 자기해석으로서의 해석학 개념을 소개하고자 한다. 여기에서 우리는 이전 해석학사에서의 해석개념과 차이나는 해석, 즉 그때마다 고유한 현존재를 그 자신에게 접근하게 하는 과제를 지닌 해석이라는 하이데거의 독특한 시각을 만나게 될 것이다. 이것이 바로 해석학사에서 해석을 인식론

적 차원이 아닌 존재론적 차원으로 승화시켰다는 하이데거의 공로이다.[13]

마지막으로 제3장(일상성, 결단성, 본래성)에서는 세계－내－존재로서 현존재의 우선 대개 드러나는 현사실적 삶의 모습(일상성)을 잡담(Das Gerede)과 호기심(Die Neugier) 그리고 애매함(Die Zweideutigkeit)이라는 용어로 보여주는 하이데거의 안목을 일별해보고(제7절) 그러한 일상 속에서 다양한 계기들을 통해 경험하게 되는 결단성의 세계에 대해서도 함께 논구해 볼 것이다. 이 절에서 필자는 하이데거의 결단성 개념에 주목하면서 하이데거가 말하는 본래적 삶이란 결국 결단하는 삶을 사는 것, '다시 선택한 삶(re-legere)'을 살아내는 것이라는 사태를 밝혀보고자 한다.(제8절) 더 나아가 일상적 삶의 세계 속에서 본래성을 회복하게 되는 계기들로 제시하고 있는 하이데거의 불안과 양심 개념 그리고 죽음 이해를 살펴봄으로써 결국 현존재의 삶이란 일상에서 오는 따사로움과 포근함 그리고 자기 자신으로 있으려는 노력 가운데서 오는 진지함과 경건함을 아울러 겪어가는 여정이라는 점을 보여주고자 한다. 자신의 삶의 현사실성을 직시하고, 자기 자신(實存)을 살아내려고 노력하며, 죽음으로 앞서 달려가 보는 죽음의 연습을 통해 우리는 참된 자유를 체득할 수 있을 것이다. 더 나아가 우리는 자기 겸손과 자기 비움

---

13 R. 팔머, 『해석학이란 무엇인가(Hermeneutics)』, 이한우 옮김(서울: 문예, 2001), 184
~205쪽; E. 후프나겔, 『해석학의 이해(Einführung in die Hermeneutik)』, 강학순 옮김
(서울: 서광사, 1994), 39~96쪽 참조.

의 삶의 태도 속에 우리의 삶이 언제나 존재의 빛에 의해 인도되고 있음을 체감할 수 있을 것이다.

제 1 장

현사실적 삶 Das faktische Leben 이란
무엇을 말하는가

제1절
현사실적 삶의 세계

1921 / 22년 겨울학기, 『아리스토텔레스에 대한 현상학적 해석』
이란 강의에서 하이데거는 아리스토텔레스 사유의 범주를 현사실
적 삶에 적용시켜 해석한다. 그렇다고 직접적으로 아리스토텔레스
의 철학을 다루는 것은 아니고 오히려 '이해의 상황', '해석학적 상
황'에 대한 자세한 규정을 문제 삼고 있다. 이 규정은 바로 '현사
실성'이란 개념으로 제시되는데, 이 삶의 현사실성이란 단초에서
아리스토텔레스에 대한 해석이 수행된다. 이러한 문제의식을 지닌
하이데거에게 철학함은 "삶의 현사실성의 근본적인 역사적 수행에
관련된 원리적인 인식이다."(PhIA 111)
　이 강의는 총 3부로 구성되어 있는데, 하이데거는 1부에서 그리

스도교적 삶의 의식을 앞서 그리스화(Gräzisierung)하면서 수행된 스콜라 철학을 통해 아리스토텔레스를 수용하는 것을 비판한다. 나아가 그는 신칸트학파에 의한 아리스토텔레스에 대한 전반적인 논의를 잘못된 평가로 거부한다. 그러한 바탕 위에 2부에서 (삶의) 현사실성이란 관점에서 철학의 과제 — 철학의 정의에 대한 과대평가와 과소평가의 문제 — 를 규정한 뒤, 3부에서 그는 현사실적 삶의 현상학적 근본범주에 대한 분석을 수행한다. 필자는 특히 이 3부(Das faktische Leben)에 나타난 현사실적 삶에 대한 분석에 초점을 두고 초기 하이데거에서의 삶과 세계 그리고 염려 개념을 중심으로 삶의 현사실성의 근본적인 역사적 수행에 대해 철학함이 주목해야 한다고 강조하는 그의 문제의식에 대해 논의해 보고자 한다.

1. 초기 하이데거에서 삶(Leben)과 세계(Welt)

『아리스토텔레스에 대한 현상학적 해석』 3부(현사실적 삶)를 시작하면서 하이데거는 우선 우리가 삶이라고 말할 때, 이 삶 개념에 내재되어 있는 의미구조를 파악하는 것으로부터 논의를 펼쳐간다. 이는 현대의 삶의 철학에서 '삶'이란 표현이 이미 앞서 애매함과 다의성을 내포하고 있다는 많은 비판을 받아왔기 때문이다. 이에 대해 삶이란 표현이 함의하고 있는 의미와 뛰어난 양태를 가진 하나의 근본현상을 보여주고자 하이데거는 삶(Leben)이라는 개념에 대한 이야기로부터 시작한다.

하이데거는 삶이라는 개념에 대해 다음과 같이 세 가지로 요약 제시한다. 우선 동사 '살다'는 자동사이면서, 타동사로서 양의성을 가지고 있다. '사람들이 그렇게 산다.'(자동사) '화려한 삶을 산다.' (타동사) 그런데 이러한 두 가지 동사의 의미는 삶(das Leben)이라는 말로 명사화될 수 있다. 명사로서 그리고 실체화된 것(Substantivum) 으로서 삶이란 표현은 다시 세 가지 관점에서 풍부하면서도 독특한 의미를 내보이고 있다. 첫째, 삶은 '살다'에 대해 앞서 말한 두 가지 동사형 — 자동사와 타동사 — 의 과정과 시간화의 통일성 (Einheit der Folge und Zeitigung), 즉 전체적으로 혹은 그때마다 경계지워진 궤적, 온전한 혹은 부분적인 수행의 다양성과 그때마다의 근원성 그리고 근원과 거리둠에서의 통일성을 의미한다. 둘째, 삶은 특별한 뜻으로 가능성(Möglichkeiten)을 자신에 지닌 어떤 것에 대한 의미에서 파악된다. 셋째, 삶은 위에 언급한 첫 번째와 두 번째의 뜻을 함께 포함한 의미에서 이해될 수 있는데, 이는 가능성과 가능성의 몰락(Möglichkeitsverfallen)의 통일성 그리고 힘(Macht)과 운명(Schicksal)으로 작용하는 그 통일성이 가진 특정한 불투명함(Undurchsichtigkeit)으로 있는 현실성(Wirklichkeit)으로서의 삶 전체를 의미한다.

이러한 명사화된 삶의 표현이 가지는 세 가지 의미는 범주적으로 서로 연관되어 있어 삶의 구조, 즉 수행의 다양성 성격(Vollzugs-mannigfaltigkeitscharakter), 가능성으로서의 양식화(die Artikulation als Möglichkeit), 더 나아가 불투명성과 운명에서의 현실성, 힘 등을 보여준다. 이러한 의미연관을 하이데거는 그 전체를 꿰뚫으면서도 독특한 의미를 가진 다음의 형식으로 요약 제시한다. 삶(Leben) = 현존재(Dasein), 삶에서 그리고 삶을 통한 존재(in und durch Leben <Sein>). "이러한 형식적 지시에서 본 삶의 의미는 '삶'이란 현상의 선명한 근본양식화와의 연합에서, 즉 삶 자체의 현상과 거기에 함께 있고, 그것 자체에서 의미에 부합하게 개념파악된 어떤 것에서 비로소 부각된다."(PhIA 85)

자동사의 의미에서 '살다'는 항상 어떤 것에(in), 어떤 것으로(aus), 어떤 것을 위해(für), 어떤 것과 함께(mit), 어떤 것에 맞서서(gegen) 살다로서 표명된다.[1] 이때, '살다'라는 자동사 앞에 오는 '어떤 것'은 살기 위한 다양한 관련성을 나타내고 있는 것이다. 이 살기 위한 다양한 관련성에서 바로 세계가 함께 드러나고 있다. 세계는 '살다'라는 동사에 의해 제시되는 현상에서 비로소 생겨난다. 이 세계가 바로 우리의 삶의 세계로서 규정된 방식에서 직관될 수 있다. 살아가고 있고, 삶이 지탱되고, 삶이 거기에 머무르고 있는 사태가 바로 현상학적인 범주로서의 세계이다. 이 세계는 관련된 다양한 연관의미(Bezugssinn)와 그 세계에서 살아가는 수행의미(Vollzugssinn) 그리고 수행을 통해 만들어져 가는 내용의미(Gehaltssinn)로 이루어진 세계이다. 따라서 삶은 그 자체에서 세계에 연관되어 있다. 이 연

---

1 '살다'라는 동사가 자동사로서 쓰일 때의 의미를 일상적 표현들을 통해 생각해 보자. '그는 서울에 산다.'(in etwas leben), '그는 낚시하는 재미로 산다.'(aus etwas leben), '우리는 명예를 위해 산다.'(für etwas leben), '그녀는 강아지와 함께 산다.'(mit etwas leben), '우리는 독재에 맞서 살아왔다.'(gegen etwas leben) 이상과 같은 '살다'라는 동사의 쓰임에서 알 수 있듯이, '살다'라는 동사 앞에 오는 어떤 것(etwas)은 바로 살기 위한 다양한 관련성을 뜻한다. 그러한 관련성에서 바로 우리의 삶의 세계가 현상하고 있음을 하이데거는 말하고자 한 것이다.

관되어 있음은 한 연관의 관련됨, 즉 수행됨, 살았음, 해석을 위해 선개념적으로 산 것으로서 의도될 수 있으며, 선개념에 담겨지고, 선개념에 적합하게 된 것으로서 해명될 수 있다. 이때 세계는, 삶이란 현상에서 내용의미를 가진 것의 근본범주이다. 그리고 여기서의 범주는 전통적인 의미에서의 형식(Form)개념이 아니다. 범주로서의 세계라고 할 때, 이 범주는 근원적인 의미에서 해석이다. 범주는 현사실적 삶 자체가 해석으로 강제되는 한에서만 이해가 된다. 그러므로 여기에서 범주는 단순히 개념적-분석적인 도구가 아니라 근원적인 방식으로 삶의 거기에서, 삶이 형성되는 데에서 연유한다. 범주는 삶이 자기 자신으로 가는 본래적인 방식이다. 이 때문에 하이데거는 범주가 온전한 삶으로 해석하면서 있다고 말한다. 삶의 근본범주에 대한 해명은 따라서 삶의 방식에 대한 해명을 의미한다. 삶의 수행으로서의 삶의 근본범주는 후에 『존재와 시간』에서 현존재의 존재방식의 실존범주(Existenzialen)로 변형된다.(PhIA 86~89 참조)

2. 삶의 연관의미로서의 염려함(Bezugssinn des Lebens: Sorgen)

이렇듯 『아리스토텔레스에 대한 현상학적 해석』 강의는 『존재와 시간』과 관련해 볼 때, 초기 하이데거 사유의 핵심과 성장과정을 확인할 수 있는 중요한 자료이다. 그런데 앞에서 우리가 논의한 것보다 더 중요한 논의가 전개되는데, 그것은 바로 『존재와 시간』에

서 현존재의 존재로서 명시된 염려(Die Sorge als Sein des Daseins) 개념
이 본격적으로 제시된다는 것이다. 초기 하이데거는 『아리스토텔
레스에 대한 현상학적 해석』에서 염려함을 삶의 연관의미로서 제
시한다.

하이데거는 "삶은 그 연관의미에 따라 염려로서 해석될 수 있
다"(PhIA 90)고 말하며 염려에서의 세계성격을 논의해 간다. 세계
내 삶은 자기 자신에서의 만남, 하나의 염려함에서 그리고 염려함
을 위한 만남(Begegnis)에 다름 아니다. 염려함은 세계와의 삶의 연
관의 근본적인 어떻게(Grundwie)를 특징짓는다. 그때마다 대상의 만
남에 서린 염려의 길에서 대상경험의 근본방식과 동시에 세계적
대상의 현존재[2]의 근본방식이 드러난다. 세계는 거기 있다. 이때,
현사실적 삶의 세계의 현실성은 선험적인 인식이론에도, 실재론에
서도 표상될 수 있는 것이 아니다. 오히려 대상적으로 원초적인 내
용의미에서 그때마다 비로소 현존재, 현실성, 실재성의 의미가 규
정된다. 이 때문에 초기 하이데거는 "염려함에서 삶은 그때마다 자
기의 세계를 경험하고, 경험되어 있음의 근본의미는 모든 대상성의
해석을 위해 선개념적으로 그 온전한 의미에 따라 의미를 부여하
며 있다"(PhIA 93)고 본다. 초기 하이데거는 연관의미로서의 어떤

---

2 여기에서 현존재는 『존재와 시간』에서 인간을 대치하는 현존재(Dasein) 개념과는 차
 이가 있다. 그저 거기에 있는 사물존재 정도로 이해하면 무방할 것이다. 초기 하이데
 거는 세계와의 삶의 연관의 '어떻게'를 특징짓는 존재방식으로 염려함을 이해하고
 있기 때문에 삶의 연관에서 만나게 되는 현존재(거기에 있는 사물존재)의 근본방식
 또한 이 염려함에서 드러나는 것이다.

것을 위한 그리고 그것에 대한 염려함에서 근원적인 의미에서의 지향성을 생각한다. 여기에서 알 수 있듯이 하이데거는 초기 때부터 의식 내에서의 사유작용과 사유내용 사이의 상관관계에서 설명되는 후썰의 의식의 현상학을 넘어 이미 특정한 세계 내에 존재하는 현존재의 현사실성에 입각하여 지향성의 의미를 보고 있다.[3] 그래서 이러한 입장의 연장선에서 초기 하이데거는 염려의 의미를 세계에 관한 하나의 범주적인 결정을 의미하는 유의미성(Bedeusamkeit)으로 규정한다. "세계적이고 세계에 속한 대상들은 유의미성의 성격에서 체험된다(gelebt)."(PhIA 90) 염려의 대상은 범주적인 성격으로서의 유의미성이 아니라, 삶 자체가 형성하는, 그에 상응하는 대상적인 표현을 찾는 그때마다 세계적인 것이다. 이와 함께 초기 하이데거는 특별한 범주적 의미에 대해 강조한다. 유의미성의 범주는 존재론적 범주이며 이 유의미성은 그 자신과 관련되어 삶의 본래

---

3 우리는 현상학의 창시자로 후썰을 기억하고 있다. 근대철학 이후 인간(의식)과 외부세계가 이분법적으로 단절되어 외부세계가 존재함을 증명할 수 없는 '철학의 스캔들'이 발생하고 점점 득세하는 실증주의의 팽배로 과학주의로 흘러가는 상황에서 후썰은 제일철학으로서 현상학을 제창한 것이다. 그런데 우리가 익히 알고 있듯이, 현상학의 위대한 발견 가운데 하나는 의식의 지향성의 발견이다. 우리의 의식은 항상 '~에 대한 의식'이다. 그러한 우리의 의식은 대상화하고, 통합하며, 관계를 맺게 하고, 구성하는 특성을 지니고 있다. 이와 같은 의식의 지향성에 경도된 후썰은 선험적 현상학을 통해 그 당시 유럽학문의 위기를 돌파하려고 한 것이다. 이러한 후썰의 태도와 방법에 대해 하이데거는 우리의 의식은 이미 특정한 세계 내에 존재하는 현존재의 의식으로 보고 생활세계적 삶의 현상학을 주장한다. 후썰과 하이데거의 지향성 개념의 차이에 대한 자세한 논의는 다음을 참조. H. 스피겔버그, 최경호/박인철 옮김, 『현상학적 운동 I』(서울: 이론과 실천, 1991), 105~200, 365~443쪽; 이기상, 『하이데거의 存在와 現象』(서울: 문예, 1992), 134~160쪽; 이남인, 『현상학과 해석학(후썰의 초월론적 현상학과 하이데거의 해석학적 현상학)』(서울: 서울대 출판부, 2004), 157~280쪽.

적인 해석에서 표현된다. 거기에서 비로소 존재하는 것과 유의미성 안에서 삶이 현사실적으로 온전히 이해된다.(PhIA 92~93 참조)

염려 개념의 의미는 초기 하이데거의 개념형성의 독특함을 인식 하게 하는 특별한 위치를 지닌다. 염려함은 항상 규정적이거나 또 는 무규정적인 지시(Weisung)와 연결되어 있다. 세계 안에서 온전한 삶은 그때마다 각인된(ausgeprägt) 지시에서 수행된다. 그리고 염려의 지시를 통한 각인을 하이데거는 주위세계(Umwelt), 공동세계(Mitwelt), 자기세계(Selbstwelt)로서 특징지워진 염려 세계들(Sorgenwelten)로 파악 한다. 이 세계들의 구분은 그 의미를 그 자체에서 다양하게 동기부 여될 수 있는 염려방식들의 각인에서, 즉 가능성과 시간화의 성격 에서 얻는다. 그에 따라 염려함으로서의 삶의 연관의미적 근본성격 그리고 세계로서의 삶의 내용적 근본성격은 범주적으로 유의미성 으로서 결정된다. 앞서 말한대로, 세계는 염려함의 가능한 각인과 관련해서 삶이 가질 수 있는 가능적으로 특징화된 세 가지 지시들 을 통해 부각된다(abgehoben).

그런데 다른 한편, 하이데거는 삶의 근원적인 현상에 주목한다. 대개 삶은 명시적이지 않다. 삶은 그때마다 근본지시를 함께 가지 며, 그 근본지시로 들어가 자라난다. 삶은 명시적인 지시획득으로 나아갈 수 있다. 삶은 그러나 삶이 꼭 그렇게 될 필요는 없다. 그 지시들은 우발적으로 생겨서 드러난다. 삶은 그러나 다시금 표현되 는 지시획득에서부터 관련된 세계 안에서 삶의 부각되지 않음으로 되돌아갈 수 있다. 여기에서 삶은 부각을 통해서 결코 명시적으로 드러나지 못하고, 부각되지 못한 방식으로서 드러난다. 삶의 부각되지 않음은 그러나 그 세계들의 현사실적인 부각됨의 시간화를 통해서만, 다시 말해 실존론적-형식적인 하지만 염려함으로서의 온전한 연관의미를 통해서만 해석될 수 있다. 그때마다 하나의 방식에 놓인 연관의미는 이미 자체에 삶이 자신을 내어주고, 삶이 경험하는 하나의 지시, 즉 하위지시(Unterweisung)를 가진다.(PhIA 98~99 참조)

구체적이고 현사실적인 삶은 연관의미의 해명에 근거해서 범주적인 연관들로 이해될 수 있다. 그런데 이 범주적인 연관들이 현사실성에 있는 한, 다시 말해 현사실적인 가능성들을 자체에 포함하고 있는 한, 명시적이지 않고, 부각되지 않은 삶은, 존재자와 존재의 연관에서처럼, 염려함으로서 연관의 근본의미에서 표현되고, 현사실적인 부각의 시간화에 의해 — 수행의미에 의해 — 완전히 드러날 수는 없다. 현사실적 삶 자체는 이 범주들에서 해석으로 이행되는데 이때, 범주들은 삶 자체에 낯선 임의의 접근방식이 아니다. 이 접근방식은 삶이 자기 자신에게로 가는 뛰어난 접근방식이다. 현사실적 삶은 우리 자신에게 우회적(umwegig)이며 또한 흐릿하다 (diesig). 그런데 이 흐릿함은 삶 자체에 빚진(탓이 있는, verschuldet) 흐릿함이다. 삶의 현사실성은 바로 이 탓(Schuld)에 머물러 있음이며, 항상 새롭게 그 탓으로 빠지는 것이다. 이 연관의 이해는 철학의 근본단계에 속한다.(PhIA 87 이하 참조)[4]

---

4 여기서 우리는 현사실적 삶이 가지는 불투명함과 흐릿함을 부정하고 그래서 없애버려야 할 대상이 아니라 오히려 철학함의 가능성과 필연성의 조건으로 보아야 할 것이다.

삶의 현사실성(삶의 존재, 삶의 의미)의 범주적 계기와 범주적 연관들로 이해되는 범주라는 말은 『존재와 시간』에서는 실존범주(Existenzialien)로 대체되어, 기초존재론적–현존재 분석적인 개념으로 발전된다. 하지만 하이데거가 『존재와 시간』에서 실존범주들의 단일성을 염려로 규정하고 이 염려를 시간성의 지평에서 해석하듯이, 여기에서 염려로서 삶의 연관의미에서 부각되는 범주들을 그는 (삶의) 운동의 개시에서 해석하고 있다. 유의미성에 대한 염려에는 자기 자신 안에서 삶에 속하고, 그것에 연관되어 있으면서 범주적인 함유들이 놓여 있다. 이를 하이데거는 『존재와 시간』에서는 낯선 연관의미의 범주들 — 경향성(Neigung), 거리두기(Abstand), 빗장 걸기(Abriegelung), 가벼움(Leichte)[5] — 로 설명한다. 이러한 삶의 연관의미에서의 범주들은 비록 그 형식적인 연관이 불명료하고 거의 자의적인 것으로 보이지만, 이미 『존재와 시간』에서의 실존론적 분석을 암시하고 있는 것으로 보아야 할 것이다.

각자 삶의 현사실성의 탓에 머물며 항상 새롭게 그 탓을 직시하는 것이 중요하다.
5 이러한 연관의미들에 대한 상세한 논의는 *PhIA*, 100~110쪽 참조

현사실적 삶의 세계에서 만남의 성격

1. 눈앞에 있음(Vorhandenheit)과 공동세계의
   앞서 나타남(Der mitweltliche Vorschein)에서 만남의 성격

1절(현사실적 삶의 세계)에서 우리가 삶의 연관의미로서의 염려에
대해 논구한 바에서 알 수 있었듯이, 우리의 현사실적 "삶은 일상
성에서 만나지는 세계로서 염려되고, 염려에 의해 맞부닥친 세계로
서 거기 있다. 삶은 자기 자신을 염려하며, 이 염려가 그때마다 자
기의 언어를 가지는 한, 삶은 세계적으로 스스로 말을 건넨
다."(Onto 172) 이러한 우리의 현사실적 삶의 세계는 어떻게 열어
밝혀져 있는가? 이 문제는 '현존재(현사실적 삶)는 하나의 세계—내

—존재이다'라는 형식적 지시에서 현존재를 해명하려는 작업 가운데 그 실마리를 확보할 수 있을 것이다. 현존재가 하나의 세계 안에 있다는 사태는 무엇을 말하는가? 이는 우선 주체로서의 인간, 즉 자아적인 것(Ichliches), 자아 축(Ichpol), 활동 중심(Aktzentum), 인격(Person)으로서의 인간 주체가 있고 그러한 인식주체의 객체로서의 존재, 즉 존재자, 자연사물, 가치사물, 재화 등등이 있다는 식의 딱딱하게 굳어버린 근대철학적 패러다임을 거부하는 것이다. 현사실적 삶의 세계—내—존재는 사태내용을 가진 대상처럼 이론적으로 고찰될 수는 없고, 그 존재성격들에서 '만남의 성격'으로부터 열어 밝혀져야 한다. 다시 말해, "세계는 만나는 것이다.(Welt ist, was begegnet.)"(Onto 150) 삶의 세계 안에서 염려된 것은 현존재가 그것으로(woraus) 살고 있는 것으로서 드러난다. 그렇게 해명된 그 '그것으로'는 하나의 세계 내 존재의 이해를 위한 현상학적 근본토대, 즉 현사실적 공간성의 현상, 그 '안에 있음'에 대한 근원적인 해석을 제공한다. 염려함은 현존재의 한 근본방식으로서 그에게 만나진 세계 자체가 있다는 사실에서 두드러진다. 염려된 세계현존재는 하나의 현사실적 삶의 존재 방식이다.(Onto 151 참조)

존재의 이러한 의미에 따라 하이데거는 계속해서 현사실적 삶의 공간성과 염려의 시간성에 대해 해명한다. 여기에서 우리는 『존재와 시간』의 근본특징과 더불어 좀 더 세밀한 윤곽을 그릴 수 있게 된다. 염려된 것(das Besorgte)으로서의 세계는 일상성, 즉 우선 대개 주위세계(Umwelt)로 특징지워진다. 자연공간과 기하학적 공간에서 생겨나는 주위적인 것(Umhafte)은 유의미성에서 발원된다.(Onto 150~

151 참조) 그런데 이 유의미성은 무엇-으로서 그리고 만남의 '어떻게'로서 특징지워진다. 유의미성은 존재의 한 방식이다. '유의미하다는 것은 존재, 즉 규정되어 만나게 되는, 의미부여의 방식에 놓인 현존재'를 말한다. 의미부여함에 머무름(Halten)이 존재를 형성한다. 이 세계의 존재를 하이데거는 '세계적' 현존재라고 특징짓는다.[1]

하이데거는 세계의 만남의 성격에서 의미부여함을 다음의 세 가지 현상, 즉 열어 밝혀져 있음(Erschlossenheit), 친숙함(Vertrautheit) 그리고 계산불가능한 것(das Unberechenbare) / 비교적인 것(das Komparativische)에서 제시한다. 여기서는 우리의 일상에서 큰 비중을 차지하고 있는 열어 밝혀져 있음에서 만나는 세계에 대해 생각해 보기로 하자.[2]

우리는 열어 밝혀져 있음(Erschlossenheit)에서 세계를 만나고 있다. 우선 대개 우리의 의미부여함은 그때마다 유의미한 것의 열어 밝

---

1 하이데거는 여기에서 인간 삶의 존재와 세계의 존재 두 가지 사태 모두에 '현존재'라는 표현을 같이 사용하고 있다. 하지만 이 두 사태의 존재방식은 『존재와 시간』에서는 분명하게 구분된다. 『존재와 시간』에서 현존재는 인간 존재양식을 위한 것으로만 쓰이는 반면, '세계의 존재'는 '사용사태연관'에 '손안의 있음'(Zuhandenheit)으로서 만나는 것이다.

2 이외에도 세계의 만남의 성격에서 의미부여함은 친숙함(Vertrautheit)과 계산불가능한 것(das Unberechenbare)과 비교적인 것(das Komparativische)에서도 드러난다고 하이데거는 말한다. 먼저 친숙함이라는 의미부여는 현사실적으로 만나는 것이 현사실적 삶의 거기에서 유의미화(be-deuten)되는 독특한 지시연관(Verweisungszusammenhang)이다. 이러한 지시하는 의미부여의 '어떻게'는 그때마다 친숙함의 과정에서 만난다. 그리고 이 친숙함은 거기 있는 것 자체와의 만남의 방식, 즉 '내-존재'를 나타낸다. 둘째로 계산불가능한 것(das Unberechenbare)과 비교적인 것(das Komparativische)에서의 만남의 성격을 생각해 볼 수 있다. 이는 앞에서 말한 친숙함으로부터 열어 밝혀진 세계가 아닌 그 친숙함을 깨는 '낯선 것'이 우리의 현사실적 삶의 세계에서 출현하기도 한다. 익숙하지 않은 것으로 낯섦의 성격에서 만나는 부각되지 않은, 계산 불가능한 것, 비교적인 것은 사람들이 생각했고 계획했던 것들과는 다른 것이다.

혀져 있음의 성격에 근거한다. 여기에는 단순한 인식의 규정되어 있음이 문제가 아니라, 특별한 봄의 계기가 관건이 되고 있다.(Onto 159 참조) 열어 밝혀져 있음은 두 가지 서로 통일적인 성격에 따라 하나는 눈앞에 있음(Vorhandenheit)의 성격으로, 다른 하나는 공동세계적 앞서-나타남(das Vor-schein)으로 분류될 수 있다. 이러한 두 가지 열어 밝혀져 있음은 현존재가 그때그때마다 사물 또는 타인과의 관계맺음에서 현상한다.

우리의 현사실적 삶의 세계는 넓은 의미에서의 눈앞에 있는 존재자들―여기에는 손안에 있는 도구도 포함―과 타인들로 구성되는 공동세계의 앞서 나타남으로 열어 밝혀진 세계라고 할 수 있다. 따라서 이러한 현사실적 삶의 세계를 전적으로 우리가 주체가 되어 만들어낸 세계라고 하기는 어려울 것이다. 오히려 각자가 처해 있는 그 현사실적 삶의 세계는 그가 내던져져 그 삶을 떠맡을 수밖에 없는 자신의 삶의 근본조건으로 보아야 더 합당할 것이다.

이러한 현사실적 삶의 세계의 성격에 유념하여, 먼저 눈앞에 있는 것들의 열어 밝혀져 있는 사태에 대해 생각해 보기로 하자.

나현신, 〈푸른방, 사물을 이야기하다 展에서, 2009〉

현사실적 삶의 세계에서 만나게 되는 눈앞에 있는 것들, 즉 사물이나 도구들은 '~를 위해 쓰임', '~에게 유용함', '~를 위해 중요함'이라는 지시연관 속에서 유의미하게 우리에게 다가온다. 예를 들어, 꽃병이나 컴퓨터는 꽃을 꽂기 '위해', 인터넷 접속을 '하기 위해' 거기에 배치해 놓은 것들이다. 이러한 "눈앞에 있음의 현상 구조에 대한 올바른 통찰을 위해 중요한 것은 '무엇을 위해(Wozu)' 그리고 '무엇에 대해(Wofür)'를 근원적이고 우선적인 '거기'로서 보는 일이며, 이미 있는 것에 부가하거나 덧붙인 관점의 의미에서 나중에 떠오른 것으로 설명해서는 안 된다는 것이다."(Onto 165) 우리의 현사실적 삶의 세계를 구성하는 매일의 식사, 컴퓨터 작업, 다양한 일처리 등에서의 '무엇을 위해'와 '무엇에 대해'는 임의적이거나, 마음대로 처리하는 일에 종사함과 머무름의 방식이 아니라 전통과 역사를 통해 형성된 일상성에서 나온 규정들이다. 이러한 우리가 만나는 눈앞에 있는 것들의 세계는 우리의 삶의 특유한 거기(Da)−성격을 형성하며 고정시킨다. 그렇다면 공동세계적 앞서 나타남에서의 만남의 성격은 어떠한가?

우리의 현사실적 삶의 세계는 앞서 언급한 눈앞에 있는 것들뿐만 아니라 타인과의 공동세계의 앞서 나타남으로 열어 밝혀진다. 아니 보다 더 엄밀하게 말하자면, 공동세계가 눈앞에 있는 것들의 열어 밝혀짐의 근거와 조건이 된다고 할 수 있다. 우리가 매일 식탁에서 식사를 하고, 강의실 의자에 앉아 세미나를 한다고 했을 때, 그 식탁이나 의자는 어느 가구점에서 구입했거나 학교로부터 지급받은 것들이다. 이렇게 삶의 세계에서 만나지는 사물이나 도구에는 이미 타인들이 전제되어 있으며, "일상성에서 공동 현존재하는 자들은 우선 대개 고립된 명시를 통해 드러나지 않고, 사람들이 추구하고, 종사하는 것에서 앞서 나타난다. 이러한 앞서 나타남으로 거기 있음은 우선 앎의 대상으로 있음을 의미하지 않는다. 오히려 눈앞에 있음('무엇에 대해' 그리고 '무엇을 위해')에는 타인들의 공동 세계적 앞서 나타남이 있고, 그것은 같은 방식으로 그것에서 현존재하는 것을 그의 거기에로 밀쳐낸다."(Onto 166)

타인들과의 더불어 삶

함께 일하고, 프로젝트를 기획하며, 동호회를 결성하는 데서 우리는 타인들을 '세계적'으로 만난다. 삶의 세계에서 우리는 타인들을 공동세계적으로 만나며 공동세계적으로 앞서 나타남에서 사람들과 더불어 있는 가운데 우리들의 지위, 경력, 성과, 실패를 겪으며 살아간다. 우리는 책상이나 안내판 같은 사물을 대하는 거기에서도 사람들을 명시적으로는 아니지만 만나지는 사물들과 함께 거기 있는 것으로 만나고 있는 것이다. 그런데 이렇게 만나게 되는 사람들, 타인들의 앞서 나타남의 세계에서는 자기성찰이나 자기반성은 찾아보기 어렵다. 삶의 세계에서 타인들과의 공동세계는 우선 대개 그 '깊이'는 크게 고려되지 않는 가운데 서로 교섭하는 일에 몰두함으로서 열어 밝혀진다. 이러한 현사실적 삶, 삶의 거기에서 만나지는 타인들과의 관계맺음의 양상은 후에 『존재와 시간』 제1부 제1편 4장(더불어 있음과 자기 자신으로 있음으로서의 세계-내-존재. '사람들')에서 보다 더 세련되고 정치한 설명으로 전개된다.

2. 배려와 염려 그리고 현사실적 삶

눈앞에 있는 것들과 공동세계의 앞서 나타남으로 '우선 대개' 열어 밝혀지는 우리의 현사실적 삶의 세계는 우리의 배려와 염려, 이 두 마음씀의 양태와 관련된 세계이다. 우리가 삶의 세계에서 만나게 되는 다양한 사물과 도구들은 바로 우리의 배려되어 있음(Besorgtsein)의 방식에서, 다시 말해 배려함에 의한 삶의 거기에서 접하게 되는 것들이다. 우리는 이러한 배려함에 의해 만나게 되는 수많은 사물이나 도구들을 우리 자신의 존재가능성이라는 궁극적 지향 아래 사물들의 지시연관 전체성과 도구들의 사용사태 전체성을 고려하여 배치시킨다. 이렇게 해서 구성된 지시연관 전체와 사용사태 전체의 세계는 바로 우리에게 유의미한 세계로서 현상한다. 우리는 사물이나 도구들과의 관계맺음을 통해 이러한 유의미한 세계를 끊임없이 만들어가며 살아간다. 이러한 의미에서 볼 때, 우리는 물리적 세계, 사실적 세계를 사는 것이 아니라 실존적 의미의 세계를 사는 것이라 할 수 있다. 우리의 현사실적 삶의 세계는 우리 자신이 실존적 의미를 부여한 질적 시간의 세계와 주위세계(Umwelt)를 만들어가는 세계이다.

삶의 그때그때마다의 시간과 공간의 교차점에서, 주어진 시간과 처해진 공간 내에서 배려된 것으로서 만나지는 현존재는 자신의 본래적 시간성을 가진다. "배려된 것은 '아직 아닌 것'으로서, '처음으로 ~을 위해'로서, '이미'로서, '가까운 것'으로서, '지금까지'로서, '첫째'로서, '결국'으로서 거기 있다. 이것은 현존재의 질적 순간의 계기로서 특징지어질 수 있다. 이 시간성에서 모든 시간의 근본계기들이 비로소 이해된다."(Onto 170) 현사실적 삶에서 배려에 의해 만나지는 현존재하는 것들은 '아직 주문한 상품이 도착하지 않았다', '처음으로 아내를 위해 파티를 열어주었다', '버스가 이미 지나갔다', '새해가 가까이 다가오고 있다', '그가 도착하기를 지금까지 기다렸다' 등의 일상적 표현에서 알 수 있듯이, 우리들의 배려에 의해 관계맺게 되는 존재자들은 삶의 그때그때마다의 질적 시간적 계기를 통해 만나게 되는 것들이다. 이러한 현존재의 시간성, 현상학적 시간성에서 모든 세계-시간의 근본계기들이 이해될 수 있을 것이다.

다른 한편, 현사실적 삶에서의 공간 역시 우리들의 지시연관과 사용사태에서의 교섭과 왕래 가운데 '맺어지는 그것(Womit)'으로 규정된다. 이렇게 '맺어지는 그것'과의 관계 가운데 형성되는 삶의 "주위(Um)에서부터 현사실적-공간적 주위세계가 그것의 그렇게-거기-있음에서 유지되고 있다."(Onto 170) 이러한 '주위'는 기하학적 공간이 아니라 현존재와 사물(도구) 사이의 배려하는 세계적 왕래(Umgang)에서 발생하는 '주위'이다. 이 '주위'는 하나의 세계−안에 있음과 하나의−세계−내부에 있음에 대한 존재론적 의미를 부여할 가능성을 제공한다. 주위세계−안에−있음은 만나지는 세계의 주위에 대해 염려하면서 그 세계에 잠시 머무름을 뜻한다. 하나의 세계 안에 있음에 속한 존재방식에는 생산함, 처리함, 소유함, 손실을 막음 등이 있을 수 있다. 우리는 주위세계에서의 현존재의 공간성을 다음과 같이 정리할 수 있다. "현사실적으로 배려함에 의해 두루 펼쳐진 공간성은 자신의 거리(Entfernung)를 가진다. 너무 멀리, 가까이, 이 길을 통해, 부엌을 통해, 가까운 거리, 성당 뒤로 등. 이 공간성에는 그때마다 지시에 대한 친근함이 놓여 있다. 이 지시는 항상 배려함의 지시이다."(Onto 170~171) 이렇게 배려함의 지시연관으로 이루어지는 주위세계는 우리들 삶의 평균성과 공공성의 세계를 마련한다. 주위세계는 우리들의 배려함으로 형성되는 현사실적 삶의 한 세계라고 할 수 있다.

이상이 우리의 눈앞에 있는 것들과의 배려함의 지시를 통해 형성되는 현사실적 삶의 한 부분인 주위세계에 대한 논의이다. 그런데 하이데거는 타인과 더불어 있음에서 앞서 나타나게 되는 공동세계와 자기세계로서의 현사실적 삶의 세계에 대한 논의를 빼놓지 않는다.

하이데거는 배려된 지시의 세계에서 공동세계 그리고 거기에 더불어 있는 사람들 자신의 염려의 세계에 대해 간과하지 않는다. 배려된 지시의 세계에서 공동세계 그리고 그와 함께 사람들은 자기자신을 염려의 세계 안에 들여다 놓는다. "만나지는 '거기'에서 세계적으로 관계됨을 통해 염려가 일어난다. 염려함 자체는 근원적으로 세계를 거기에서 소유하고, 시간성을 제시하는 것이다. 이 시간성은 염려함에서, 그리고 그것을 위해 세계가 만나지는 방식이다."(Onto 171) 이와 같은 염려함은 하나의 세계 안에서 발생하는 현상이기 때문에 세계와 대립적 구조에서 상정된 초월론적 주체, 선험적 주체로서의 의식의 한 활동으로는 해명되지 못한다. 또한 "염려의 존재성격에는 염려가 자신의 시간화에서, 자신의 수행에서 일어난다는 사실이 놓여 있다. 일상성의 익숙함과 공공성에서 염려는 사라진다. 그러나 이는 염려가 끝났다는 것이 아니라, 염려가 더 이상 드러나지 않고, 은폐되어 있다는 것을 말한다. 배려함과 교섭은 염려로부터의 벗어남(Sorglosigkeit)에 대한 직접적인 측면을 가진다."(Onto 171)

우리가 지금까지 눈앞에 있는 것들과 공동세계에서의 일상적인 교섭, 관계맺는 방식에 대한 분석을 통해 알게 된 바는, 배려함의 지시를 통한 주위세계가 항상 공동세계, 자기세계로서 역시 거기에 있다는 사실이다. 여기서 하이데거가 쓰고 있는 주위세계, 공동세계, 자기세계와 같은 용어들은 우리의 현사실적 삶의 세계의 어떤 영역들을 구분짓기 위한 것이 아니라 세계의 만남의 성격에 따라 규정된 방식들이라고 보아야 할 것이다.

현사실적 삶

몰락(Ruinanz)과 복귀(Reluzenz) 사이의 긴장
혹은 화해 그리고 새로움

1. 현사실적 삶의 운동성과 시간성

우리가 앞에서 논의해 온 초기 하이데거의 현사실적 삶에 대한
근본 문제의식은 학문적으로 더욱 세련되고 정제되어 『존재와 시
간』에 반영된다. 이를 초기 삶의 해석학의 기초존재론적 변형이라
고 지칭할 수 있겠는데[1], 많은 내용 중에 필자는 『아리스토텔레스
에 대한 현상학적 해석』에 나오는 현사실성의 범주적인 근본규정
성의 양상인 몰락(Ruinanz)과 복귀(Reluzenz)의 관계를 『존재와 시간』

---

[1] 김재철, 「<존재와 시간>: 삶의 해석학의 기초존재론적 변형」, 한국하이데거학회 편,
『하이데거 철학과 동양사상』(서울: 철학과 현실사, 2001), 165~194쪽 참조.

에서의 삶의 빠져 있음(일상성, 비본래성)과 자기 자신으로 있음(본래성)의 관계의 측면에서 되짚어 봄으로써 현사실적 삶의 운동성과 시간성을 해명해보고자 한다. 이러한 삶의 해석학의 기초존재론적 변형 작업은 우선 대개 어둡고 희미한 삶을 현상학적인 봄을 바탕으로 밝은 곳으로 탈은폐시키려는 해체의 과업으로서 이것이 바로 삶의 해석학이 추구하는 목적이자 방법이다.

현존재의 삶은 끊임없는 운동 가운데 있다. 그러므로 우리는 우리가 주체로서의 인간이고 객체인 삶에 대해 묻는다는 주―객의 이분법적인 관계설정에서 삶에 대해 물어서는 안 된다. 왜냐하면 그러한 주―객 도식에서는 시간성이 간과되기 때문이다. 삶의 존재의미가 운동과 시간 가운데 드러날 수 있다고 보는 하이데거는 특히 초월론적 주체로서의 인간주체와 그러한 인간이 구성하는 세계라는 도식의 근대철학적 패러다임(인식론적 패러다임)을 강력히 거부한다. 이는 우리가 『존재와 시간』에서 인간 현존재의 근본구성틀 자체를 세계―내―존재라고 명명한 하이데거의 의도에서 확인할 수 있는 바이다. 우리 모두는 특정한 세계에 내던져진 상태에 놓여 있다. 그런데 우리는 단순하게 놓여 있는 것이 아니라 거대한 관계의 구속성을 감지하면서도 지금 여기 '나는 있다(ich bin)'라는 사태에서부터 자기 자신과 도구(사물) 그리고 타인과의 관계맺음에서 새로운 그물망을 쳐가며 존재의미를 만들어가고 있다. 현존재는 자신이 처하게 된 세계 안에서 자신의 염려(Sorge)와 배려(Besorge) 그리고 심려(Fürsorge)라는 마음의 지향성에 따라 다양한 차원 ― 자기 자신, 인간과 도구(사물), 인간과 인간 등 ― 에서의 관계맺음을 통하여 스스로의 세계를 만들어간다. 하이데거는 인간 현존재가 구체적인 생활세계 혹은 현사실적 삶의 세계 속에서 자신이 관계맺는 존재자 전체로의 침입사건을 감행하는 것 자체를 바로 철학함으로 여긴다. 따라서 그에 의하면, 철학은 특정한 세계 안에서 살아가는 인간이 그 세계 속에서 제대로 숨 쉬고 살아가기 위해, 즉 그 세계를 자신의 고향의 세계로 만들어 존재의 의미를 찾기 위해 자신이 관계맺는 존재자와 그 전체에서 관계맺는, 그 존재자의 세계를 탈－은폐(a-letheia)시키려는 실존적 결단인 것이다.

이렇듯 관계의 그물망을 확장시켜가며, 철학함을 수행해가는 현존재의 삶의 의미해명의 과제에서 우리는 먼저 현존재의 저마다의 '거기에 있음'의 의미부터 숙고해 보아야 할 것이다. '나는 있다'라는 사태는 무엇을 뜻하는가? 하이데거는 이 사태에서 보다 중요한 것은 '나'가 아니라 '있다'라는 것이라고 강조한다. 데카르트에서 문제된 '(나의) 있음(Sum)'에서는 이미 오류가 놓여 있었다고 하이데거는 비판한다. 데카르트에게는 의심할 수 없는 주체라는 선행적인 개념이 전제되어 있었기 때문에 현존재의 존재, 그것의 범주적 구조는 어떠한 방식으로든 문제되지 않고 오히려 있음(Sum)이 형식적이고 대상적으로 무비판적으로 받아들여지고 있다고 하이데거는 진단한다. 데카르트 이후 다양한 나－형이상학(Ich-Metaphysik)의 앞선 개념들과 전통적인 태도를 가진 나의 관념론(Ichlicher-Idealismus)에서는 '나의 있음'의 의미에 대한 물음이 올바로 제기되지 못한 채 망각되어 왔다고 하이데거는 비판한다.(PhIA 173~174 참조)

그렇다면 우리는 '나는 있다'라는 사태에 관해 어떻게 보고 물어야 하는가? 하이데거는 '나는 있다'의 의미에 관한 물음을 현사실적 삶의 존재의미에 관한 문제설정의 진행에서 제기한다. 나의 현사실적 삶은 이미 나와 더불어 지금 여기에 있고, 나의 주위세계에서 펼쳐지고 있으며 만나지고 있다. 이러한 현사실적 삶의 세계에서 비로소 나의 있음의 존재의미해명을 위한 단초가 획득된다. 의식으로 대변되는 어떤 '초월적인 나'가 있고 그 초월적인 나의 의식이 세계를 해명하는 것으로 나의 세계 안에 있음의 의미를 온전히 길어낼 수 없다. 오히려 현사실적 삶의 개방된 '거기에'를 해명하는 것이 나와 나의 있음의 의미를 해명할 수 있는 단초를 확보하는 일일 것이다. 개방된 거기에서 드러나는 삶의 세계를 현상학적—해석학적으로 보여주는 작업이야말로 불투명하고 흐린 삶을 밝은 데로 옮기는 첫 번째 과제일 것이다. 현존재의 삶, 현존재의 있음은 대상의 의미에서도, 규정된 영역에서도 착안될 수 없으며 어떤 보편유의 차원에서 형식적으로 성격규정하는 데서도 해명될 수 없다. 그러한 성격규정은 오히려 현존재의 있음과 현사실적 삶에 대해 폭력적인 해석을 낳음으로써 삶의 현사실성을 왜곡할 수 있다. 이런 의미에서 '나는 있다', '나의 삶', '실존'은 그 존재의미가 무규정적이라고 할 수 있다. 그런데 "이 무규정성은 방법론적으로 어떤 결함이 아니라, 오히려 바로 현사실적 삶이 시간화의 진행에 있는 자유롭고 항상 새로운 접근 가능성을 보장한다. 이 시간화 자체는 … 대상적인 것(현사실적 삶)과 그 존재의미가 단순히 고정될 수 없다는 사실과 삶의 존재규정이 눈앞에 놓여있는 객체에 대해 임의적으로 수행되는 지식획득에서 진정 파악될 수 없다는 사실을 보여준다."(PhIA 175) 삶의 현사실적 이해는 "자신의 삶과 그것의 과거와 (앞으로)다가옴의 현사실적인 염려 연관에 직면해서 일어난다. 이해는 수행되어야 할 철학함의 모든 발걸음을 이행에서 규정할 수 있을 앞선 준비자세 마련(Bereitschaftsbildung)과 앞선 체득(Voraneignung)을 의미한다."(PhIA 169) "삶의 존재의미에 관한 물음제기를 위해 주도적인 '나는 있다'에 관한 형식적 지시는 그것이 진정한 현사실적 수행으로 옮겨지는 것, 즉 현사실적 삶을 보여줄 수 있는 물어질 수 있음의 성격(Fraglichkeitscharakter), 불안(Un-ruhe, 동요)에서 수행될 수 있는 방식으로 방법적으로 사용될 수 있다."(PhIA 174)

우리의 거기에 있음, 즉 현사실적 삶은 물어질 수 있고 불안의 성격을 잉태하고 있다. 이는 우리의 현사실적 삶이 끊임없는 운동성과 시간성 가운데 펼쳐지고 있기 때문이다. 여기에서 하이데거는 『존재와 시간』에서 현존재의 존재로 해명되는 염려의 운동의미와 시간성을 주목한다. 우리의 삶은 어떻게 움직이고 전개되고 있는가? 하이데거에 의하면, 우리의 삶은 자기 자신의 존재가능을 염려하고 있음(자기 자신을 가짐, 본래성)과 자기 자신의 존재가능을 염려하는 데서 벗어남 — 우리의 흥분과 향락 그리고 호기심을 채워주는 것들로 빠져듦 — 이라는 두 세계 사이에서 끊임없이 요동치며 수많은 뒤엎기를 반복하는 가운데 다양한 스펙트럼을 펼쳐 보이며 존재한다.

2. 현사실적 삶의 '거기(Da)'에 '있는' 자, 현존재(Dasein)는 누구인가

하이데거는 『아리스토텔레스에 대한 현상학적 해석』강의에서 현사실적 삶의 운동성을 복귀(Reluzenz)와 몰락(Ruinanz)이라는 측면에서 설명한다. 여기서 복귀란 "삶이 자신을 만나는 삶 자체로의 방향에 있는 삶의 운동"(PhIA 119)을 말한다. 이것이 뜻하는 바는 삶이 세계를 통해 그리고 그 세계와 함께 자기 자신에게 되돌아가 있음을 뜻한다. 즉 염려하는 삶으로서 그 삶으로 복귀되어 있다는 것이다. 삶은 복귀된 세계에서 자신의 (진정한) 요구와 그 범위를 획득한다. 그리고 삶은 이 세계에서 그리고 이 세계를 위해 앞서 짓는다. 그 것은 그의 앞서 잡음(Vornahme)과 그의 적합한 앞서 가짐(Vorhabe)의 의미에서 자리를 잡는다. 삶의 세계에서부터 운동하면서 만들어가야 하는 운동의 구조들에 의해 이 복귀는 철저히 지배된다. 염려하면서 삶은 항상 앞서 구성하면서 있고, 그의 복귀에서 삶은 동시에 선구조적이다. 염려함에 놓인 복귀에서 선구성(Vorbauen)과 자기 자신으로의 자리잡음(Sicheinrichten)은 삶이 가진 운동의 선구조를 의미한다.(PhIA 119 참조) 그런데 복귀와 선구조의 운동연관에서 삶의 운동성은 현사실적 삶의 다양한 방식에서 그의 세계에서 확고하게 살려고 염려하는 또 다른 경향을 드러낸다. 이렇게 자기의 염려 세계에서 생기는 확고하게 살려고 함은 삶이 자기에서 벗어나와 살려는 하나의 본래적 운동성이다. 이 운동성에서 현사실적 삶 자체는 세계에서 살고 있는 것으로서 그 운동을 본래적으로 자체에서 만들지 못하고, 오히려 세계를 삶의 거기, 무엇을 위해서로서 살고 있다.(PhIA 130 참조) 이렇듯 자기 자신을 형성하기도 하고 그렇지 못해 오히려 자신이 움직일 공백을 만들어 내는 운동을 하이데거는 몰락이라고 부른다. 몰락은 현사실적 삶의 운동성의 근본의미로서 형식적 지시로서는 다음과 같이 정의될 수 있다. 몰락은 그 자신에서 현사실적 삶이 자기 자신을 위해서 자기 자신에서 나와, 모든 것에서 자기 자신에 대항해서 '수행'하는, 즉 있는 현사실적 삶의 운동성이다. 몰락은 현사실적 의미(Faktizitätssinn)에서 — 실존적이고 현상학적으로 — 하나의 반(反)운동성으로서 해석된다. 그러나 현사실성의 범주적인 근본규정성으로서 몰락은 『존재와 시간』에서 빠져 있음(Das Verfallen)을 제시하는 삶의 중심적인 운동형식을 나타낸다.(PhIA 132 이하 참조)[2]

근원학문으로서 현상학을 생각하고 그러한 현상학의 중심주제로 현사실적 삶을 설정한 하이데거는 우리의 삶의 운동성을 복귀와 몰락 — 『존재와 시간』에서의 용어로는 본래성과 비본래성 혹은 자기 자신으로 있음(결단성)과 빠져 있음(일상성) — 이라는 근본경향성 사이의 변주로 본다. 그리고 이러한 현존재의 삶의 해석과 존재의 미를 시간성에서 해명하려고 하는 것이다. 하이데거는 현사실적 삶의 운동성의 성격과 관련한 논의에서 근원적인 시간성을 말하려고 하는데, 여기에서 하이데거는 단적으로 삶(의 의미)은 염려의 수행

---

2 하이데거는 이 『아리스토텔레스에 대한 현상학적 해석』에서 몰락의 범주와 관련하여 네 가지 형식적 지시의 성격을 보여준다. 1. 유혹적인 것(Tentative) 2. 달래는 것 (Quietive) 3. 소외시키는 것(Alienative) 4. 무화시키는 것(Negative; aktiv, transitiv) PhIA, 140쪽; 『존재와 시간』, 제38절, 빠져 있음과 내던져져 있음 참조.

(Sorgensvollzug)에서 드러난다고 강조한다. 그런데 이때, 모든 삶의 의미의 드러남의 방식(Vorkommensweise)은 질적이고 순간적인 성격을 가진다. 우리는 초대 그리스도교에서 나타난 그리스도인들의 현사실적 삶의 경험의 수행에서 이러한 시간의 의미를 확인할 수 있는데[3], 이와 같이 드러남의 방식은 객관적이고 사건발생적인 출현과 등장을 뜻하지는 않는다.(PhIA 137 참조) 이때의 시간은 형식적 질서의 틀 속에 놓여있는 연속시간이 아니라 "운동성을 허용하며, 가능하게 할 뿐만 아니라, 그것을 함께 만들며, 독자적으로 현사실적으로 운동하는 성격의 의미에서 운동성의 특정한 어떻게"(PhIA 139)를 말한다. 질적이고 순간적인 것은 현사실적인 것의 성격을 적중시키는 범주적 규정들을 포함한다. 현사실적 삶은 자기 자신의 시간을 가진다. 하지만 점차 세계화되는 확실성의 경향 가운데 삶은 역사적인 것, 순간적인 것을 잃어버리고 고착화되고 경직화되는 경향 속에서 몰락한다. 몰락한 삶은 어떤 시간을 가지지 않는다. 몰락은 시간을 탈취한다. 몰락은 삶의 현사실성에서 역사적인 것을 말살하려고 한다. 몰락한 현사실적 삶은 따라서 시간말살(Zeittilgung)의 수

---

3 하이데거는 1920 / 21년 겨울학기 강의인 『종교현상학 입문』에서 초대 그리스도인들의 시간경험을 그들의 '현사실적 삶의 경험'(Faktische Lebenserfahrung)과 관련하여 질적 시간 경험으로 설명하고 있다. M. Heidegger, *Die Phänomenologie des religiösen Lebens* GA60, hrsg. von Matthoas Jung / Thomas Regehly, Vittorio Klostermann Frankfurt a. M., 1994; 김재철, 「하이데거의 종교현상학」, 한국현상학회 편, 『인간의 실존과 초월』(서울: 철학과 현실사, 2002), 38~75쪽; 신상희, 「하이데거의 존재물음의 신학적 유래에 대하여(초대 그리스도교의 현사실적 삶의 경험을 중심으로)」, 『하이데거와 신』(서울: 철학과 현실사, 2007), 31~62쪽 참조.

행의미를 가진다. 이러한 독특한 방식으로 역사적인 것은 항상 여전히 거기 삶 속에 있고, 모든 몰락함에서도 항상 현사실적으로 있다.(PhIA 139 참조)

그런데 현사실적 삶의 존재의미가 문제되는, 복귀와 몰락이라는 현사실성의 문제영역에서 실존의 개념이 대두된다. 하이데거에 의하면, "실존(현사실성)은 삶을 캐묻는 점증하는 근본성에서 되어간다. … 이 캐물음이 현사실성의 구체적인 해석이다. 철학의 대상에 대한 앞선 제시에서 인간 현존재는 그의 존재성격에서 심문된다. 철학은 인간에 의해 만들어진 것(문화와 다양한 삶의 연관)이 아니라, 그의 존재의 그 '어떻게'에서 인간 자신을 문제삼는 것이다."(PhIA 167~168)[4] "현존재 삶의 존재의미로서 실존을 캐묻는 것은 어떤 나에 대한 자아적, 유아론적 반성이 아니다. 오히려 실존은 근본적으로 시간화하며 완전히 다른 존재의미에서 자라나온다. 실존은 이론적으로 반성될 수 있는 것이 아니라 (삶의)수행을 통해서 드러나는 사태이다."(PhIA 168) 그러므로 하이데거는 현사실적 삶의 존재의미에 대한 문제제기에서 삶의 존재론적인 형이상학에서 유래하고 전승된 통상적인 태도를 거부하는 것이다.[5] 그 존재의미를 심문받고

---

4 여기에서의 실존 개념은 아직 '실존적', '실존론적'이란 구별이 없다. 다만 현존재의 자기 자신과의 관계에서 적용되는 키에르케고르의 실존 의미로 주로 적용된다. 키에르케고르의 '실존' 개념에 대해서는 다음을 참조 키에르케고르, 『공포와 전율. 철학적 단편. 죽음에 이르는 병. 반복』, 손재준 역(서울: 삼성출판사, 1985); M. Heidegger, *Die Metaphysik des Deutschen Idealismus* GA49, hrsg. von Gunter Seubold, Vittorio Klostermann Frankfurt a. M., 1991, 19~26쪽; O. F. 볼노우, 『실존철학 입문(Existenz-philosophie)』, 최동희 옮김(서울: 간디서원, 2006), 26~36쪽.

있는 현존재는 그때그때마다의 삶의 상황에서 현사실적으로 접근되고 철학의 대상의 구속력을 삶으로 이끌고자 하는 경향에서 비로소 열어 밝혀진다. "철학적 탐구는 그것이 자신의 수행에서 구체적인 탐구하며—묻는 존재의 특정한 실존을 형성하는 데서만 본래적이며 완전히 현사실적일 수 있다."(PhIA 168)

이러한 (현사실적) 삶이라는 주제설정과 근원학문으로서의 현상학을 통해 초기 하이데거는 삶은 곧 현존재(Leben=Dasein, in und durch Leben 'Sein'), 다시 말해 삶에서 그리고 삶을 통한 있음에 관한 해명 작업을 수행하였고 이것이 『존재와 시간』에서 기초존재론으로서의 현존재분석론으로 제시되었던 것이다. 따라서 우리는 『존재와 시간』의 문제의식을 다음과 같이 말해 볼 수 있을 것이다. 현존재의 존재(삶)의 의미는 시간성으로 풀어낼 수 있다. 그런데 이 말의 뜻은 현존재가 삶의 시간(과정)에서 그때그때마다 나타나는 몰락(빠져 있음, 일상성, 비본래성)과 복귀(자기 자신으로 있음, 결단성, 본래성)라는 변주상황을 견뎌내면서도 작열하는 삶을 살기 위한 다양한 계기들—양심의 부름, 불안, 죽음으로 앞서 달려가 봄 등—을 통해 만날 수 있는 존재의 빛 가운데 살아가는 존재라는 것이다. 현존재의 존재의미는 시간 속에서 생기한다. 그리고 이러한 생기사건은 현존재의 역사성과 맞물려 있는 사태이기도 하다. 현존재(삶)의 '거기에 있음'이라는 사태에 관해 현상학적—해석학적인 눈으로 보고,

---

5 이 강의에서 하이데거는 베르그송과 셸러 역시 이러한 전통에 포함되어 있다고 본다. PhIA, 141, 170쪽 참조.

그때그때마다 생기하는 존재의미에 관한 음미(吟味)의 반복 가운데 우리는 삶의 새로움과 계속되는 자기이해로의 길 위에 놓여 있음을 확인하고 '다시' 묻게 된다. 현사실적 삶의 '거기(Da)'에 '있는' 자, 현존재(Dasein)는 누구인가?

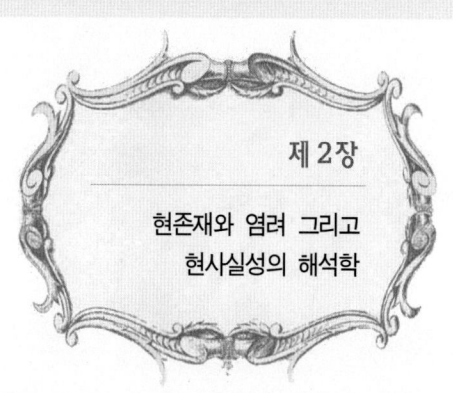

제 2 장

현존재와 염려 그리고
현사실성의 해석학

전통적 '인간' 개념과 현존재(세계-내-존재)

    제1장(현사실적 삶이란 무엇을 말하는가)에서 우리는 초기 하이데거가 삶의 철학적이고, 현상학적이며 존재론적인 계기들을 결합하는 가운데 현존재의 삶(현사실성의 이념) 자체를 자신의 철학적 주제로 설정하고 있음을 확인할 수 있었다. 초기 하이데거에 의하면, 염려는 바로 현존재 삶의 연관의미이며 그러한 삶의 연관의미에서 삶의 범주들이 도출되어 나온다. 이러한 초기 하이데거의 문제의식을 살펴보면서 우리가 또한 주목하고자 하는 바는, 바로 하이데거가 자신의 철학적 주제로 현사실성의 이념을 설정하면서 동시에 인간 현상을 다시 보고자 시도한다는 점이다. 여기서 차별화되는 점은 하이데거가 전통 형이상학에서의 인간 개념들, 즉 이성을 가진 동

물과 인격(인격성)으로서의 인간 이해를 피하고[1] 현존재(Dasein)로 표현한다는 점이다.[2] 우선 첫 번째 개념, 즉 이성을 가진 동물 개념은 식물, 동물, 인간, 천사, 신과 같은 대상 계열을 통해 제시되는 사태연관에 속하는 것이고 두 번째 개념, 즉 인격으로서의 존재는 구약의 계시에 의해 행해진 그리스도교적 해명에서 생겨난 것이다. 초기 하이데거는 이러한 전통적 인간이해에 대해 다음과 같은 입장을 표명하며 거리를 두려한다.

"이 두 개념의 규정에는 앞서 주어진 사물이 갖추고 있는 항목들을 고정화하는 것이 중시되고 있다. 그것을 통해 이후에도 그 사물에게는 동일한 근거로 하나의 정해진 존재방식이 서술될 수 있게 된다. 즉 그 사물을 무차별적으로 하나의 실재 존재로서 규정하는 것이 용인된다."(Onto 49~50)

---

1 『존재론(현사실성의 해석학)』을 우리말로 옮긴 이기상, 김재철 교수는 이러한 사태에 대해 다음과 같이 본다. "현존재라는 존재론적 의미가 함축되어 있는 용어 선택을 통해 하이데거는 자연주의적—형이상학적—인문주의적으로 인간 본질을 파악하는 모든 규정들, 즉 이성적 동물, 신체—영혼—정신적 통일체, 신의 피조물, 주체, 의식 또는 인격 등으로부터 거리를 두려고 한다. 그러나 주목해야 할 것은 하이데거가 이 규정들을 결코 거짓된 것으로 설명하거나 비난하지 않고 있다는 점이다. 문제는 이 규정들이 결정적으로 존재론적 기초에서 규정되지 않고 있다는 것이다. 즉 그것들의 존재에 대한 어떤 물음도 제기되지 않고 있다는 것이 하이데거의 지적이다. 그 때문에 하이데거는 이 규정들을 현존재에 시선을 둔 존재론적 해명에서 하나의 이차적—결여적 문맥에서 해석한다. 이 규정들의 존재 양식들은 결국 현존재의 존재에 대한 물음을 가능하게 하는 개념 파악과 해석, 기초존재론에 바탕을 둔다." 『존재론(현사실성의 해석학)』, 66쪽 역주 1)
2 전통 형이상학적 인간론에 대한 하이데거의 비판과 '현존재'라는 개념의 의미 등을 해명함으로써 하이데거의 인간론의 전체적인 그림을 잘 그려낸 바에 대해서는 다음을 참조. 최상욱, 「하이데거의 인간론」, 『하이데거 철학의 근본문제』(서울: 철학과 현실사, 1996), 150~185쪽.

이와 같은 이유로 초기 하이데거는 인간에 대한 전통적인 생물학적 그리고 신학적인 전제를 거부하며 현상학적인 시각으로 인간 현상(삶의 현사실성)을 보려고 한다. 이러한 초기 하이데거의 삶과 현존재에 대한 해석학은『존재와 시간』에서 기초존재론적 변형(현존재에 대한 예비적 기초분석)의 모습으로 세련되게 드러나게 된다. 이제 우리는 초기 하이데거의 현사실성의 이념과 전통적 '인간' 개념에 대한 비판적 논의와 그러한 비판적 논의에 바탕하여 전개되는『존재와 시간』에 나타난 현존재 이해, 즉 실존과 그의 세계에 대해 추적해 보고자 한다. 이 과정에 대한 논구를 통하여 우리는 삶과 현존재에 대해 존재론적 기초를 부여하여 현존재의 존재론을 근원적으로 또 새롭게 하려는 초기 하이데거의 열정을 확인할 수 있다.

1. 성서 전통에서 '인간' 개념

하이데거는『존재론(현사실성의 해석학)』강의에서 자신이 비판적 관점으로 보는 전통적 인간 개념에 대해 먼저 역사적 고찰을 하고 있다. 하이데거의 논의전개에 따라 우선 성서 전통에서의 '인간' 개념에 대해 알아보기로 하자.

하이데거는 인격으로서의 인간 이념에 대한 해명은 그리스도교 신학에서 여러 관점에서 읽혀지고 있는 한 구절에서 유래한다고 본다. 창세기 1장 26절에 "하느님께서는 우리 모습을 닮은 사람을 만들자!"[3] 라는 구절이 나온다. 그런데 여기서 'εἰκών'(형상)과 'ὁμο ἰωσις’(닮음)는 거의 같은 의미이다.

하이데거는 이 창세기 구절에 대한 해석의 역사는 바울(Paulus)로 부터 시작한다고 보면서 고린도 전서 11장 7절과 고린도 후서 3장 18절 그리고 로마서 8장 29절을 예로 들고 있다. 고린도 전서 11장 7절의 내용은 다음과 같다. "남자는 하느님의 모습과 영광을 지니고 있으니 머리를 가리우지 말아야 합니다."[4] 고린도 후서 3장 18절에는 "우리는 모두 얼굴의 너울을 벗어 버리고 거울처럼 주님의 영광을 비추어 줍니다. 동시에 우리는 주님과 같은 모습으로 변화하여 영광스러운 상태에서 더욱 영광스러운 상태로 옮아가고 있습니다." 라는 내용이 나오며, 로마서 8장 29절에는 "하느님께서는 이미 오래 전에 택하신 사람들이 당신의 아들과 같은 모습을 가지도록 미리 정하셨습니다."[5]라는 내용이 전개되고 있다.

하이데거는 이 세 성경구절을 언급하며 바울의 하느님의 형상으로서의 인간이해에 대해 살펴보면서 마지막으로 이러한 바울의 인간 이해에서 '여자는 누구인가' 하는 물음을 던진다. 하이데거의 이러한 물음에 대해 필자는 바울 당시 팽배했던 남성 중심의 인간 이해의 관점 ─ 이러한 관점은 유대─그리스도교적인 전통에 의해

---

3 "καὶ εἶπεν ὁ Θεός Ποιήσωμεν ἄνθρωπον κατ᾽ εἰκόνα ἡμετέραν καὶ καθ᾽ ὁμοίωσιν." 이하의 모든 성경구절과 학자들의 인용문들은 모두 하이데거의 『존재론』강의에서 재인용한 것임을 밝혀둔다.

4 "ἀνὴρ μὲν γὰρ οὐκ ὀφείλει κατακλύπτεσθαι τὴν κεφαλήν, εἰκὼν καὶ δόξα Θεού ὑπάρχων."

5 "ὅτι οὕς προέγνω, καὶ προώρισεν συμμόρφους τῆς εἰκόνος τού υἱού αὐτού, εἰς τὸ εἶναι αὐτὸν πωτότοκον ἐν πολλοίς ἀδελφοίς."

더욱 고착화 되어왔다— 에 대해 재고해보아야 하는 건 아닌가 하는 문제제기의 차원에서 하이데거가 강의 중간에 언급했다고 생각한다.

다음으로 타티안(Tatian, 150년경)의 해석이 소개되고 있다. "인간만이 하느님의 형상과 모습이다. 동물과 같이 행동하는 자는 인간이 아니며, 그의 인간성을 넘어 하느님을 향해 나아가는 자를 인간으로 생각한다."[6] 여기에는 인간을 고려하는 두 근본방식, 즉 동물적 존재방식과 초월적 존재방식이 뚜렷이 고정되어 있다.

이어서 하이데거는 아우구스티누스와 토마스 아퀴나스 그리고 쯔빙글리와 칼빈의 인간 이해를 소개한다.

아우구스티누스 : "그리고 하느님께서는 '우리 모습을 닮은 사람을 만들자'라고 말씀하셨다. 여기에서 우리는 어떻게 동물들이 무리를 짓게 되고, 이미 구별되어졌는지 주목해야 한다. 성경은 인간이 동물과 같은 날 창조되었다고 말한다. 왜냐하면 그들 모두 지상의 동물들로서 비슷하기 때문이다. 그럼에도 불구하고 이전과 같이 '하느님이 보시기에 좋았다'라는 말씀과 함께 다른 지상의 동물들에 대한 말씀을 마친 후, 하느님의 형상과 모습으로 창조됨

---

6 "Λόγος πρὸς Ἕλληνας: μόνος δὲ ὁ ἄνθρωπος εἰκὼν καὶ ὁμοίωσις τοῦ Θεοῦ, λέγω δὲ ἄνθρωπον οὐχὶ τὸν ὅμοια τοῖς ξῴοις πράττοντα (ξῷον으로서가 아님), ἀλλὰ τὸν πόρρω μὲν τῆς ἀνθρωπότητος πρὸς αὐτὸν δὲ τὸν Θεὸν κεχωρηκόντα(나아가는 자를)" *Texte und Untersuchung zur Geschichte der altchristlichen Literatur*(『고대 기독교 문헌의 역사에 대한 탐구』), hrsg. v. O. v. Gebhaardt u. A. Harnack. Bd. IV, H. 1. Leipzig 1888~1893, Kap. 15 (68), 16쪽, 13~16줄.

에 따라 생긴 이성의 탁월함 때문에 인간에 대해서는 따로 언급하고 있다."[7]

토마스 아퀴나스 : de fine sive termino productionis hominis prout dicitur factus ad imaginem et similitudinem Dei(인간이 하느님의 형상과 모습으로 창조되었다고 언급되는 한, 인간의 생산 목적과 한계에 대해)[8]

"다마스케네는 우리에게 다음과 같이 말한다. (De fide orthodoxa, 2권 2장) 인간은 하느님의 **형상**으로 지어졌다. 이 말은 '하느님이 지성적이며, 자유롭게 판단하고 그 자신의 주인이다'라는 것을 함축하고 있다. 따라서 이제 우리는 **하느님**이 사물들의 모범적인 근거가 되며, 사물들은 그의 뜻에 따라 그의 권능을 통해 나온 것임을 인정한다. 우리는 이 형상, 즉 자신의 책임과 통제 아래 그 자신이면서 타락하기도 하는 행동의 근원으로서 **인간**을 바라보아야 한다."[9]

---

7 "Et dixit Deus, Faciamus hominem ad imaginem et similitudienem nostram. Et hic animadvertenda quaedam et conjunctio, et discretio animantium. Nam eodem die factum hominem dicit, quo bestias. Sunt enim simul omnia terrena animantia; ettamen propter excellentiam rationis, secundum quam ad imaginem Dei et similitudinem efficitur homo, separatim de illo dicitur, postquam de caeteris terrenis animantibus solite conclusum est, dicendo, Et vidit Deus quia bonum est." De Genesi ad litteram imperfectus liber(『아우구스티누스의 창조론』). Migne XXXIV. Paris 1845, cap. 16, 55, 241쪽.

8 S. th. (Parma) I, quaest. XCIII prologus.

9 "Quia, sicut Damascenus dicit, lib. 2 orth. Fid., cap. 12, a princ., homo factus ad imaginem Dei, dicitur, secundum quod per imaginem significatur *intellectuale, et arbitrio liberum, et per se postestativum*, postquam praedictum est de exemplari, scilicet *de Deo*, et de his quae processerunt ex divina postestate secundum ejus voluntatem, restat ut consideremus de ejus imagine, idest, *de homenie*: secundum quod et ipse est suorum operum principium, quasi leberum arbitrium habens, et suorum operum

제2장 | 현존재와 염려 그리고 현사실성의 해석학 71

이 인용문에 대해 하이데거는 "이 문장은 중세의 주요 신학저서에 속한 방법적인 내적 구조를 담고 있다."(Onto 53~54)고 언급한다.

쯔빙글리 : "그러므로 그[인간]가 하느님과 그의 말씀을 존귀하게 여김으로써, 그는 자신의 본성에서 어느 정도 하나님과 가깝게 태어났고, 그 자신보다 그 이상의 것이며, 하느님에게로 그를 인도하는 무엇인가를 가지고 있음을 보여준다. 이 모든 것은 의심할 여지 없이 그가 하느님의 형상으로 지음을 받았다는 것에서 나온다."[10]

칼빈 : "인간은 처음 상태부터 타고난 고결함으로 인해 탁월하다. 이것은 이성, 지성, 사려 깊음, 그리고 판단이 지상의 삶을 영위하기에 충분할 뿐만 아니라, 하느님과 영원한 행복에조차 이르도록 초월하게 한다."[11]

칼빈까지 소개한 하이데거는 이러한 인격으로서의 인간이해가 독일 관념론을 거쳐 셸러에게까지 이르고 있다고 본다. 하지만 셸러가 『인간의 이념에 대하여(Zur Idee des Menschen)』와 『가치전복에

---

postestatem, quasi leberum arbitrium habens, et suorum operum potestatem." S.th., prologus zu II(I) (부분적으로 하이데거의 강조)

10 "ouch daß er[der Mensch] sin *ufsehen hat* uf gott und sin wort, zeigt er klarlich an, daß er nach siner natur etwas gott näher anerborn, etwas mee *nachschlägt, etwas züzugs* zu jm hat, das alles on zwyfel allein darus flüßt, daß er nach der *bildnuß* gottes geschaffen ist." "Von klarheit und gewüsse oder unbetrogliche des worts gottes"(「하느님 말씀의 분명함과 확실함 또는 힘에 관하여」). In: *Werke I. Der deutschen Schriften erster Theil.* Zürich 1828, 58쪽. (하이데거의 강조)

11 "His praeclaris dotibus excelluit prima hominis conditio, ut ratio, intelligentia, prudentia, iudicium non modo ad terrenae vitae gubernationem suppeterent, sed quibus *transcenderent usque ad Deum* et aeternam felicitatem." *Institutio I*(『기독교 강요』), 15,8 (하이데거의 강조)

관하여(Vom Umsturz der Werte)』등에서 논의한 인간 읽기는 철두철미 '신ー동형설(Theo-morphismus)'이며 인간은 신을 닮은 자라는 인간 이해에서 한 걸음도 제대로 나아가지 못한 낡고 빛바랜 물음만을 제기하는 전통 안에 머무르고 있을 뿐이라고 하이데거는 비판적 입장을 취한다.(Onto 55~56 참조)

2. 인간에 대한 신학적 개념과 '이성적 동물' 개념

앞에서 우리는 성서적 전통에서 유래하는 신학적 인간 개념, 즉 하느님의 형상(인격)으로서의 인간 이해에 대해 살펴보았다. 다음으로 하이데거가 거부하고 있는 또 다른 인간 개념, 즉 이성적 동물로서의 인간 읽기에 대해 고찰해 보기로 하자.

하이데거는 『존재론(현사실성의 해석학)』강의에서 "해석학은 그때마다 고유한 현존재를 주제 대상ー그의 존재성격과 존재에 대한 현상적 구조를 심문하는 것ー으로 삼는다. 따라서 하나의 보편적인 영역적 체계학의 관점에서 볼 때, 해석학은 특정하게 주도된 체계연구를 목적으로 하는 그러한 체계학으로부터 하나의 규정된 영역을 분리시킨 셈이다."(Onto 56~57)라고 자신의 현사실성의 해석학의 성격을 규정하고 있다. 이러한 하이데거의 현상학적ー해석학적인 방법의 측면에서 볼 때, 하나님의 형상(인격)과 이성적 동물이라는 선입견에 입각한, 즉 전승된 범주적 각인에 매인 인간 현상 읽기는 현존재의 현사실성을 주목하지 못하게 된다. 그러므로 하이데거는 한 마디로 이성적 동물이라는 전통적 인간 이념에 대해 다음과 같은 비판적 입장을 취한다.

"사람들이 이성적 동물(animal rationale)이라는 전승된 정의를 하나의 단서로 삼고 고찰을 주도하는 한, 인간이라고 불려지는 현존재하는 것(das Daseiende)은 연구에 있어서 이미 앞서 규정된 범주적 각인에 놓여져 있게 된다. 이러한 고찰은 단서로 주어진 정의에다 정해진 하나의 시각을 덧붙여 기술할 뿐, 거기에서 **근원적인 계기를 생생하고 고유하게 드러낼 생각은 하지 않는다.**"(Onto 57)[12]

이성적 동물이라는 정의 자체는 이미 그 근원적인 바탕과 증명 가능성으로부터 벗어나 있는 셈이다. 우리가 앞에서 인용한 쯔빙글리나 칼빈의 인간 이해를 보았을 때, 거기에서는 인간의 다양한 상태—순수상태, 타락상태, 은총의 상태, 영광의 상태—와 존재방식들에 대한 신학적인 구별만이 있을 뿐이다. 이렇듯 특정한 교의와 교리에 입각한 인간 현상 읽기는 인간 현상이 드러나는 생생하고도 근원적인 바탕에 대한 일종의 폭력적인 해석이라고 볼 수 있을 것이다. 이와 같은 관점에서 생각해 볼 때, "이성적 동물이란 정의에서 본 인간에 대한 관점은 인간을 포함한 살아서 현존재하는 다른 것들의 권역(식물, 동물)에서 언어를 가지고 (λόγον ἔχον), 그의 세계와 말을 주고받는 한 존재자로서 인간을 본다. 그의 세계는 먼저 넓은 의미에서 πρᾶξις(실천), 배려함(Besorgen)의 교섭 중에 있는

---

12 강조는 필자에 의한 것임.

것이다. 후에 단어의 의미에서만 무차별적으로 이해된 이성적 동물 (animal rationale, vernünftiges Lebewesen)이라는 정의는 인간 존재에 대한 규정이 원래 생겨난 직관의 바탕을 은폐한다."(Onto 59)[13]

앞에서 살펴본 바와 같이 서양철학에서의 인간 이해는 '하느님의 형상'과 '이성적 동물'로서의 인간 이념으로부터 앞서 규정되어 왔다. 하나님의 형상으로서의 인간 존재는 하나님의 형상에 따라 창조되어 선한(bonum) 존재이었으나 타락 이후 죄에 빠져 있으며 그리스도에 의해 구속되고 다시 부활되어야 할 자이다. 그런데 이러한 완결적인 의미에서의 그리스도교적─신학적 인간이해는 인간 존재에 대한 근본적인 철학적 성찰을 위해 배제되어야 한다고 하이데거는 강조한다. 왜냐하면 이렇듯 인간에 대한 하나의 정답을 이미 가지고 있는 한, 이것은 긍정적인 현존재의 존재론으로의 길을 막기 때문이다.

이성적 동물이라는 인간 이념도 마찬가지다. '이성'을 가진 동물이라는 생물학적 전제를 기반으로 인간 존재에 대해 이미 이성적으로 규정하고 있는 이념을 가지고 인간 현상을 보아서는 안 된다. 매순간성으로 있는 현존재의 현사실성은 '고유한'(eigen), '자기화'(Aneignung), '자기에게 맞는'(angeeignet) 등과 같은 용어로 규정될 수 있기 때문에 전통적인 의미에서의 자아(Ich), 인격(Person), 자아극 (Ichpol), 활동 중심(Aktzentrum)이라는 이념을 전혀 갖지 않는다. 그리

---

13 강조는 필자에 의한 것임.

고 여기서 말하는 '자기'(Selbst)의 개념 역시 '자아적'(ichlichen) 근원을 의미하지 않는다.(Onto 61 참조)

이상에서 살펴본 바와 같이, 초기 하이데거는 자신의 철학적 핵심주제인 현사실성의 이념에서 전통적 인간 이해를 비판적으로 논의한다. 이러한 현사실성의 해석학 작업은 『존재와 시간』의 현존재에 대한 예비적 기초분석에서 자연스럽게 이어지고 있다. 특히 『존재와 시간』 제10절(현존재분석론을 인간학, 심리학, 생물학과 구별지어서 한정함)에서 하이데거는 전통적 인간학에 대해 단호하게 거리를 두는 자신의 입장을 다음과 같이 표명하면서 삶의 그때그때마다의 상황에서 새롭게 드러나는 현존재로서의 인간 읽기 — 현존재분석론 — 를 수행한다. "전통적 인간학의 중요한 근원들인 그리스의 정의(이성적 동물)와 신학적인 실마리(하느님의 형상)가 보여주고 있는 것은, '인간'이라는 존재자의 한 본질규정 안에서 인간의 존재에 대한 물음은 망각된 채로 남아 있으며, 오히려 이 존재가 다른 창조된 사물들의 눈앞에 있음의 의미로 '자명하게' 개념파악 되었다는 것이다. 이러한 두 실마리는 근대의 인간학에서는 사유하는 사물, 의식, 체험의 연관에서 출발하는 방법적인 출발점과 뒤엉키게 된다. 그러나 사유행위가 존재론적으로 규정되지 않은 채 남아 있는 한, 또는 다시금 묵시적으로 '자명하게' 그것의 '존재'는 어떠한 물음 아래에도 놓이지 않는 그런 '주어진' 어떤 것으로 간주되는 한, 인간학적인 문제틀은 그것의 결정적인 존재론적 기초에서 규정되지 않은 채 남아 있는 것이다."(SZ 76)

3. 『존재와 시간』에 나타난 현존재 이해 : 실존(Existenz)과 그의 세계

우리가 앞에서의 논의에서도 확인할 수 있었던 바와 같이, 하이데거는 전통적인 인간이해 — 이성적 동물, 하느님의 형상 — 에 대해 현상학적 해체의 관점을 취하면서 '다시' 인간현상을 볼 것을 주장하며 인간을 거기에-있음(현-존재, Da-sein)으로 명명하였다. 서양의 2,500년에 걸친 사유의 역사를 '존재를 둘러싼 거인들의 싸움'으로 이해하는 하이데거의 사유의 관심은 물론 **존재**이다. 그런데 또한 이 존재를 밝혀내는 열쇠가 되는 인간 현존재의 근본구성틀 역시 하이데거의 기본적인 관심이다. 하이데거는 『존재와 시간』제1편에서 인간 현존재의 근본구성틀을 '세계-내-존재'라고 명명하며 현존재분석론을 전개하고 있다. 여기에서 우리는 하이데거가 전통적 인간학과는 차이나는 자신의 현상학적 봄을 바탕으로 한 새로운 인간 현상 읽기에서 세 가지를 문제 삼고 있음을 알 수 있다.[14] 그중 첫 번째가 바로 우리가 '세계를 어떻게 이해해야 하는가?', '실존범주로서의 세계는 무엇을 뜻하는가' 하는 것이다. 하이데거는 '세계'라는 낱말의 다의성을 풀이하면서 '세계'의 의미를 밝히고 있다.

첫째, 세계는 존재적 개념으로 사용되며 이 경우 세계 내부에(눈

---

14 하이데거는 『존재와 시간』제12절(안에-있음 그 자체에 방향을 잡아 세계-내-존재를 대강 그려봄)에서 현존재는 세계-내-존재라는 존재구성틀에서 이해되어야 한다고 강조하며 '세계'와 '내-존재' 그리고 그렇게 세계-내-존재의 방식으로 존재하는 그 존재자는 '누구인가'를 문제 삼고 있다.

앞에) 존재할 수 있는 존재자의 총체를 의미한다.

둘째, 세계는 존재론적인 용어로서 기능하며 첫 번째에서 언급된 존재자의 존재를 의미한다. '세계'는 각기 나름의 존재자의 다양성을 포괄하는 영역에 대한 명칭이 될 수 있다. 예컨대 세계는 수학자의 '세계'라는 이야기에서와 같이 수학의 가능한 대상들의 영역을 의미한다.

셋째, 세계는 다시금 존재적인 의미에서 이해될 수 있는데, 이제는 현존재가 본질적으로 그것이 아닌, 세계내부적으로 만날 수 있는 그런 존재자가 아니라, 오히려 현사실적인 현존재가 이 현존재로서 '그 안에서' '살고 있는' 그곳으로 이해될 수 있다. 세계는 여기서 존재론 이전의 실존적 의미를 가지고 있다. 여기에는 다시금 여러 상이한 가능성들이 성립한다. 세계는 '공적인' 우리-세계 또는 자신의 '고유한' 가장 가까운 주위세계를 의미한다.

마지막으로 세계는 세계성이라는 존재론적-실존론적 개념을 지칭한다. 세계성 자체는 특수한 '세계들'의 그때마다의 구조 전체로 변양될 수 있지만 자체 안에 세계성 자체의 선험적 토대를 포함하고 있다.(SZ 93~93 참조) 이 중에서 하이데거는 세 번째와 마지막의 '세계' 의미에 주안점을 둔다.[15]

하이데거가 밝힌 세계의 이러한 의미에서 볼 때, 세계란 흔히 전

---

15 하이데거가 『존재와 시간』에서 다루는 세계개념뿐만 아니라 동·서양에서의 세계개념의 의미의 전개와 구조에 대한 자세하고 포괄적인 설명에 대해서는 다음을 참조. 이기상, 「세계(그 의미의 전개와 구조)」, 『우리말 철학사전 5』(서울: 지식산업사, 2007), 155~190쪽.

통적으로 이해되어 왔던 '존재자의 총체'가 아니다. 또한 신에 의해 '창조된 존재자'도 아니다. 인간 현존재의 삶이 전개 되는 '그 안'으로서의 세계로 이해해야 한다. 세계는 현존재의 세계로서 의미를 갖는 의미연관의 맥락이다. 따라서 하이데거의 관심은 주위세계 및 세계성 자체를 분석함에 있다. 일상적인 현존재에게 있어 가장 가까운 세계는 주위세계이다. 이것을 전통 형이상학에서는 인간이 존재자들을 바라보는 것으로 이해했다. 여기서 인간은 그 존재자들의 실재와 본질을 관찰하고 인식하며 그 내용을 이론으로 구성함으로써 학문의 체계를 이룩하여 왔다. 그러나 하이데거는 우선 인간이 살면서 대하는 존재자들을 '~하기 위한 것으로서' 이해한다. 이러한 이해에서 존재자들은 '~을 하기 위한 도구'로서 손안에 있음(Zuhandenheit)이 되며 존재자들은 다른 존재자들을 지시하는 구조 속에 놓이게 된다. 하이데거는 도구로서의 존재자들에 대한 인간 현존재의 관계맺음을 둘러봄(Umsicht)이라 말한다.

하이데거가 말하는 세계란 우선 도구전체성과 인간 현존재를 함께 지칭함이다. 인간 현존재는 이러한 세계를 이해하고 형성하며 존재한다. 하이데거가 또 하나 관심을 두는 측면, 즉 세계의 세계성은 세계를 세계이게 하는 본질적인 구조를 말하는데 하이데거는 『존재와 시간』에서 데카르트의 세계해석에 대비하여 세계성의 분석을 구별 부각시키고 있다.(SZ 127~143 참조)

데카르트에서 인간과 세계는 사유하는 자(res cogitans)와 연장된 것(res extensa)이라는 구별을 통해 규정된다. 그에게서 세계란 외부세계, 즉 외적 사물의 총체 또는 연장된 물질의 전체를 의미한다.

여기에서 인간은 주체가 되고 세계는 하나의 상(像)이 된다. 데카르트를 필두로 시작된 근대의 근본 과정은 세계를 상으로 정복하는 것이었다. 이러한 데카르트의 세계개념에 대해 하이데거는 그 자신의 고유한 기초 존재론적인 입장에서 비판함과 아울러, 그런 세계개념이 지닌 형이상학적인 의미를 해명하고자 한다.[16]

　먼저 하이데거 자신의 이론인 현존재의 존재론의 관점에서 볼 때, 데카르트의 세계개념은 사물존재자(Vorhandenes)의 차원에서 이루어지는 것인데, 이것은 오히려 우리가 우선적으로 만나게 되는 존재자는 도구존재자(Zuhandenes)라는 사실을 간과한 것이라고 할 수 있다. 현존재에게 있어 세계란 단순히 사물존재자들의 총합이 아니라, 일차적으로는 우리가 언제나 그 속에서 살고 있는 삶의 터전으로서의 주위세계(Umwelt)를 의미한다. 이런 주위세계에서 다른 존재자들과의 교섭의 우선적인 방식은 배려(Besorgen)이고, 이 배려에서 만나게 되는 존재자가 도구이다. 따라서 현존재가 아닌 존재자들은 '우선 대개'는 우리의 삶과 관련된 도구존재자이고, 이렇게 사용하고 취급한다는 방식을 떠나 순수 이론적으로만 바라볼 때, 단순히 객관적인 사물존재자가 되는 것이다. 그러나 도구존재자가 사물존재자에 선행한다 하더라도, 이 도구존재자에 앞서 그것을 드러내주는 바탕과도 같은 것을 하이데거는 세계의 세계성(Weltlichkeit)

---

16 이러한 하이데거의 데카르트의 '세계' 개념규정과 그로 인한 근대철학에서의 세계개념 논의에 대한 자세한 비판적 논의는 다음을 참조.『존재와 시간』제21절 "데카르트의 '세계' 존재론에 대한 해석학적 토의";『세계상의 시대(Die Zeit des Weltbildes)』, 최상욱 옮김(서울: 서광사, 1995).

이라고 보고 있다. 하나의 도구를 예로 들면, 망치의 사용사태(Bewandtnis)는 망치질에, 망치질의 사용사태는 고정화에, 고정화의 사용사태는 폭풍우의 방비에, 이 방비의 사용사태는 현존재의 숙박에 있다고 할 수 있는데, 이런 사용사태와 유의미성(Bedeutsamkeit)의 관련들 전체가 세계성이다. 이러한 세계성을 배경으로 해서만 하나의 존재자는 도구로서 드러난다. 이렇게 볼 때 세계란, 데카르트가 생각했듯이 사물존재자들이 먼저 있고 이것을 모아 성립되는 집합개념이 아니라, 어떤 존재자를 이해할 때 이미 전제되어 있는 바탕과도 같은 것이라고 할 수 있다.[17] 이렇듯 하이데거에서 세계는 인간 현존재가 자신의 주위세계에서 생활세계적으로 만나게 되는 (도구)존재자들의 사용사태전체성과 관련하여 의미를 부여한 세계를 뜻한다. 그리고 현존재에 의해 의미부여된 그 친숙한 세계는 바로 유의미성의 세계가 된다. "이 유의미성이 세계의 구조를, 즉 현-존재 — 인간이 본질적으로 존재하고 있는 그곳 — 그 자체가 그때마다 이미 그 안에 있는 그것의 구조를 형성하고 있는 바로 그것이다. (중략) 현존재는, 그가 **존재하는** 한, 그때마다 이미 하나의 만나게 되는 '세계'에 의존했으며, 그의 존재에는 본질적으로 이러한 **의존성**이 속한다. 그러나 현존재가 그때마다 이미 그것과 친숙해 있는 그 유의미성 자체는 이해하는 현존재가 해석하는 현존재로서 '뜻들' — 이것들 자체는 다시 낱말과 언어의 가능존재를 기초놓는

---

17 김종욱, 「하이데거의 데카르트 해석의 의도」, 한국철학회, 『철학(제39집)』(1995), 249~250쪽 참조.

다—과 같은 어떤 것을 열어밝힐 수 있는 존재론적 가능조건을 자체 안에 간직하고 있다."(SZ 125)

4. 인간(주체)―세계(객체)의 이분법적 이해 극복 : 하이데거가 본 현존재(Dasein)의 초월과 존재이해(Seinsverständnis)

현존재의 있음의 성격을 실존(Existenz)으로 보고 따라서 세계도 실존으로서의 인간의 세계임을 강조한 하이데거는 현존재의 근본 구성틀을 세계―내―존재로 명명한데서도 알 수 있듯이 인간과 세계는 뗄 수 없는 사태임을 강조한다. 인간과 세계는 주체와 객체, 초월론적 자아와 구성된 대상이라는 도식으로 접근할 수 없는 사태이다. 하이데거는 인간과 세계의 근원적인 공속성(共屬性)을 강조하며 근대 이후 더욱 고착화 된 인간과 세계의 이분법적 이해방식을 해체하려 한 것이다.

인간의 있음은 태어날 때 하늘로부터 어떠한 본질 또는 본성을 부여받은, 그래서 그 자체로 완성된 있음이 아니라 각자의 삶의 자리에서 자기 자신, 다른 도구존재들 그리고 이것들을 전체적 맥락 안에서 의미 지워주는 세계와 끊임없이 관계를 맺어 가는 가운데 또한 그 관계를 의미있게 가꾸기 위해 염려(Sorge)해 가고 있는 있음이다.

이러한 사태를 두고 하이데거는 인간 "현존재의 존재는 세계내 부적으로 만나게 되는 존재자 곁에―있음으로서 자기를 앞질러―

이미-세계-안에-있음이라고 말한다. 그리고 이러한 존재는 염려라는 명칭의 의미를 충족시키고 있다고 본다. 이 명칭은 이때 순수하게 존재론적-실존론적으로 사용되고 있으므로, 걱정이나 걱정 없음 등과 같은 존재적인 의미의 존재경향은 그 의미에서 배제되는 것"(SZ 262~263)이라고 말한다. 전통적인 철학에서 인간을 이성, 영혼, 의식 등으로 정의한 것과는 대조적으로 하이데거가 인간 현존재의 존재를 세계-안에-있음 그리고 염려라고 본 점에 유의하여 생각해 보자.

우리가 서양 철학사의 흐름을 크게 <존재론적>, <인식론적>(정신론적) 그리고 <언어론적> 패러다임으로 구분하여 생각해 볼 때, 고·중세 때는 <존재론적 패러다임> 속에서 존재하는 것들의 실체(Substanz)를 탐구함에 이끌렸고, 근세에는 <인식론적(정신론적) 패러다임>으로 변하면서 주체(Subjekt)로서의 인간이 부각되면서 참다운 진리인식의 문제로 집중되었다. 이때, 주체가 된 인간은 인간 이외의 다른 존재자들을 자신의 권력이성 앞에 마주 세우고 어떻게 그것을 참답게 인식하는가 하는 문제로 몰두하게 되었다. 하지만 현대에 들어서는 이제 절대적인 주체도 절대적인 객체도 없다는 자각아래 주체와 객체가 이미 만나고 있는 장인 매체로 관심을 돌리게 되었다. 현대철학에서 많이 논의가 되고 있는 언어, 의미, 구조, 현상 등은 모두 이러한 맥락에서 생각할 수 있는 것들이다. 이제는 주체와 객체의 관계설정이 중요하게 되었고 그 만나고 있음이 주목받게 되었다. 더 이상 실체론적도 주체론적도 아닌 관계론적 사유방식이 절실하게 필요하게 되었다. 이제까지의 실체론적 혹은 주체론적 사유의 틀 속에서 세계와 인간의 관계문제가 제대로 설정되었는가? 세계는 존재하는 것들의 총체이며 인간은 그 세계를 대상으로 마주 세워 자신의 권력의지 앞에 갖다 놓을 수 있는 것인가? 이러한 문제에 직면해서 우리는 특정한 존재자에게만 일방적이지 않은 <관계론적 패러다임>을 모색하게 된다.[18]

이제 우리는 이러한 현대의 관계론적 사유방식이라는 커다란 틀 속에서 세계와 인간의 관계에 대한 탁월한 이해방식의 하나인 하이데거의 인간 현존재의 초월과 현존재의 존재구성틀인 세계−내−존재 그리고 존재이해의 문제, 특히 전통 형이상학에서의 존재이해의 방향과 새로운 존재이해의 길에 대한 제시를 살펴보고자 한다. 앞에서 언급한 바와 같이, 인간은 살아가면서 자기 자신, 도구존재들 그리고 세계와 관계를 맺어가기 마련인데, 그 관계 속에서 인간의 의미물음도 싹트게 되는 것이다. 따라서 인간 현존재와 다른 도구존재자들 그리고 세계와의 올바른 관계에 대한 탐구는 인간의 의미물음에 대한 일단의 기여를 할 수 있을 것이다.

하이데거는 인간을 현존재(Dasein)라고 보며 이 현존재는 단적으로 세계−내−존재로서 초월함이라고 말한다.[19] 그리고 세계−내−

---

18 이기상, 『철학노트』(서울: 까치, 2002), 219~303쪽 참조. 기본적으로 하이데거 사상의 맥을 잇고 있는 H. 롬바흐는 자신의 근본철학의 관점에서 유럽의 지성사를 실체(Substanz, 고·중세), 체계(System, 근대), 구조(Struktur, 현대)라는 낱말로 구분하고 있다. 『철학의 현재(Die Gegenwart der Philosophie)』, 전동진 옮김(서울: 서광사, 2001); 전동진, 「철학의 종말?: 체계로부터 구조로의 변혁」, 한국철학회, 『철학(제91집)』(2007 여름), 275~302쪽 참조.

19 하이데거는 세계−내−존재는 초월, 넘어섬(Überstieg)의 구조라고 강조하며 이때 넘

존재인 인간 현존재에는 존재이해가 속해 있다고 한다.(EiP 304 참조) 이러한 세계−내−존재로서의 현존재와 현존재의 존재론적 초월 그리고 존재이해의 문제에 대한 하이데거의 이해에 대해 먼저 그가 현존재를 세계−내−존재라고 강조한 점에서부터 살펴보기로 하자.

1) 세계−내−존재로서의 현존재 이해가 갖는 철학적 의의

인간은 절대적인 주체가 되고 세계는 그 주체가 마주 세운 대상이 될 수 있는가? 그동안 전통 형이상학에서 이해되어왔던 인간 이해, 즉 인간은 이성적 동물(homo rationale)이며 하느님의 형상(Imago Dei)이라는 이해에서 인간은 어떠한 특권을 부여받고 있는 것은 아닌가? 인간만의 본성이나 본질을 강조하고 싶은 나머지 너무나 명백하고도 뚜렷한 사실, 즉 특정한 세계 안에 내던져져 있다는 생각은 하지 못했던 것일까? 하이데거는 『철학입문』강의에서 전통적인 세계와 인간의 본성 관계문제에 대해 다음과 같은 물음을 던진다.

어서는 자는 현존재이고 넘어선 것은 존재자 전체라고 한다. 그리고 넘어섬이 향하고 있는 곳은 다름 아닌 세계이다. 세계−내−존재로서 "현존재는 가끔 세계와 관계를 맺는 것이 아니라, 세계연관은 현존재 자체의 본질, 현존재로서의 존재, 즉 실존에 속한다. '현존재'는 근본적으로 세계−내−존재 이외의 다른 것을 뜻하지 않는다." EiP, 241쪽.

우리는 인간의 본성과 그것의 세계와의 연관을 언급하고 있지만, 인간의 본성과 세계의 연관을 제대로 물을 수 있을 만큼 인간의 본성을 결정적으로 규정하고 있지 못하다. 우리는 연관점(Bezugspunkt)으로서 한편에 현존재를, 다른 한편에 우리가 세계라고 부르는 것을 가지고 있는가? 이 현존재는 때때로 세계와 관계를 가지는가, 아니면 현존재는 세계와 지속적인 관계를 가지는가? 왜 그러하며, 어떻게 그럴 수 있는가? (EiP 302)

근대 데카르트 이후 인간과 세계의 문제에 있어서 인간과 세계는 주—객으로 대립되어 서로에게 다가갈 수 있는 통로를 찾는 데 고심하여 왔다. 그래서 칸트는 인간(주체)과 세계(객체)의 관계를 설명하는데 성공하지 못하는 일을 두고 **철학의 스캔들**이라고까지 보았던 것이다. 그런데 이에 대해 하이데거는 인간이 세계를 설명하려고 하는 것 자체가 철학의 스캔들이라고 보며 데카르트 이후의 근대 존재론의 논제, 즉 존재의 근본방식을 **자연의 존재**(das Sein der Natur, res extensa)와 **정신의 존재**(das Sein des Geistes, res cogitans)로 보는 이분법적 경향에 대해 현상학적 해체를 감행한다.[20] 그러면서 인간을 이미 특정한 삶의 문법과 논리가 통용되고 있는 세계—안에—있음이라고 이해해 보자고 강조한다. 인간 현존재는 특정한 세계에

---

20 M. Heidegger, *Die Grundprobleme der Phänomenologie* GA24, hrsg. von Friedrich-Wilhelm von Hermann, Vittorio Klostermann Frankfurt am Main, 1975. 172~199쪽; 『현상학의 근본문제들』, 이기상 옮김(서울: 문예출판사, 1994), 181~207쪽 참조 (이하 『현상학의 근본문제들』을 GP로 본문에 직접 인용과 표기)

던져져 있으면서 어떤 의미에서는 그 세계의 존재자들에 의해 철저히 둘러싸여 있다고 볼 수 있다.

우리가 인간을 세계-내-존재로 이해한다면, 그 자체가 세계-내-존재인 현존재가 세계와 관계를 가지는지 그리고 어떻게 가지는지를 묻는다는 것은 의미 없는 일이 될 것이다. 그러므로 세계-내-존재가 무엇인지를 묻는 것이 시급하다. 하이데거는 인간 현존재는 세계-내-존재라고 힘주어 강조하면서(EiP 302 참조) 전통 형이상학에서 이 점이 드러나지 못했던 바에 대해 다음과 같이 설명한다.

> 세계개념의 긴 역사에서도 바로 이러한 현존재와 세계의 연관이 해명되지 않은 채로 있고, 한 번도 문제시되지 않았다는 것은 문제가 되고 있는 이러한 관련들이 즉시 드러나지 않으며, 아마도 단순하지만, 상식에 감추어진 것이기 때문에, 오해되고 왜곡되는 것에 속한다는 사실을 우리에게 말해주고 있다. 그러므로 이해를 위한 주된 어려움은 이러한 왜곡과 오해를 꿰뚫어보고, 단순한 것에 대한 시선을 자유롭게 얻기 위해서 그것들을 분쇄하는 데 있다. 철학에서 중요한 것은 도처에서 미지의 육지를 발견하는 것이 아니라, 긴 세월 동안 너무도 잘 알려진 것을 가상과 불분명함으로부터 자유롭게 하는 것이다. (EiP 302~303)

세계-내-존재로서 인간 현존재를 보자고 말한 하이데거는 또한 이러한 세계-내-존재는 단적으로 **초월함**이라고 본다. 인간 현존재는 존재자를 넘어서며, 나아가 현존재는 비로소 이 넘어섬에서 다른 존재자와 관계를 맺을 수 있다. "현존재는 초월하며 존재자를 가끔 넘어서는 것이 아니라, 현존재로서 넘어선다. 그리고 현존재는 존재자를 넘어설 때, 이런 저런 존재자를 넘어서는 것이 아니라, 존재자 전체를 넘어선다. 다만 현존재가 존재자 전체를 넘어서기 때문에, 현존재는 존재자 내에서 선택적으로 이 존재자 또는 저 존재자와 관계를 맺을 수 있다. 이때 본질적으로 이 선택은 모든 현존재의 현사실적인 실존과 함께 이미 결정된 것이다."(EiP 303) 현존재의 초월함은 세계—내—존재임을 뜻하며 이러한 세계—내—존재에는 존재이해가 속한다. 존재이해는 세계—내—존재의 한 본질계기이며 세계—내—존재는 일차적으로 존재이해를 통해서 함께 규정된다. 특정한 삶의 문법과 논리가 통용되고 그래서 그 문법과 논리에 따라 존재이해의 지평이 형성된 세계에 던져진 현존재는 그 존재이해의 지평에 따라 존재하는 것들을 그렇게 존재하는 것들로 볼 수가 있게 된다. 그런데 여기서 문제가 되고 있는 것은 무엇인가? 바로 존재와 세계, 즉 존재이해와 세계—내—존재이다. 이 둘은 서로 합치될 수는 없지만, 현존재의 초월의 필연적 요소인 존재이해에서부터 그리고 세계—내—존재라는 말에서 세계가 무엇을 말하는지를 해명하는 데서 실마리를 찾아볼 수 있겠다. 하이데거는 칸트의 세계개념을 예로 들면서 칸트가 세계를 현상들의 총체성에 대한 이념으로서의 세계, 즉 유한한 인간적 인식의 상관개념으로 본 것에서(EiP 286 참조) 더 나아가 칸트 자신이 세계를 삶의 큰 놀이, 삶의 경험이라고 말하는 것에서부터 세계개념의 실존적 의미를 도출해 낸다.(EiP 295~301 참조) 그러나 하이데거는 칸트의 실존적 세계개념이 아직은 철학적으로 결코 완결되지도 문제화되지도 못했다고 보지만 문제의 방향만은 제시했다고 평가한다.

하이데거는 인간 현존재를 초월함이나 세계─내─존재로 보면서 무엇을 말하려 하는가? 세계는 현존재와 서로 얽히어 더불어 있는 인간의 현사실이며 역사적인 현존재는 분명히 그리고 항상 필연적으로 눈앞에 있는 것 곁의 존재일 뿐만 아니라, 사용사물 곁의 존재이다. 다른 말로 해서, 현존재가 동근원적으로 그 본질에 따라 눈앞에 있는 것 곁에 있음에서 타인과의 더불어 있음(Mitsein)이며, 그 모든 것에서 자기로 있음(Selbstsein)인 한에서, 이렇게 개방되는 이 존재자 전체의 존재구성틀 전체는 원칙적으로 칸트의 우주론적 세계개념에서 사유되고, 적어도 인간학적인 세계개념에서 보였던 것보다 더 풍부하며 더 근원적이다.(EiP 305 참조)

하이데거의 통찰에 따라 세계개념의 실존적 의미에 대해 더 깊이 숙고해 보기로 하자. 하이데거에 의하면, 세계는 현존재의 실존구성틀에 속해 있는 것이 된다. 세계는 눈앞에 있지 않다. 오히려 세계는 실존한다. 현존재가 **존재하는** 한에서만, 다시 말해 실존적인 한에서만 세계가 존재한다. 세계이해는, 그 안에 <무엇을 위해>의 연관들, 말하자면 사용사태, <무엇 때문에>의 연관들이 이해되어 있는 한, 본질적으로 자기이해이며, 또 자기이해는 곧 현존재 이해이다. 그 안에는 다시 타인들과 더불어 있음에 대한 이해, 눈앞의 것 곁의 존재가능과 눈앞의 것 곁에 체류함에 대한 이해가 놓여 있다. 현존재는 처음에는 그저 타인들과 더불어 있음이며, 그 다음에 이러한 함께 더불어 있음에서 나와 어떤 객관적 세계로, 사물들로 출현하게 되는 것이 아니다. 이러한 단초는 주관적 관념론, 말하자면 처음에 하나의 주체를 설정하고 나서 그 다음에 어떤 방식으로든 하나의 객체를 마련하는 그런 주관적 관념론과 마찬가지로 빗나가버리고 만 것이다.(GP 420~421 참조) 세계는 현존재가 거기에 있는 한에서만 존재한다. 세계가 거기에 있을 때에만, 다시 말해 현존재가 세계-내-존재로서 실존하고 있을 때에만, 존재이해가 거기에 있으며, 또 이 존재이해가 실존하고 있을 때에만, 세계내부적 존재자가 눈앞의 것과 손안의 것으로 밝혀져 있다. 현존재 이해로서의 세계이해란 자기이해이다. 자기와 세계가 하나의 존재자, 즉 현존재에 공속해 있다. 자기와 세계는 주체와 객체, 또한 나와 너 같은 두 존재자가 아니다. 자기와 세계는 현존재의 근본구성틀, 즉 세계-내-존재의 단일성 속에 공속해 있다. 이 세계-내-존재가 다른 현존재와 세계내부적 존재자를 동시에 이해하기 위한 가능조건이다. 세계내부적 존재자의 존재를 이해할 가능성, 따라서 또한 현존재 자신을 이해할 가능성은 오직 세계-내-존재의 바탕 위에서만 가능하다.(GP 422~423 참조)

2) 현존재(Dasein)의 존재론적 초월

하이데거는 『존재와 시간』에서 인간 현존재를 세계-내-존재로 보아야 하며 이는 단일적으로 이해되어져야 한다고 말했다. 그리고 세계-내-존재 분석에서는 먼저 여기서 말하는 세계개념과 세계 안에 누가 있는가 하는 세계 안의 존재자, 즉 세계-안에-있음의 주체에 관한 것과 내-존재(안에-있음)는 무엇을 의미하며 그 '안에 -있음'의 방식과 구조가 무엇인가 하는 점을 밝혀내고 있다.(SZ 8~81 참조) 이러한 세계-내-존재에 대한 분석에서 알 수 있는 것처럼 하이데거는 인간을 이미 세계 안에 있음으로 보았으며 따라서 세계와 현존재와의 관계, 즉 세계의 실존적 의미를 좀 더 근원적으로 천착해 들어가고 있다. 하이데거는 이미 칸트가 말한 '삶의 놀이'라는 개념을 좀 더 실존론적으로 숙고한 뒤, '삶의 놀이'라는 표현은 인간의 역사적인 서로 더불어 있음이 다채로운 다양성과 변천, 우연성의 모습을 제공함에서 나온 것이라고 본다. 그러나 그 모든 보이는 것은 틀림없이 현사실적으로 그리고 역사적으로 삶의 놀이를 진행하는 현존재의 본질의 반영(Widerschein)일 뿐이라고 한다. 달리 말하자면, 현존재가 이러한 모습을 제공할 수 있어야 한다면, 현존재의 본질에 놀이의 성격이 있어야 한다고 말한다.(EIP 306~311 참조)[21] 그렇다면 세계-내-존재인 현존재의 본질에 놀이의 성격이 있어야 한다는 말은 무엇을 뜻하는가? 여기서 하이데거가 쓰고 있는 **놀이**라는 개념은 현존재가 특정한 세계에 내던져져

---

21 하이데거는 이 『철학입문』 제2부(철학과 세계관) 제34절(칸트의 세계개념)에서 고대 철학에서 초기 그리스도교의 세계개념을 거쳐 딜타이, 야스퍼스, 셸러까지의 세계개념을 고찰한 뒤, 칸트의 세계개념을 집중적으로 조명한다. 칸트에게서는 현상들의 총체성에 대한 이념으로서의 세계(유한한 인간 인식의 상관개념)와 더불어 세계개념의 실존적 의미를 부각시킨다. 그러한 작업을 발판으로 삼아, 하이데거는 35절(세계-내 -존재로서 현존재) 이후에서 현존재와 세계와의 관련을 설명하며 '삶의 놀이'로서의 세계를 강조한다. 더 나아가 현존재의 본질에 놀이의 성격이 있다고 주장한다.

있어 이미 나름대로 자기 자신, 다른 도구들 그리고 타인들과 더불어 관계 맺고 있는 인간 현존재의 **삶의 성격**을 나타내는 것이다. 그러나 우리가 현존재의 삶의 성격을 놀이라고 말할 때, 어떤 사람들은 그렇다면 우리가 삶을 아무런 진지함도 없이 장난치듯 대충대충 살아도 되는 것처럼 오해할 수도 있을 것이다. 그러므로 하이데거는 자신이 사용하는 놀이라는 개념을 좀 더 정확히 규정하고자 한다.

> 첫째, 놀이는 아주 넓은 의미에서 받아들여지며, 이러한 놀이는 현실에 대립하는 '유희적인(spielerisch)' 단순한 놀이와는 완전히 다른 것이다—이런 차이가 초월에는 전혀 없다. 무엇보다도 그때마다의 현사실적 관계맺음은 놀이로서의 성격을 가진 것이 아니라, 그것을 가능하게 하는 것이다. 그러므로 이 놀이는 우선 당장 감추어진다고 말할 수 있다. 둘째, 놀이는 그 자체에서 넘어서면서 도약한 것, 선행적으로 열어 밝혀진 것으로서 받아들여진다. 놀이는 주체에 개입하는 놀이활동이 아니라, 오히려 그 반대이다. 이러한 초월의 놀이에는 이미 우리가 관계를 맺는 모든 존재자가 주위에서 놀고(umspielt), 모든 관계맺음은 이 놀이에 개입되어 있다. (EiP 309~310)

이와 같이 세계라는 한마당 놀이에 초대된 현존재의 삶은 자의적이거나 작위적인 것이 아니라 삶의 놀이 규칙에 잘 조화됨과 동시에 창조적으로 수용, 형성, 변형시켜 가는 끊임없는 과정으로 이해된다. 삶의 놀이는 삶의 놀이함을 뜻하는 바, 이때 놀이함의 의미가 중요하다. 하이데거는 우리가 이 놀이함의 의미를 어떻게 받아들여야 하는지에 대해 4가지 요약적인 설명을 주고 있다.

놀이활동은 1. 진행과정의 기계적인 연속이 아니라, 자유로운, 즉
항상 규칙에 결속된 사건이다. 2. 이때 이 사건에서 본질적인 것은
행위와 행동이 아니다. 놀이활동에서 결정적으로 중요한 것은 바로
특별한 상태의 성격, 즉 고유한 거기에 처함(Sich-dabei-befinden)이다.
3. 태도는 놀이활동에서 본질적인 것이 아니기 때문에, 규칙도 다른
성격을 가진다. 다시 말해 규칙들은 놀이활동에서 비로소 형성된다.
결속은 아주 특별한 의미에서 하나의 자유로운 결속이다. 놀이활동
은 스스로 놀며, 매번 처음부터 놀이에 개입한다. 그 후에 이 놀이
는 놀이체계로서 떨어져나갈 수 있다. ~에 개입하는 놀이활동
(Sicheinspielen)에서 비로소 놀이가 생기지만, 이 놀이가 규칙체계,
앞선-규정(Vor-schrift)으로 형식화될 필요는 없다. 4. 그러나 여기
에는 다음과 같은 사실이 놓여 있다. 즉 놀이의 규칙은 확고하며,
어딘가에서 옮겨온 규범이 아니라, 놀이활동에서 그리고 놀이활동
을 통해서 변할 수 있다. 이 놀이는 매번 그 안에서 형성되고 동시
에 변화될 수 있는 자신의 공간을 창출한다. (EiP 308~309)

우리가 세계를 현존재의 초월함이 노는 놀이로 파악할 때, 놀이
라는 표현은 근원적이고 넓은 의미에서 이해되어져야 한다. 세계-
내-존재는 모든 현사실적 현존재가 그에게 현사실적으로 이러 저
러하게 그의 실존이 지속하는 동안 함께 놀게 되는 양상으로 놀
수 있기 위해, 그것으로 스스로 놀이에 개입해야 하는 놀이의 근원
적인 놀이함이다.(EiP 309 참조) 그런데 세계-내-존재인 현존재의
초월함의 놀이성격을 말할 때, 통속적 오성은 즉시 곤란에 빠지고

만다. 특정한 세계 안에 있는 현존재가 자기 자신, 다른 도구들 그리고 타인들과 관계를 맺어가며 놀이함을 통해 세계를 형성해 가는 과정을 분석적으로 범주적인 틀로만 이해하려고 한다면 현존재의 삶은 마치 거대한 태풍을 갑작스럽게 맞아 어디서부터 손을 대야 할지를 모르는 혼란의 도가니 같을 것이다.

초월은 전통적으로 신학적 의미와 인식론적 의미에서 주로 논의되어 왔다. 우선 신학적 의미로는 창조주인 신과 피조물 사이에서 창조주인 신을 어떻게 규정할 것인가 라는 물음으로부터 문제가 되었고, 인식론적 관점에서 말하는 초월은 인식 주체와 인식되는 객체 사이에서 주체가 어떻게 객체로 나아갈 수 있는가 하는 점에서 문제가 되었던 것이다.[22] 그러나 하이데거가 말하려고 하는 초월은 현존재의 삶의 성격인 놀이와 존재이해를 가능케 하는 현존재의 **존재론적 초월**이다. 현존재의 삶 속에서 피어나는 철학함, 즉 존재자 전체로의 침입사건은 명백한 현존재의 초월함으로부터 가능하다. 현존재는 존재론적으로 초월함이기 때문에 존재자를 그 존재자로서 이해할 수 있는 존재이해의 지평을 가질 수 있다. 따라서 존재이해는 초월에 속해있다고 볼 수 있는 것이다. 현존재의 초월 자체를 존재이해라는 계기의 관점에서 볼 때는 놀이성격도 가지고 있는 것이다. 우리가 삶의 놀이를 말할 때, 흔히는 다른 존재자를 가지고 놀이함을 생각하지만 여기서는 차라리 존재를 놀이함, 존재

---

22 손영삼, 「존재론적 초월에 관한 연구」, 새한철학회, 『철학논총(제16집)』(1999 봄호), 59쪽 참조.

를 놀게함 그리고 이 놀이에서 존재를 형성함을 뜻한다.(EiP 311 참조) 현존재는 다른 존재자들을 초월할 수 있음에서 현존재의 삶의 성격이 놀이의 성격을 띨 수 있으며 그 놀이함을 통해서 존재를 놀고, 놀게 하며, 형성해서 또 다른 존재이해의 지평을 넓힐 수도 있게 되는 것이다. 그러므로 우리가 현존재의 삶, 세계-내-존재, 초월을 놀이로서 이해하는 데에는 이유가 있는 것이다. 여기서 중요한 점은 놀이의 통속적인 표현과 그 의미를 넘어가는 것이다. 이는 우리가 놀이 개념을 해석하고, 흔한 장난감과의 차이에서 현존재가 확대된 놀이가 된다는 의미에서, 그 개념을 현존재에 적용하는 방식이 아니다. 오히려 놀이의 현상은 근본적으로 초월을 규정하는 사건의 단일성에 대한 제시를 우리에게 주고 있는 것으로 이해되어져야 한다.(EiP 312 참조) 현존재의 초월을 놀이로서 내보이려는 근본성격을 하이데거는 4가지로 나누어 정리해내고 있다.

1. 놀이활동은 자유로운 형성이다. 이러한 형성은 그때마다 자신에게 고유한 일치성(Einstimmigkeit)을 가지는데, 이 일치성은 놀이활동에서 형성된다. 2. 놀이활동은 자유로운 형성이지만, 바로 결속(Bindung)이다. 그러나 분리된 형성물이 아니라, 놀이하는 형성 자체로서, 그리고 그 안으로 형성하면서 스스로 결속하는 것이다. 3. 따라서 놀이활동은 한 대상과의 관계맺음, 나아가 단순한 ~과의 관계맺음이 결코 아니다. 오히려 놀이의 놀이활동과 놀이활동의 놀이는 동시에 근원적으로 그 자체에서 분리될 수 없는 하나의 사건이다. 4. 이런 의미에서 놀이활동을 우리는 세계-내-존재, 그리고 우리가 우선 항상 존재자를 넘어섬을 특징지었던 초월이라고 부른다. 세계

－내－존재는 항상 이미 앞서 존재자를 넘어, 존재자 주위에서 놀아
왔다. 이 놀이활동에서 가장 먼저 공간이 형성된다. 현실적인 의미
에서 우리는 이 공간에서 존재자를 만난다. (EiP 312~313)

현존재의 초월은 놀이의 성격으로 나타나며 이러한 놀이함을 통
해서 또한 현존재는 자신의 삶의 공간, 삶의 세계를 만들어 나간
다. 그리고 그러한 자신의 삶의 공간, 삶의 세계에서 존재이해의
지평을 형성해 가는 것이다. 그러므로 우리에게 삶을 놀이함은 중
요한 의미를 지닌다. 우리가 어떻게 놀이하느냐에 따라 우리의 삶
의 모습이 달라질 수 있기 때문이다. 우리는 그동안 삶을 놀이함에
서 너무 이성적인 면으로만 치우쳤는지 또는 감각적인 면으로만
치우친 채 관계 맺게 되는 도구들과 타인들을 마주 세워져 있는
것 혹은 기계적인 것으로 대해 온 것은 아닌지 반성해 보게 된다.
하이데거는 삶을 놀이하면서 형성되는 새로운 차원의 존재이해의
가능성을 제시하고자 한다.

3) 존재이해의 '논리적' 해석 속에 놓여 있는 편협성과 새로운 존재이해의 길

우리는 앞에서 인간과 세계의 문제를 다루면서 인간의 거기 있
음을 세계－안에－있음으로 보는 하이데거의 통찰에 기대어 인간
과 세계는 서로가 서로에게 속해 있는 사태임을 살펴보았고, 더 나

아가 그러한 현존재의 존재론적 초월과 실존적 의미에서의 세계개념에 대해서도 논구해 보았다. 그렇다면 이제 이러한 바탕 위에 존재와 사유의 상관관계에 대해 생각해보기로 하자. 이 숙고의 과제는 바로 존재와 사유의 상관관계의 다양한 차원에 따라 존재이해의 지평이 달라진다는 데에서 그 철학적 중요성을 확보하고 있다. 하이데거는 서구인들의 존재자 전체로의 침입사건, 즉 그들의 철학함의 역사에서 존재이해가 너무 로고스(logos), 라치오(ratio)로 각인되어 왔다고 비판한다. 고대철학자 중에 파르메니데스(Parmenides) 같은 이는 "동일자(같은 것)는 들음(사유)뿐 아니라 또한 존재이다." 라고 말하며 사유의 초기에, 사유가 동일성의 명제에 이르기 훨씬 전에, 동일성 자신이 말을 하고 있었는데 그것도 사유와 존재는 동일한 것 안에 속하며 이러한 동일한 것에서부터 함께 속하고 있다는 사태를 보았다.[23] 그러나 처음으로 존재이해가 분명하게 문제로서 등장한 플라톤에 의해 존재의 의미가 로고스, 이성의 의미로만 각인될 수 있는 것으로 정초 되어졌다고 본다. 이는 하이데거의 플라톤의 이데아론(Ideenlehre) 분석에서 잘 나타나고 있다.

> 이데아(Idee)는 존재자 그 자체에서 보이는 것, 존재자에서 존재자로 있는 것, 사물들의 무엇존재(Wassein) 또는 본질이다. 여기에서

---

23 M. Heidegger, "Der Satz der Identität", *Identität und Differenz*, Neske Pfullingen, 14~15쪽; 「동일률」, 『동일성과 차이』, 신상희 옮김(서울: 민음사, 2000), 15~17쪽 참조.

이데아와 그 규정은 '로고스'와 상관관계에 놓여 있다는 것이 밝혀진다. 물론 우리가 '이데아는 단적으로 근원이다'라고 말하려고 한다면, 이것은 지나친 것일 수도 있다. 그럼에도 불구하고 철학이 여기에서 수행했던 발걸음은 결정적으로 중요한 의미를 가진다. 간단히 말해 이 발걸음은 그 이후의 철학사에서 '존재'가 '로고스', '라치오', 이성과 상관개념이 되도록 각인했다. (EiP 313)

그리고 이러한 존재이해의 논리적 형태화가 가장 방대하게 이루어진 것이 헤겔의 『논리학』에서라고 말한다.

이 『논리학』은 자기 자신에 대한 이성의 절대적 자기지식 이외의 다른 것을 제시하지 않는다. 그 내용에 따라서 그리고 분명한 의식에서 이 저작은 형이상학, 즉 존재에 대한 총체적인 인식이다. 그러나 헤겔이 형이상학을 '논리학'이라고 부른 데에는 분명한 이유가 있다. 그것은 넓은 의미에서 존재의 전체(실체성)가 이성(주관성)에 집중되어 있음을 표현하기 위한 것이다. 결국 존재의 본질이 주체에 놓여진다. 존재와 이 이념이 자신 속에 포함한 전체 자산은 사유이다. 우리가 헤겔의 『논리학』에서 서양 형이상학의 본질적인 모든 계기들이 하나의 거대한 이념 안에 집중되고, 존재이해, 이성적 사유가 그것의 법칙성 속에, 나아가 변증법의 초기 형식에 종속되어 있다고 생각한다면, 존재이해를 하나의 놀이의 동요하는 기반 위에 가져다 놓으려는 것은 이상하게 보일 것이다. (EiP 313~314)

서구 형이상학의 역사에서 플라톤의 이데아론에 의해 존재이해가 결정적으로 각인된 이후 사람들은 세계의 변화하고 유동적인 모든 개별적인 것들을 이데아에 의해 규정하고 그래서 그 규정에 의하여 그 개별적인 것들에 대한 무엇존재를 사유하는 것이 비교적 쉽다고 생각한 것이다. 이는 너무도 잘 알려져 있어서 우리가 약화시킬 수 없었던 엄청난 통찰이었다. 이 통찰은 이원화된 세계, 관여 그리고 존재자의 존재자 등으로 근원적으로 계속 추진될 만큼 아주 매력적인 것이다.(EIP 317 참조) 플라톤 이후 서구 형이상학의 존재이해의 문제에 있어서 존재와 존재의 구체적인 형식이 추구될 때는 언제나 언어로 나아가 '~이다', 즉 계사(Kopula)로 몰려가게 되었다. 왜냐하면 그것은 어느 정도 명제, 즉 로고스에 정착해 있기 때문이다. 이러한 존재의 형태가 동시에 가상과의 구별에서 참임(Wahrsein)으로 함께 알려지면 더 이상 의심 없이 받아들여지게 되는 것이다.(EiP 314~315 참조)

존재에 대한 모든 분명한 물음은 통속적인 존재이해에서부터 개념파악으로의 과정이다. 그리고 모든 개념파악은 그 이름대로 개념적인 규정이다. 존재를 개념적으로 파악한다는 것은 이성적, 논리적 결정이다. 이제 주목할 만한 것은 존재와 그 구조들의 규정 방식으로서 기능 하는 것, 즉 개념적이고 이성적이며 논리적인 인식은 동시에 근원적이고 유일하게 존재로의 통로를 여는 그러한 연관으로 바뀌어 해명된다. 존재를 개념적으로 규정하는 방식은 존재 일반에 대한 이해의 근본양식이 된다. 존재이해는 사람들이 그 자체를 안다면 다름 아닌 논리적 파악이다. 이로써 존재물음은 완전히 논리학과 이성의 지배영역으로 옮겨간다. 더욱이 존재에 대한 최상의 문제설정은 가장 엄밀한 것으로 추구되어, 수학의 합리성에 비견된다. 사람들이 플라톤에서 존재문제를 '존재의 논리학'이라고 불렀던 것은 전혀 부당한 것이 아니다. 이 영역을 벗어나는 것이 얼마나 어려운 것인지는 때때로 『순수이성비판』의 해석에서, 즉 선험적 구상력에 대한 칸트의 입장에서 짧게 암시된다. 즉 칸트가 선험적 구상력 앞에서 물러났다는 사실은 이성개념의 자명한 우월성에서 근거를 가진 것으로 계몽주의 시대의 특별한 형식 때문만은 아닌 것이다.(EiP 315~316 참조)

　이러한 전통적 형이상학에서의 강력한 존재이해의 방향에 대해 하이데거는 그럼에도 불구하고 이러한 방향에 놓인 본질적인 근거에서 다시 묻는 것이 필요하다고 한다. 이는 지금까지의 형이상학에는 존재물음의 본질적인 협소함과 피상성이 놓여있기 때문이라고 본다.(EIP 314 참조) 그러나 이성적인 존재이해에 각인이 된 사람들은 물을 것이다. '왜 도대체 형이상학은 확실하고 규정된 논리학의 비호에 머물지 않는가? 무엇을 위해 형이상학의 역사에 아주 큰 추진력을 주었던 이성주의에 대한 투쟁이 필요한가?' 라고 이에 대해 하이데거는 로고스가 존재문제를 해석하고 규정하는 기능을 가지고 있다는 사실에 직면해서 초월, 존재이해에 대한 보다 근본적인 해석의 가능성이 유일하게 문제가 된다고 보며 정면으로 문제 삼고 있다. 존재이해는 모든 논리적인 진술과 규정에 앞서며 또한 이것을 비로소 가능하게 한다는 것을 보아야함을 강조한다. 존재이해는 분명히 현존재의 근본사실이며 이것에 근거해서 현존재는 존재자와 관계를 맺을 수 있는 것이다.(EiP 316~317 참조)

　전통적인 존재이해에서 사람들은 존재자를 넘어섰지만, 이 존재자를 앞서 넓게 그리고 비은폐된 것으로 앞서 받아들이는 가능성을 가지지 못했으며, 그로 인해 넘어가는 그 과정은 전체 범위와 다양성에 있는 존재자와의 연관에서 수행될 수 없었던 것이다. 넘어섬의 과정에서 그리고 존재를 바라봄(이데아)에 매료되어 존재자는 단순한 도약판으로, 비존재자로 업신여겨져 왔다. 전통 형이상학에서 존재이해는 하나의 규정된 무차별적인 단초와 규정된 방향에서 개념화되어, 거기에서 전체적으로 개념파악 되어야 할 것으로서 존재이해 자체가 충분히 해명되지 못했고 무엇보다 존재이해 자체가 나온 그 기반이 확보되지 못했다. 따라서 하나의 단순한 장소제시와 앞서 말한 논리적인 성격묘사를 넘어서지 못했던 것이다. 그 이후부터 존재에 대한 모든 물음을 위한 출발점과 공간을 제시하는 것에 대해서는 물어지지도, 해명되지도 않은 채로 있다. 존재이해의 성격묘사는 모든 논리적-존재론적 판단에 앞선 형태와 기능에서, 본질적인 전체 범위와 다층성에 놓인 전(前)존재론적인 형태에서 드러나게 되는 것이다. 그러나 이것은 존재이해가 전체로서 완전하며 뚜렷하게 그것이 본질에 맞게 속하는 그러한 관련, 즉 초월, 세계-내-존재에서 설정될 수 있을 때에만 획득될 수 있는 것이다.

존재이해에 대한 직접적인 전체를 보기 위해 우선 현존재를, 이미 여러 번 언급했던 바와 같이, 그 근본구성틀에 따라 눈앞에 있는 것, 타인과의 더불어 있음, 자기 자신을 주시하는 것과 이 자기로 있음을 본질적인 가능성의 전체와 함께 역사적 현존재의 구체적인 통일성에서 살펴보는 것이 필요하다. 그러나 무엇보다도 현사실적 현존재에서, 그의 존재이해에서, 이 존재자의 존재의 다양성을 이해하는 것이 중요하다. 이점을 근본에서부터 파악하기 위해 초월의 현상에 주안점을 두어 그것을 완벽한 구조에서 파악해야 한다. 이는 초월을 놀이로서 해석함으로써 가능할 수 있다. 그러나 이것이 뜻하는 것은 우리가 단순히 놀이 개념을 초월함과 특정한 존재이해로 떠넘기는 것이 아니다. 오히려 우리는 이 현상과 자유로운 앞선 특징을 실마리로 해서 초월로부터 그 초월을 보다 완벽하고 근원적으로 파악하려고 시도한다. 따라서 놀이로서의 초월은 어떤 속성, 인간본질의 근본속성이 아니라는 의미가 함축되어 있다. 오히려 인간은 현존재의 놀이로, 존재이해의 놀이에 걸려 있다. 이는 존재이해가 어떤 무차별적인 것이 아니며, 혹시 현존재의 보편적인 속성이라 할지라도 초월은 사람들이 주의할 수도 있고 주의하지 않을 수도 있는 어떤 무해한 구조가 아니라는 뜻이다. 여기에서 세계의 놀이성격이 해명되며 이를 통해 세계−내−존재가 실존의 근본규정으로서 자신의 독특함을 얻게 되는 것이다.(EiP 318~319 참조)

인간 현존재의 존재이해는 현존재의 삶을 놀이함에서 중대한 의미를 지닌다. 우선 대개의 사람들은 자신이 던져진 세계에서 통용되고 있는 존재이해의 지평에 따라 — 삶을 놀이함을 통해 점점 존재이해의 지평을 넓혀가기는 하지만 — 삶을 바라보고 설계하기 때문이다. 우리는 앞에서 이미 플라톤 이후 서구의 형이상학에서 존재자를 그 존재자로서 알아보고 그것들과 독특한 관계맺음을 통해 생활양식을 가꾸어가게 되는 존재이해가 논리적, 이성적인 방향으로만 치우쳐 각인되어 온 점에 대해 거론하였다. 그리하여 "플라톤 이후 서구 형이상학에서 존재의 본래적 의미가 생성, 소멸, 변화, 운동이 아니라 아무런 변화도 허용하지 않고 어떤 다른 것의 도움도 필요로 하지 않는 고요하고 지속적인 있음, 있음 그 자체 또는 본질 그 자체, 실체 그 자체로 이해되어져 온 점을 알 수 있었다. 그리고 우리는 이러한 참된 있음을 감각적인 눈이 아닌 정신의 눈으로 직관할 수 있으며, 그것은 현실적인 세계에서는 찾을 수 없고 이념의 세계, 이데아의 세계에서나 대할 수 있다는 의미를 유추할 수 있었다. 이리하여 존재하면 존재의 본질로 실체를 떠올리고 이념과 이데아를 생각하게 되었으며 그 의미는 지속적으로 변화하지 않고 그대로 그 자리에 있음을 뜻하게 된 것이다. 최고의 존재, 최고의 본질, 최고의 실체로서 신을 생각하고 있는 것은 당연한 귀결이다. 이것이 서구의 형이상학의 역사를 두루 관통하며 전해져 내려온 존재에 대한 이해였던 것이다."[24]

우리는 현존재의 존재론적 초월함에 존재이해가 속해 있음을 알고 있다. 현존재는 자신의 의지와는 아무 상관이 없이 어떤 특정한 존재이해의 지평이 통용되고 있는 세계에 내던져진 있음이다. 따라서 현존재는 그러한 존재이해의 지평을 가지고 어떤 시야를 확보하고는 드디어 만나는 어떤 것을 그 어떤 것으로서 볼 수 있게 되

---

24 이기상, 「'존재의 역사'와 새천년−있음에서 살아 있음에로」, 『사회비평(제21호)』 (1999년 가을호), 52쪽; M. Heidegger, "Die Onto-Theo-Logische Verfassung der Metaphysik", *Identität und Differenz*, Neske Pfullingen, 1978, 64~65쪽 참조.

는 것이다. 우리는 존재이해라는 지평 속에서 사물을 보는 것이다.

그런데 여기서 우리는 생각의 관점을 바꾸어 한 번 생각해보기로 하자. 다시 말해서 던져진 세계 속에서 계속 사람들이 이미 전승·각인되어 있는 어떤 존재이해의 지평을 가지고서 존재자의 본질을 보려고 하는 것이 아니라 확 트인 열린 터(das Offene), 드넓은 들판처럼 어떠한 인위적인 이해나 노력, 꾸밈이 없는 그러한 존재의 누리(Gegnet)에 우리를 내맡겨 보는 것은 어떤가 하는 것이다. 여기서 열린 터는 그러니까 인간 측에서의 노력에 상관없이 이미 있는 것이며 인간은 그 열린 터 전체 중에 어느 한 측면의 지평을 만들어 온 것이라고 보면 어떠한가? 우리는 확 트여 있는 열린 터 또는 존재의 누리에서 무엇인가를 만난다. 우리는 드넓은 존재의 누리에서 사물들을, 존재하는 것들을 만나고 있는 것이다. 있는 그대로의 존재하는 사물들 — 나에게 마주해 있는 대상들의 의미가 아닌 — 을 만나게 된다. 이러한 존재의 누리 속에 있는 사물들은 그것이 그것인 바 그 사물들 자체 있음에 고유하게 머물러 있는 것이다. 인간은 이러한 사물들에 대해 마주 세우고 인간 측에서의 특정한 방식으로 대응함으로써 존재의 누리에 인간의 세계, 즉 문명을 일구어 내온 것이다. 이렇듯 인간은 존재의 누리 속에서 만나는 사물들을 마주 세우고 앞에 세움으로써 인간의 세계이해의 지평, 존재이해의 지평으로 만들어 왔던 것이다. 이렇게 특정한 세계이해와 존재이해의 지평 속에 형성된 것이 바로 인간의 삶의 공간이다. 그런데 이제까지 존재이해의 '논리적' 해석 가운데 도구적 합리성과 기술적 실용성의 측면으로만 편협되게 우리의 삶의 세계가 축소되어왔다. 이러한 존재이해의 '논리적'해석 속에 놓여 있는 편협성에서 우리는 사물을 있는 그대로 보지 못하고 우리에 대한 '이용가능성'과 '개발가능성'의 측면에서만 관계 맺고자 한다. 고요하게 머물고 있는 사물들과의 진정한 만남에서 와 닿는 존재의 의미를 이야기할 수는 없을까? 하이데거가 말하는 존재사건(Ereignis)은 인간적인 노력이나 인위적인 조작, 꾸밈에 의해 일어나는 사건이 아니다. 너무나 인간이 중심이 되어 존재자에 매몰된 그래서 존재자를 존재자이게 하는 어떤 다른 차원을 보지 못하는 존재이해의 지평에서 벗어나 특정한 세계로 사물을 보는 것이 아닌 확 트인 열린 터, 존재의 누리 속에서 사물(존재자)들의 본질을 바라볼 수는 없을까? 이것을 위해 우리는 존재의 누리 속으로 들어가고 그 속에서 만나지는 존재사건에 응답해 나가도록 우리를 내맡기며 살아갈 수는 없을까? 과학과 기술이 우리의 운명이 된 오늘날 오히려 그 과학과 기술을 가능케 한 특정한 존재이해 지평(조각지평)의 한계를 통찰한 가운데 존재의 누리(전체지평)속으로 들어가 초연하게 사물들을 바라보는 삶의 태도가 준비되어야 한다고 하면 마냥 시대를 모르고 하는 소리가 될 것인가.[25]

---

25 M. Heidegger, *Gelassenheit*, Neske Pfullingen, 1977, 36~48쪽; 「초연한 내맡김」『동일성과 차이』, 신상희 옮김(서울: 민음사, 2000), 163~189쪽; 박찬국, 『들길의 사상가, 하이데거』(파주: 동녘, 2004), 242~273쪽 참조.

5. 현존재와 세계 그리고 존재이해

우리는 하이데거가 인간을 현존재, 세계－내－존재로 볼 것을 말하고 세계－내－존재로서 현존재는 다른 존재자들에 비해 존재론적으로 우위에 있기 때문에 초월함이며 이 초월함에는 존재이해가 속해 있다는 사태를 강조한 점을 살펴보았다. 현존재의 초월은 정태적인 것이 아니라 초월의 이행, 즉 초월함으로 이해되어야 한다. 초월함은 모든 현존재에게서 일어나고 있다. 현존재는 초월함의 수행을 통해 자기 자신은 물론 다른 도구존재들, 타인들과 관계를 맺고 있는 것이다. 그리고 현존재의 이러한 관계 맺어 나감을 놀이함으로 본다면 통속적인 오성의 차원에서는 볼 수 없었던 현존재의 삶의 근원적인 성격을 이해할 수 있을 것이다.

세계－내－존재로서의 현존재가 존재자 전체로 침입(철학함)할 때, 현존재는 존재물음을 제기하게 되며 이 존재문제는 곧 세계문제로 나아가게 된다. 그러므로 존재문제와 세계문제에서 현존재의 초월이 또한 정리될 수 있는 것이다. 그리고 우리가 현존재의 초월을 얘기하면서 빠뜨릴 수 없는 것이 존재이해의 문제였다. 세계－내－존재인 현존재의 초월에는 존재이해가 속해 있다. 현존재는 나름대로의 존재이해의 지평에 따라 또한 존재문제와 세계문제 해결의 실마리를 찾아가는 것이다.

하이데거에 의하면, 그동안 서구 형이상학에서의 존재이해는 논리적, 이성적인 방향으로 협소하게 전개되어 왔다. 이것은 존재의 의미를 로고스로 드러내려는 그들의 삶의 놀이의 성격과 삶의 정신

으로부터 기인한 것이다. 로고스(logos), 라치오(ratio)는 존재의 의미
를 드러내는 탁월한 한 방식일 수 있다. 그러나 이러한 한 방향으로
만 내달려오면서 존재이해의 지평이 너무 협소하게 된 것이 부인할
수 없는 사실이다. 그래서 하이데거는『초연한 내맡김』(Gelassenheit)
에서 존재이해의 지평이 과학적, 실증적으로만 각인된 점을 밝히면
서 열린 터 또는 존재의 누리(Gegnet)를 말하게 된 것이다.

　다른 도구존재들, 타인들 그리고 자기 자신과 끊임없이 관계를
맺어감에 있어, 즉 현사실적 삶을 살아감에 있어 초월함과 그로 인
한 존재이해의 지평문제는 대단히 중요한 의미를 지닌다. 그것은
바로 그 존재이해의 지평에 따라 우리의 삶의 모습이 달라지기 때
문이다. 지나치게 논리적, 이성적인 방향으로만 기울은 서구 형이
상학이 오늘 우리의 삶의 모습 구석구석에 침투해 있기에 우리 자
신의 초월함의 수행, 삶을 놀이함의 규칙, 이에 따른 새로운 존재
이해의 구성문제는 바로 우리의 현사실적인 삶과 사유의 사태로서
절실하게 다가오고 있다.[26]

---

26 오늘날 전 세계적으로 서양 형이상학에서의 존재중심, 이성중심, 인간중심의 존재이
　해의 지평 때문에 생긴 삶의 다양한 문제들— 인간(영성)문제, 환경문제, 평화문제 등
　—에 대해 문제제기하고 한국인의 삶에 각인된 존재이해와 생명이해의 틀과 내용으
　로 새로운 살림살이적 삶의 문화를 일구고 확산시켜 21세기 생명과 평화의 시대를
　여는데 오늘날의 한국철학이 기여해야 한다는 주장은 이 시대의 위기와 치유방안을
　적중시키는 안목일 것이다. 이기상,『하이데거의 존재사건학(존재진리의 발생사건과
　인간의 응답)』(서울: 서광사, 2003);『다석과 함께 여는 우리말 철학』(서울: 지식산업
　사, 2003) 참조.

현존재와 염려 그리고 시간

　지금까지 우리는 세계—내—존재로서의 현존재와 세계의 관계 그리고 그러한 현존재에게 존재이해가 속해 있다는 사태에 대해 고찰해 보았다. 그러한 고찰을 통하여 우리는 세계와 인간은 공속 (共屬)된 사태이며 현존재의 존재이해의 지평에 따라 우리의 삶의 모습, 문화, 생활방식 등이 달라질 수 있음도 알 수 있었다.

　이러한 논의를 통하여 우리는 하이데거가 인간 현상을 왜 '거기에 있음(Da-sein)'으로 보려고 했는지 그리고 그러한 인간 읽기를 통하여 철학의 새로운 지평을 열고자 했는지 등에 대해 확인하게 되었다. 그렇다면 이제 자신의 현사실성(내던져져 있음)과 실존(기획투사) 그리고 빠져 있음을 모두 포함하고 있는 현존재의 삶의 단일성의 구조에 관해 좀 더 구체적으로 살펴보아야 할 것이다. 초기 하이데거에게 삶의 연관의미로 파악되었던 염려가 『존재와 시간』에서는 현존재의 존재로 학문적으로 성숙되어 나타난다. 이 절에서는 『존재와 시간』에 나타난 염려개념을 바탕으로 현존재 삶의 근본현상과 가능성의 문제 등을 시간의식과 함께 생각해 보고자 한다.

현존재의 있음은 태어남과 죽음이라는 때—사이(時間)에서 염려하고 있음이다. 다른 사물이나 도구존재자들과 달리 인간은 그 자체로 완성되어 있거나 이미 존재가능이 완결된 있음이 아니다. 그러기에 현존재는 자신에게 주어진 시간 속에서 그 유한한 시간의 흐름을 염려하면서, 그 시간을 자신의 시간으로 만들어가려고 노력하는 것이다. 다시 말해, 현존재는 즉자적(an sich)으로 있는 있음이 아니라 그 있음을 보다 가치있는 차원으로 승화시키기 위해 염려하고 있는 있음이다. 따라서 현존재는 자신의 있음뿐만 아니라 다른 존재자들의 있음에 관한 앎인 존재론을 항상 가치론과 연결시키려고 지향한다. 인간은 인간적 현상 또는 다른 존재하는 것들에 대한 지식과 더불어 그러한 현상들과 지식들을 자신의 삶의 바람직한 방향으로 종합정리하고 적용하려고 한다. 이는 인간적인 삶의 근본적인 나타남(현상)의 특성으로서 보다 가치있고 본래적인 삶을 추구하려는 인간의 근원적인 욕망(에로스)에서 비롯된다. 그런데 이러한 보다 가치있고 본래적인 삶, 즉 자기 자신을 사는 삶은 어떻게 가능해 지는가? 자신에게 주어진 유한한 삶과 시간을 의식하면서 자신의 존재가능을 염려하며 살아가는 현존재의 현사실적인 모습을 살펴보기로 하자.

김기덕 감독의 영화, 〈시간, 2006〉

1. 현존재와 염려 : 인간이해의 새로운 지평과 현존재의 삶의 근본현상

하이데거는 전통적으로 내려오던 본질주의적 인간이해의 방식, 다시 말해 피조되었다는 차원에서 인간을 다른 존재자들과 같은 차원에서 사물범주(Dingkategorie)로 파악하려는 시각에서 벗어나고자 한다. 인간의 있음은 다른 사물들의 있음과는 그 있음의 방식이 다르다. 그러므로 하이데거는 인간에게 사물범주가 아닌 실존범주(Existenzkategorie)[27]가 필요하다고 본 것이다. 더 나아가 하이데거는

---

27 하이데거는 인간을 실존으로 볼 것을 강조하며 직접 실존범주를 만들기도 하였다. 그러면서 "범주는 로고스에서 여러 상이한 방식으로 말해지고 논의될 수 있는 존재자의 선험적인 규정들을 포괄한다. 범주와 실존범주는 존재성격의 두 가지 근본 가능성이다. 거기에 상응하는 존재자는 일차적인 캐물음의 각기 상이한 방식을 요구한다. 즉 존재자는 누구(실존)이거나 또는 무엇(가장 넓은 의미의 눈앞에 있음)이다. 존재성

근대철학 이후 인간과 세계를 주체-객체의 패러다임 안에서 보려는 철학적 프로젝트를 비판하며 세계와 인간의 관계가 <인식론적 패러다임>의 틀 속에서 파악되어서는 안 된다고 강조한다. 인간은 절대적인 권력이성의 주체도 아니며 다른 존재자들을 자의적으로 구성하는 주인도 아니다.

세계-내-존재로서의 인간 현존재는 특정한 세계 안에 처해 있으면서 그 현사실적 삶의 세계 속에서 도구존재자들을 배려하고 (Besorge) 타인들에 대해 심려하며(Fürsorge) '자기 자신'의 존재가능을 향해 기획투사하고 있는 존재이다. "현존재는 그에게 본질적으로 속해 있는 처해 있음에 근거해서, 그가 그 자신 앞으로 데려와지며 그가 그에게 그의 내던져져 있음(Geworfenheit)은, 그때마다 각기 자신의 가능성 자체로 존재하며 그래서 자신을 가능성 안에서 그리고 가능성에서부터 이해하는―가능성에로 자신을 내던지는―그런 존재자의 존재양식이다."(SZ 247)

우리가 세계-내-존재로서 인간의 삶과 우선 대개 열어 밝혀져 있는 삶의 세계에서의 사람들(das Man)의 일상에 관한 하이데거의 논의를 통하여 현존재의 있음을 규정해 본다면 다음과 같이 정리할 수 있을 것이다.

세계-내-존재에는 근원적으로 손안의 것 곁에 있음뿐만 아니

격의 이 두 양태의 연관에 대해서는 존재물음의 지평이 해명된 뒤에야 비로소 다루어질 수 있을 것이다"라는 입장을 표명한다.(SZ 70)

라 타인들과 더불어 있음도 속하는데, 이 세계-내-존재는 그때마다 각기 '자기 자신' 때문에 존재한다. 그러나 이 '자기 자신'은 우선 대개 비본래적이다. 다시 말해서 사람들 자신이다. 세계-내-존재는 언제나 이미 빠져 있다. 따라서 현존재의 평균적 일상성은 빠져 있으며 열어 밝혀져 있는, 내던져져 있으며 기획투사하는 세계-내-존재로서 규정될 수 있으며, 이때 이 세계-내-존재에게는 '세계' 곁에 있음과 타인들과의 더불어 있음에서 바로 그 자신의 가장 고유한 존재가능 자체가 문제가 되고 있다. (SZ 247~248)

하이데거는 이와 같이 세계-내-존재로서의 현존재와 현존재의 일상적으로 있음을 분석하고는 이러한 '현존재 일상성의 구조 전체를 그 전체성에서 파악하는 것이 성공할 수 있는가?' 라고 묻는다. 이에 대해 하이데거는 두 가지 점을 주의시키고 있다.

먼저 현존재 일상성의 "구조 전체의 전체성에 제(諸) 계기들을 모아서 짜맞추는 식으로는 현상적으로 도달할 수 없다는 것이다. 구조 전체 그 자체를 존재론적으로 떠받치고 있는 현존재의 존재는, 이 전체를 통해서 하나의 근원적으로 통일적인 현상을 완전히 꿰뚫어볼 때 접근될 수 있는 것이다. 이 통일적인 현상은 전체 속에 이미 놓여 있어서 개개의 구조계기를 그 구조적 가능성에서 존재론적으로 받쳐주고 있다. 따라서 총괄적인 해석이 지금까지 획득한 것을 긁어모으는 수렴일 수는 없는 것이다. 현존재의 실존론적 근본성격에 대한 물음은 어떤 눈앞의 것의 존재에 대한 물음과는 본질적으로 다른 것이다."(SZ 248) 두 번째로 "현존재의 존재는 인간에 대한 어떤 이념에서부터 연역되어서는 안 된다. 이는 예컨대,

본질주의적 인간이해에서처럼 인간은 '이성적 동물', '하느님의 형상'과 같은 이념으로부터 현존재를 파악해서는 그 현존재 일상성의 구조 전체의 전체성을 알 수 없다는 것이다."(SZ 248~249)

그러면서 하이데거는 "현존재를 존재론적으로 염려로서 해석하는 것은, 모든 존재론적 분석이 그렇듯이, 그 해석이 획득하는 것이 무엇이든, 존재자에 대한 존재론 이전의 존재이해 또는 존재적 앎에서 접근 가능하게 되는 것과는 아주 거리가 멀다. 존재론적으로 인식된 것이 상식에게만 유일하게 존재적으로 알려져 있는 것을 고려하는 상식에 배치된다는 것은 전혀 놀랄 일이 아니다. 그럼에도 현존재를 존재론적으로 염려로 해석하려는 것이 고안되어 이론적으로 생각해낸 것으로 보일지 모른다. 거기에서 전승, 유지되어 내려온 인간에 대한 정의가 배제되어버리는 것을 보고 사람들은 이러한 작업을 일방적인 횡포라고 할지 모른다. 그렇기 때문에 현존재를 실존론적으로 염려로 해석하기 위해서는 일종의 존재론 이전의 확증이 필요하다."(SZ 249~250)고 생각한다. 그리고 하이데거는 인간을 염려로 보는 즉, 실존론적-존재론적으로 해석하는 것이 생소할 수밖에 없고 단순히 존재적으로 걱정이나 근심으로 이해되는 것을 피하기 위해 그 증명력이 역사적인 것에 불과하지만 존재론 이전의 증거 하나를 끌어들이지 않을 수 없다고 한다. 이러한 증거가 현존재가 일찍이 이미 자기 자신에 대해서 밖으로 말하면서—비록 존재론 이전으로이긴 하지만—염려(cura)로서 해석했다는 점을 말하고 있다고 한다.

'염려'가 강을 건너갈 때, 그녀는 점토를 발견했다. 생각에 잠겨 그녀는 한 덩어리를 떼어내어 빚기 시작했다. 빚어낸 것을 바라보며 곰곰이 생각하고 있는데, 유피테르(쥬피터)가 다가왔다. '염려'는 빚어낸 점토 덩어리에 혼을 불어넣어 달라고 유피테르에게 간청했다. 유피테르는 쾌히 승낙했다. '염려'가 자신이 빚은 형상에 자기 이름을 붙이려고 하자, 유피테르가 이를 금하며 자기의 이름을 주어야 한다고 요구하고 나섰다. 이름을 가지고 '염려'와 유피테르가 다투고 있을 때 텔루스(대지)도 나서서, 그 형상에는 자기의 몸 일부가 제공되었으니, 자신의 이름이 붙여지기를 요구했다. 이들 다투던 이들은 사투르누스(시간)를 판관으로 모셨다. 사투르누스는 다음과 같이 얼핏 보기에 정당한 결정을 내려주었다. 「그대, 유피테르, 그대는 혼을 주었으니 그가 죽을 때 혼을 받고, 그대, 텔루스는 육체를 선물했으니 육체를 받아가라. 하지만 '염려'는 이 존재를 처음으로 만들었으니, 이것이 살아 있는 동안, '염려'는 그것을 그대의 것으로 삼을지니라. 그러나 이름 때문에 싸움이 생겼는 바로, 그것이 후무스(흙)로 만들어졌으니 '호모'(인간)라고 부를지니라.」 (SZ 269)[28]

하이데거는 이 존재론 이전의 증거가 염려를 인간 현존재에게 평생토록 따라다니게 할 뿐만 아니라 이 염려의 우위가 육체(대지)와 정신(영혼)의 합성체라는 잘 알려진 견해와의 연관 속에서 나오

---

28 하이데거는 이 쿠라(염려)의 우화가 하나의 현존재의 근원적인 자기해석이라고 본다. M., Heidegger, *Prolegomena zur Geschichte des Zeitbegriffe* GA20, hrsg. Petra Jaeger, Vittorio Klostermann Frankfurt a. M., 1979. 제31절(Die Sorge als das Sein des Daseins) e) Die <Cura Fabel> als Being einer ursprünglichen Selbstauslegung des Daseins 참조.

고 있기 때문에 특별한 의미를 지닌다고 본다. 인간은 그의 존재함의 근원을 염려에 바탕하고 있다. 그러므로 인간이 세계 안에 있는 동안은 염려라는 존재함의 근원에 의해 철저하게 지배된다. 그리고 위의 증거에서 보듯이 인간이 인간(호모)이라는 이름을 얻게 되는 것은 그의 존재를 고려해서가 아니라, 오히려 그것이 무엇으로 만들어졌는가(후무스, 흙)와 연관되어서이다. 인간의 근원적인 존재를 어디서 보아야 하는가에 대한 열쇠는 바로 사투르누스(시간)에 있다.(SZ 269~270 참조)

인간 현존재는 세계-내-존재로서 끊임없이 자신의 세계-내-존재-가능을 염려하며 시간을 사르며 살아가는 존재이다. 그리고 그 세계-내-존재-가능을 염려하는 원인은 바로 현존재의 시간성 때문이다. 현존재는 언제인가 반드시 죽는다. 이것보다 현존재에게 더 확실한 진리는 없다. 현존재는 자신이 죽는다는 사실을 의식하고 미리 그 죽음 앞으로 달려가 봄으로써(Vorlaufen in den Tod) 그리고 자신의 존재가능을 시간 속에서 염려하며 살아감으로써 진정한 의미의 '자기 자신'을 살 수 있게 된다. 현존재는 이러한 현존재적인 존재방식을 회피해서도 안 되고 또 회피할 수도 없다. 늘 자신의 세계-내-존재-가능을 염려하며 살아가야 하는 인간 현존재의 실존성을 감내하고 떠맡아야 하는 것이다.[29]

---

29 이렇듯 하이데거에서 현존재의 죽음은 자신의 본래성을 회복하는, 존재가능으로 다가가는 사태로서 긍정적, 적극적인 측면에서 해석된다. William D. Blattner, "The Concept of Death in *Being and Time*", *Heidegger Reexamined*(Vol. 1), Ed, Hubert Dreyfus / Mark Wrathall, NY: Routledge, 2002 참조. 『존재와 시간』에 나타난 죽음논

하이데거에 의하면, 현존재는 '우선 대개' 신경을 쏟고 있는 사물들 밖에 나가 살고 있지만 자신의 본래적인 전체존재가능에서 결코 자유로울 수는 없다. 그래서 더욱 현존재의 의미가 염려로서 드러나는 것이다. 그런데 그러한 염려의 구조계기는 바로 **실존성, 현사실성 그리고 빠져 있음**이다. 실존성은 인간 현존재가 자신의 존재가능에서부터 '자기 자신'을 이해하여 존재가능으로서의 '자기 자신'과 관계를 맺고 있는 점을 특히 강조하여 이르는 말이다. 현사실성은 구체적인 상황에 내던져진 인간 현존재가 자신의 그러한 처해 있음을 과제로 떠맡아 그러한 자신의 존재를 존재해 나감을 말한다. 그리고 빠져 있음은 일상의 구체적 현존재가 우선 대개는 사람들이 존재하듯이 그렇게 존재하며 자신이 관심을 쏟고 있는 사물과 일의 세계에 푹 빠져버려 거기에서부터 '자기 자신'까지도 이해하고 있음을 강조하는 것이다.[30]

"현존재의 존재는 세계내부적으로 만나게 되는 존재자 곁에-있

의에 대해 필자는 하이데거가 죽음사건을 현존재의 가장 고유한 가능성 그리고 본래성의 문제와 결부시켜 죽음의 온전한 실존론적 개념을 기술함으로써 죽음의 실존론적-존재론적 구조를 앞서 그려보려고 했기 때문에 죽음에 대해 현상학적인 해명을 해놓은 것이라고 본다. 하지만 후기 하이데거는 "사물(Das Ding)" 등에서 인간을 아예 죽을 자로 부르며 죽음을 인간의 근본현상으로 보고 인간과 사물(자연)을 주-객의 도식이 아닌 다른 차원의 관계맺음의 시야와 태도를 요구하고 있다. 그러므로 필자는 그러한 하이데거의 죽음이해와 관련한 인간이해에서 다양한 비판적, 생산적인 논의가 가능하다고 생각한다. 예를 들어, 오늘날 부상하고 있는 생사학(生死學)에서의 연구결과들과의 대화를 통해서도 풍부하고 실질적인 죽음이해와 더불어 '잘 삶'과 '인간적 죽음'이 삶의 화두로 떠오르고 있는 오늘날의 죽음담론에 기여할 수 있을 것이다.

30 이기상, 『하이데거의 實存과 言語』(서울: 문예, 1991), 95~100쪽; 『하이데거의 存在와 現象』(서울: 문예, 1992), 222~226쪽 참조.

음으로서 자기를 앞질러—이미—세계—안에—있음을 말한다. 이러한 존재는 염려라는 명칭의 의미를 충족시키고 있다. 이 명칭은 이때 순수하게 존재론적—실존론적으로 사용되고 있기 때문에 걱정이나 근심 등과 같은 존재적인 의미의 존재경향은 그 의미에서 배제된다. 세계—내—존재로서 현존재는 본질적으로 염려이기 때문에, 주위의 도구들(손안의 것)을 배려(Besorge)로, 세계내부적으로 만나게 되는 타인들의 공동현존재와 더불어 있음을 심려(Fürsorge)로 파악할 수 있는 것이다. '~곁에—있음'은 배려인데, 그 까닭은 그것이 안에—있음의 방식으로서 그 안에—있음의 근본구조, 즉 염려에 의해서 규정되기 때문에 그렇다. 염려는 예컨대 현사실성과 빠져 있음으로부터 떼어내서, 실존성만을 성격규정하고 있는 것이 아니라, 그러한 존재규정들의 단일성을 포괄한다. 그러므로 염려는 또한 일차적으로 그리고 전적으로 자아의 '자기 자신'에 대한 고립된 행동관계를 의미하는 것이 아니다. 배려와 심려에 유비적으로 '자기 염려'라는 표현을 쓴다면, 그것은 같은 말이 될 것이다. 염려는 '자기 자신'에 대한 어떤 특별한 관계를 의미할 수 없는데, 그 까닭은 이 '자기 자신'이 존재론적으로 이미 자기를—앞질러—있음에 의해서 성격규정 지어져 있기 때문이다. 그러나 이 규정에는 또한 염려의 다른 두 구조적 계기들, 즉 이미 '~안에—있음'과 '~곁에—있음'이 함께 정립되어 있는 것이다."(SZ 262~263) 인간 현존재의 존재인 염려는 이처럼 고립된 인간 내부에서만 발생되는 것이 아니다. 인간의 거기에 있음(Da-sein)은 이미 다른 도구존재들과 관계를 맺으며 타인들과도 만나며 살아가고 있음이다. 그리고

'자기 자신'과도 관계를 맺으며 살아가는 존재이다. 특히 현존재가 '자기 자신'과 관계를 맺는다는 것은 자신의 세계—내—존재—가 능을 향한 존재로서의 자기를—앞질러—있음을 말한다. 그런데 대 개의 현존재들은 자신의 살아가는 이유, 즉 "'그 때문에'가 장악되 지 않은 채로 있으며, '자기 자신'의 존재가능으로 내던짐이 '그들 (사람들)'의 처분에 맡겨져 있다. 그러므로 자기를—앞질러—있음에 서의 '자기'는 그때마다 '그들'의 의미에서의 자기를 말한다. 비본 래성에서도 현존재는 본질적으로 자기를—앞지른 채로 있으며, 마 찬가지로 현존재가 빠져 있으면서 자기 자신 앞에서 도망하는 것 도 여전히, 이 현존재라는 존재자에게는 그의 존재가 문제가 된다 는 바로 그 존재구성틀을 드러내고 있는 것이다. 염려는 근원적인 구조전체성에서 실존론적—선험적으로 현존재의 그 모든 '관계'와 '처지'에 '앞서', 다시 말해서 언제나 이미 현사실적인 관계와 처지 안에 놓여 있다. 따라서 이 현상은 결코 이론적 관계에 대한 실천 적 관계의 우위를 표현하고 있는 것이 아니다. 눈앞의 것을 직관하 며 규정함이 정치적 활동이나 휴식 속의 태평스러움보다 덜 염려 의 성격을 가지고 있는 것이 아닌 것이다. 이론과 실천은 그의 존 재가 염려로 규정되어야 하는 그런 존재자의 존재가능들이다."(SZ 263~264)

이와 같이, 인간 현존재의 존재인 염려는 주위 도구존재들이나 타인들과의 관계를 염두에 두고 있으며 특히 '자기 자신'의 세계— 내—존재—가능에 대해 끊임없이 앞질러—달려가—봄을 통해 현존 재를 붙들고 있게 된다. 세계—내—존재로서 그리고 세계—내—존재-가능을 품고 사는 존재로서의 인간 현존재의 삶은 도구존재들과 타인들 그리고 '자기 자신'에 대해 배려하고 심려하며 염려하는 삶이다.

2. 염려의 존재론적 의미로서 현존재의 시간성(Zeitlichkeit)[31]

우리가 앞에서 살펴본 바와 같이, 하이데거에서 인간 현존재의 있음의 성격은 염려하고 있음이다. 그렇다면 이러한 현존재의 존재 규정에 대해 다음과 같은 물음이 있을 수 있다. '왜 현존재는 염려하는가?', '왜 염려로서 현존재의 자기성과 현존재 구조전체의 전체성을 말하는가?'

그것은 바로 인간의 죽을 수 있음, 즉 죽음 때문이다. 인간은 유한하다. 주어진 시간 안에서 자신의 존재인 염려를 드러내는 것이다. 현존재는 철저히 시간 속에서 시간을 염려하며 사는 시간적인 존재이다. 현존재는 단순히 현재, 과거, 미래라는 계산된 물리적인 의미의 시간만을 사는 것이 아니다. 현존재는 아직 있지도 않은 죽음으로 미리 앞서 달려가 볼 수도 있고(到來) 자신의 존재해옴(旣在,

---

31 하이데거는 "염려의 존재론적인 의미의 해석은 현존재의 실존론적인 구성틀을 온전하고 부단하게 현상학적으로 현재화하는 것을 근거로 해서 수행되어야 한다."(SZ 404)라고 보기 때문에 현존재의 시간성을 염려의 존재론적 의미로서 탐구하는 것이다. 현존재의 존재가 염려이고 이 염려의 기본적인 존재성격들이 실존성, 현사실성 그리고 빠져 있음이라고 한다면 이러한 존재성격들이 현존재가 체험하는 시간과의 관계에서 어떻게 말해질 수 있는가 하는 점이 밝혀져야 할 것이다.

Gewesenheit)으로 되돌아갈 수도 있다. 그러므로 현존재에게는 시간이 단순히 물리적으로 계산된 의미, 운동의 수로 헤아려진 시간이 아닌 자신의 존재규정인 염려의 존재론적 의미로서, 즉 시간성으로서 문제시되는 것이다.

현존재의 실존성의 근원적인 존재론적 근거는 시간성이다. 현존재의 존재의 분류된 구조전체성이 염려인데, 이것은 바로 현존재의 시간성으로부터 실존론적으로 이해되어질 수 있는 것이다. 이와 같이 시간성이 현존재의 근원적인 존재의미를 형성하고 있고, 이 존재자에게 그의 존재에서 바로 이 존재 자체가 문제가 된다면, 염려는 시간이 필요하고 그래서 시간을 계산에 넣지 않을 수 없는 것이다. 현존재의 시간성이 시간계산을 형성한다. 시간계산 속에 경험된 시간이 시간성의 가장 가까운 현상적 측면이다. 그런 시간에서부터 일상적—통속적 시간이해가 자라나는 것이다. 이러한 시간이해는 전통적 시간개념으로 전개된다.(SZ 315~316 참조)

"아리스토텔레스는 시간이란 그것의 운동체, 즉 정지체를 측정한다고 말하고 있다. 시간은 운동체와 정지체를, 전자는 움직이고 있는 것으로서, 후자는 정지하고 있는 것으로서 각각 측정할 것이다. 시간이란 운동체와 정지체를, 전자와 후자가 각각 운동체와 정지체인 한에서 측정한다. 시간은 운동체에서의 운동을 측정한다. 다시 말해, 옮겨감의 크기가 얼마나 되는지, 즉 어떤 것으로부터 어떤 것으로의 어떤 특정한 이행에는 얼마만큼의 '지금들'이 존재하는지를 측정한다. 시간은 운동체를, 단적으로 이 운동체 그 자체로 측정하는 것이 아니라, 이 운동체가 움직이는 한에서 측정한다.”(GP 358~359) 여기서 우리는 시간이 운동의 기준이 되고 있다는 사실을 알 수 있다. 그리고 “칸트(I. Kant)는 시간을 ‘어떤 질서의 그 안’이라고 이름하고 있다. 시간이란 어떤 포괄적인 지평, 다시 말해 앞에 주어진 것이 그 안에서 그것의 잇따름이라는 관점에서 질서 지어질 수 있는 그런 어떤 포괄적인 지평이다.”(GP 358)

사람들은 흔히 인식론적 차원에서 설명하기 쉽기 때문에 지금을 양화시켜 과거, 현재, 미래로 나누어 시간을 생각한다. 이에 대해 하이데거는 현존재 자신이 자기 자신을 우선 대개 비본래적으로 이해하고 있는 한, 통속적인 시간이해의 시간이 비록 진짜 현상을 내보이고는 있지만 일종의 파생적인 현상을 내보여주고 있다는 것을 추정해도 될 것이라고 한다. 이 현상은 비본래적인 시간성에서 발원하는 것이며 이것 자체는 또한 나름의 근원을 가지고 있다고 한다. 일상적인 과거, 현재, 미래라는 개념들은 우선 비본래적인 시간이해에서부터 자라나온 것이라고 본다.(SZ 433 참조)

그렇다면 하이데거가 보는, 현존재의 존재인 염려의 존재론적 의미로서의 시간성이란 무엇인가? 하이데거는 현존재가 체험하는 시간을 어떻게 실존론적으로 해석하고 있는가?

우선 하이데거는 현존재의 세계-내-존재 가능성과 관련하여, 즉 도래(미래)에서부터 시간의 실존론적인 의미를 밝히고 있다. 현존재는 자신의 미래의 존재가능을 향해 앞질러 달려가 보는 결단성(Entschlossenheit)[32]을 통해 고유하고 탁월한 존재가능을 열어간다. 현존재의 탁월한 가능성을 견지하면서 그 안에서 자기 자신을 자신에게로 다가오도록 함은 도래(미래)의 근원적인 현상이다. 현존재의 존재에 본래적 또는 비본래적인 죽음을 향한 존재가 속한다면, 이 경우 이것은 오직 도래적인 존재로서만 가능한 것이다. 도래는 현존재가 그의 가장 고유한 존재가능에서 자기 자신에게로 다가오는 그런 옴이다. 앞질러 달려가 봄이 현존재를 본래적으로 도래적으로 만드는데, 앞질러 달려가 봄 자체가, 현존재가 존재하면서 도대체 언제나 이미 자기 자신에게로 다가오는 한에서만, 다시 말해서 그의 존재에서 도대체 도래적인 한에서만, 가능하게 되는 식으로 그렇다.(SZ 431~432 참조) 이러한 도래에서부터의 시간의 실존론적인 의미를 밝히는 것은 초대 그리스도인들의 현사실적 삶의 경험과 시간체험을 생각한다면 쉽게 이해될 수 있을 것이다.[33]

염려로서의 인간 현존재의 삶은 바로 죽음을 향해 있고 죽음을 의식하며 살아감이다. 죽음은 우리의 매 순간 현재의 삶에서 볼 때

---

32 결단성은 구체적인 삶의 살아가는 현사실적인 현존재의 결단성으로서, 주위세계나 '사람들 자신'의 삶의 논리와 문법으로부터 '자기 자신'의 삶의 논리와 문법을 지키며 살아가라는 현존재 내면의 다짐이라고 볼 수 있다. 하이데거는 이에 대해 다음과 같은 설명을 한다. "결단을 내린 현존재는 '자기 자신'이 선택한 존재가능의 '그 때문에'에서부터 '자기 자신'을 자기의 세계로 자유롭게 내준다. '자기 자신'으로의 결단성이 현존재를, 비로소 함께 존재하는 타인들을 그들의 가장 고유한 존재가능에서 '존재하도록' 하며, 이 가장 고유한 존재가능을 앞서 뛰어들며 자유롭게 하는 심려 속에서 함께 열어 밝힐 수 있는 가능성으로 데려온다. 결단한 현존재는 타인의 양심이 될 수 있다. 결단성의 본래적인 자기존재에서부터 비로소 처음으로 본래적인 '서로 함께'가 발원되는 것이지, '그들' 속에서의 애매하고 질투심 섞인 약속들과 수다스러운 친교 그리고 사람들이 도모하려고 드는 일에서부터 생기는 것이 아니다."(SZ 397).

33 이러한 도래에서부터의 시간의 실존론적인 의미는 초대 그리스도인들의 재림에 대한 강렬한 의식, 곧 임하신다는 사건에서부터 연원하는 '질적 시간'을 사는 그들의 현사실적 삶의 경험에서 잘 이해될 수 있을 것이다. M. Heidegger, *Die Phänomenologie des religiösen Lebens* GA60, hrsg. von Matthoas Jung / Thomas Regehly, Vittorio Klostermann Frankfurt a. M., 1994 참조.

는 아직 '오지 않은 현재'이다. 그런데 현존재의 존재함의 특성은 바로 그 '오지 않은 현재'를 미리 앞당겨 살 수 있다는 것이다. 현존재는 자신의 현사실적 삶과 그 삶의 세계 속에서 양심을 가지기를 원하는 태도를 유지하는 가운데, 자신의 삶의 탓이 있음을 떠맡게 된다. 그리고 그러한 떠맡는 삶의 근본경험을 통해 새로워진 자신의 존재가능성으로 자신을 던져 지금까지와는 다른 삶의 방식(Modus Vivendi)을 선택할 수 있다.

하이데거는 인간 현존재의 존재인 염려를 말하고는 그 염려의 존재론적 의미로서 시간성을 분석하고 있다. 그런데 여기서 존재론적 의미라고 할 때, 의미란 무엇인가? 우리가 흔히 어떤 사물이나 사태(Sache)에 대한 의미물음을 던질 때를 생각해 보자. 의미는 쉽게 드러나지 않는다. 의미는 우리가 어떤 사물이나 사태와 관계를 맺음에서 그 사물이나 사태가 놓여 있는 전체지평이 드러나게 될 때 비로소 현상하게 되는 것이다. 이러한 의미에 관해 하이데거는 다음과 같이 표현한다.

> 의미란, 어떤 것에 대한 이해가능성이 그것 자체는 두드러지게 주제적으로 시야에 들어오지 않으면서 그 안에 머물고 있는 바로 그 것이다. 의미는 거기에서부터 어떤 것이 그것이 무엇인 바로 그것으로서 그것의 가능성에서 개념파악될 수 있는 그런 일차적인 기획투사의 지평(그리로)이다. (SZ 429)

우리가 의미를 이런 식으로 이해한 토대 위에 인간 현존재의 존재인 염려의 존재론적 의미에 대해 정리해 보자. 인간 현존재의 존재의미는 어떻게 드러날 수 있는가? 예를 들어 지금 여기 있는 나의 존재의미는 어떻게 드러날 수 있는가? 현실적으로는 지금 여기에 있는 나이지만 나의 존재의미에 대해 물었을 때 우리는 내가 그동안 어떻게 살아왔는가(존재해옴, 기재)를 보아야 하며 또한 현재의 나를 통해 미래의 존재가능성도 함께 고려해야만 할 것이다. 내가 겪어 왔고 또한 겪어가야 할 시간의 전체지평을 보아야 비로소 나의 현사실적 있음의 의미가 온전하게 드러날 수 있을 것이다.

3. 현존재와 시간 그리고 시간의식 : 기재와 도래 그리고 현재의 탈자 (脫自)적 변형태

앞에서도 살펴보았듯이 우리의 있음의 의미는 단순히 지금, 현재만을 보고 말할 수 없다. 다시 말해 현재라는 시간적 계기만을 가지고 인간적 삶의 의미를 다 길어낼 수 없다는 말이다. 우리는 흔히 이야기하는 과거, 현재 그리고 미래라는 시간적 계기들을 살아가고 있는 것이 아니다. 우리가 인간적인, 보다 인간적인 삶을 추구하다보면 시간을 의식하게 되고 또한 그때의 시간이란 과거, 현재, 미래가 단절되어 있는 것이 아니라 '지금 여기'에 과거가 기억으로 연결되어 있고 미래가 기대(희망)로 앞당겨져 있다. 이러한 사실은 인간의 삶이라는 것은 인간이 겪는 시간과 뗄 수 없는 관계에 있으며 인간의 시간의식은 영원성과 비교해 볼 때, 각각의 시간적 계기가 '지금 여기'에 있는 나의 의식 안에서 신축적 확장 (distentio animi)으로 나타난다는 것이다. 인간은 운동의 수로 헤아려 진 물리적 시간을 사는 것이 아니라 시간 속에서 겪었던 삶의 사 건들을 그리고 앞으로 경험하게 될 사건들을 '지금 여기'에 있는 나의 의식 안으로 데리고 와서 재구성하여 새로운 의미를 실은 인 간적 시간을 만들어가며 사는 것이다. 따라서 인간적 시간은 과거 로부터 계속 이어지고 있음(기재)과 앞으로 다가올 미래의 시간이 '지금 여기'에 있는 나의 의식 속에서 탈자적으로 변형된 시간이라 고 말할 수 있다. 그렇다면 이제 이러한 인간적 시간을 구성하는 각각의 시간적 계기들에 관해 좀 더 자세히 논구해보기로 하자.

하이데거는 시간을 흔히 과거, 현재, 미래로 나누는 물리적 계산 에 의한 시간이해를 비본래적인 시간이해라고 본다. 하이데거는 존 재해오며—현재화하는 도래로서 통일적인 현상을 시간성이라고 보 며 시간은 이러한 시간성의 시간화로서 근원적이며, 이 시간화로서 염려(인간적 삶의 존재)구조의 구성을 가능하게 한다고 말한다. 염려 의 의미가 시간성으로 드러날 수 있다면 염려를 형성하는 개별적 인 계기들 역시 시간성에서부터 이해되어야 한다.[34] 우리는 앞에서 (1. 현존재와 염려: 인간이해의 새로운 지평과 현존 현존재의 삶의 근본현상) 염려의 기본적 존재성격들로 현사실성, 빠져 있음 그리고 실존성을

---

34 Pöggeler Otto, *Der Denkweg Martin Heidegger*, Neske Pfullingen, 1990, Ⅲ. Fundamentalontologie als Grundung der Metaphysik, Dasein und Zeitlichkeit. 이기 상·이말숙 옮김, 『하이데거 사유의 길』(서울: 문예, 1993), 제3장 3. 현존재와 시간성 참조

언급한 바 있다. 이제 이러한 염려의 단일성을 구성하고 있는 존재 성격들을 시간과 관련하여 생각해 보기로 하자.

먼저 현존재의 **현사실성**은 **기재**로 설명할 수 있다. 어떤 것을 간직 또는 망각하면서 현존재는 언제나 어떠한 방식으로든 그 자신 이미 그것으로 존재해 오고 있던 그것과 행동관계를 맺고 있다. 현존재는 언제나 현사실적으로 존재하고 있는 방식으로만, 다시 말해 그가 그것인 그러한 존재자로 나름대로 존재해 오고 있는 방식으로만 존재한다. 우리가 지나가버린 어떤 존재자와 행동관계를 맺고 있는 한, 우리는 그것을 어떤 방식으로 간직하게 되거나 망각하게 된다. 간직하거나 망각함 속에는 현존재 자체도 함께 간직되어 있다. 현존재는 그가 이미 그것으로 존재해 오고 있는 바 그것 속에 자기 자신을 함께 간직하고 있다. 현존재가 각기 이미 그것으로 존재해 오고 있는 그러한 것, 말하자면 그의 기재(Gewesenheit)는 그의 미래(도래, Zukunft)에 함께 속해 있다. 이러한 기재는 일차적으로 현존재가 더 이상 현사실적으로 존재하지 않는다는 것을 의미하지 않는다. 그러기는커녕 반대로 현존재는 바로 현사실적으로, 말하자면 그가 그것이었던 바 바로 그것으로 존재하고 있다. 우리가 그것으로 존재해 오고 있는 바 그것은 우리가 평소에 늘상 하는 이야기처럼 우리의 과거를 옷 벗듯이 벗어버릴 수 있다는 의미로 지나가 버린 것이 아니다. 현존재가 죽음을 피하지 못하는 것처럼 그는 그의 과거를 벗어버릴 수 없다. 우리가 그것으로 존재해 오고 있는 바 그것은 모두 어떠한 의미나 경우에건 우리 실존의 한 본질적인 규정이다. 특별히 시간성 중에 미래(도래) 계기의 측면에서 말하자면, 현존재가 각기 자기 자신의 어떤 특정한 존재가능과 다소간 명확하게 행동관계를 맺고 있는 한, 다시 말해 자기 자신의 한 가능성에서부터 자기 자신으로 다가가는 한, 그로써 현존재는 또한 언제나 그가 그것으로 존재해 오고 있는 그것으로 되돌아온다. 근원적(실존론적) 의미의 미래(도래)에는 동일근원적으로 실존론적 의미의 기재가 속해 있다. 기재가 미래, 현재(Gegenwart)와 동시에 하나로 실존을 비로소 가능케 한다.(GP 377~378 참조)

둘째로 현존재의 **빠져 있음**과 관련이 있는 실존론적 의미의 **현재**는 현전성(그 자리에 있음) 내지 눈앞에 있음과 동일하지 않다. 현존재는 실존하는 한, 언제나 눈앞의 존재자 곁에 머물러 있다. 현존재는 이러한 존재자를 그의 현재 속에 갖고 있다. 현존재는 오직 현재화하고 있는 자로서만 특별한 의미로 미래적으로나 기재적으로 존재한다. 하나의 가능성을 기대하면서 현존재는 언제나, 눈앞의 것과 행동관계를 맺고, 이것을 그의 현재 속에 현전하는 것으로 견지하는 방식으로 존재한다. 여기에는 다음의 사실이 속해 있다. 즉, 우리는 대개 이러한 현재 속으로 빠져 들어가 있으며, 그래서 마치 미래와 과거—좀 더 정확히 말하자면, 기재—가 가리워져 버린 것처럼 보인다는 것이다. 다시 말해 현존재가 어떤 계기 속에서나 그때마다 현재 속으로 뛰어들어가 버린 것처럼 보인다는 것이다. 현존재의 존재성격으로서 빠져 있음은 현존재가 세계내부 존재자들 곁에 머물러 있음을 말한다.(GP 378~379 참조)

마지막으로 현존재의 자신의 앞서 있음인 **실존성**과 연관하여 **도래**를 말할 수 있다. 도래의 본질적인 점은 '자신에로 다가감'에 있다는 것이다. 앞서 살펴본 기재의 본질은 '무엇에로 되돌아'에, 그리고 현재의 본질은 '무엇 곁에 체류함'에, 즉 '무엇 곁에 머물러 있음'에 각각 놓여 있다. 무엇으로 향해, 무엇으로 되돌아, 무엇 곁에라는 이러한 특징들이 시간성의 근본구성틀을 드러내고 있다. 시간성이 이러한 무엇으로 향해, 무엇으로 되돌아, 무엇 곁에에 의해 규정되어 있는 한, 시간성은 자신밖에 나가 있다. 시간은 도래, 기재, 현재로서 그 자체가 탈자적 성격을 지니고 있다. 도래, 기재, 현재의 단일성으로서의 시간성은 이따금씩 경우에 따라 현존재를 빠져나가는 것이 아니다. 오히려 시간성으로서의 시간성은 그 자체 근원적인 자신밖에이다. 이러한 시간성의 자신 밖으로 빠져나감의 특징을 용어상 시간의 탈자적 특징이라고 지칭하기로 한다. 시간은 결코 추후적이나 우연적으로 빠져나가 있는 것이 아니다. 오히려 도래는 무엇으로 향해로서 탈자적이다. 다시 말해, 도래는 그 자체 탈자적이다. 이 점은 기재나 현재에 있어서도 동일하다. 그러기에 우리는 도래, 기재, 현재를 자체 내에 동일근원적으로 공속해 있는 시간성의 세 가지 탈자태들이라고 한다.(GP 379~380 참조)

시간성은 현존재의 존재인 염려의 구조계기들인 현사실성, 빠져 있음 그리고 실존성의 통일성을 가능하게 하며 그렇게 염려구조의 전체성을 구성하고 있다. 염려의 계기들은 부분들을 주위 모아 합친 것이 아니며 시간성 역시 시간성의 개별적 계기들인 도래, 기재, 현재를 긁어모아 합한 것이 아니다. 시간성은 존재자가 아니다. 그것은 존재하는 것이 아니고 자신을 시간화한다. 그럼에도 우리가 시간성은 염려의 의미이다, 시간성은 이러저러하게 규정되어 있다고 말하는 것은 존재 일반의 이념을 해명할 때 비로소 이해될 수 있을 것이다. 시간성은 시간화하는데, 그것도 자기 자신의 가능한 방식들을 시간화한다. 이 가능한 방식들이 현존재의 존재양태의 다양성을, 무엇보다도 본래적 또는 비본래적 실존의 근본가능성을 가능하게 하는 것이다.(SZ 435 참조) 하이데거는 자신이 염려의 존재론적 의미로 보는 시간성을 다음과 같이 요약 제시한다.

> 시간은 시간성의 시간화로서 근원적이며, 이 시간화로서 염려구조의 구성을 가능하게 한다. 시간성은 본질적으로 탈자적이다. 시간성은 근원적으로 도래에서부터 자신을 시간화한다. 근원적인 시간은 유한하다. (SZ 438)

4. 염려와 가능성 그리고 시간

현존재의 존재인 염려는 그 자체 안에 현사실성(내던져져 있음), 실존(기획투사) 그리고 빠져 있음을 포함하고 있다. 이러한 염려의 단일성을 구성하고 있는 세 가지 계기는 순환적 관계에 놓여있으며 그렇기에 따로 떼어서 생각할 수 없다. 앞에서 우리는 염려의 존재론적 의미로서 현존재의 시간성에 대해 논의해 보았는데, 이제 우리의 있음의 성격인 염려에서 특히 문제가 되고 있는 존재가능에 대해 논구해보기로 하자.

아마도 하이데거의 『존재와 시간』은 인간 가능성의 개념과 그 한계에 대한 가장 야심찬 철학적 인간학일 것이다. 필자는 『존재와 시간』에 나타난 가능성에 대해 네 가지 측면에서 생각해 보기로 하겠다. 먼저, 하이데거는 『존재와 시간』에서 인간 존재를 현존재 혹은 거기에 있음으로 명명했다. 인간은 누구나 저마다 자신이 내던져진 삶의 거기라는 바다에서 표류하고 있는 자신을 발견한다. 이것이 바로 인간의 현사실성이다. 하지만 인간은 자신이 이해하고 있는 바, 그만큼 존재해가야 하는 기획을 구상한다. 여기에서 우리는 인간 현존재의 가능성에 대해 숙고하게 된다. 기획투사의 형성자로서 나는 나 자신을 앞질러 가는 존재가 될 수 있다. 하이데거의 실존개념에서 가장 두드러진 특징은 인간 존재는 다른 사물이나 도구존재와는 그 존재방식이 다르다는 점을 부각시킨 데 있다. 인간은 자신의 가능성을 삶의 그때그때마다의 단계에서 앞서 던지고 있으며 그 가능성들을 선택해가며 살아간다. 하이데거는 이러한 자신의 가능성들을 알고 있음을 이해(Verstehen)[35]라고 부른다. 인간 존재가 갖는 다른 존재자들과 가장 차이나는 특징은 자신의 가능

---

35 하이데거는 『존재와 시간』 제31절, 즉 '이해로서의 거기에-있음(Das Dasein als Verstehen)'에서 이 이해개념에 대해 상세하게 전개하고 있는데, Michael Gelven은 이 절이 바로 『존재와 시간』의 핵심(열쇠)이라고 부른다. *A Commentary on Heidegger's Being and Time*, New York, Harper&Row, 1970, 84쪽 참조. 하이데거는 현존재의 실존적 구조를 사물이나 도구존재의 논리적 가능성과 정합성으로부터 구별한다. 눈앞에 있음이나 손안에 있음의 범주양식으로서의 가능성은 아직 현실화되지 않았거나 어떠한 시간도 필요로 하지 않는다. 이에 반해, 실존론적 가능성은 현존재를 존재론적인 성격으로 규정하는 가장 원형적이고 궁극적이며 긍정적인 방법이다. 현존재에게 이해는 인식론적인 차원의 어떤 능력이 아니라 기획투사와 관련되어 있는 현존재의 존재방식이다. 이 하이데거의 이해 개념은 그의 해석이론 뿐만 아니라 철학적 인간학에서의 핵심부분이다. 인간 존재는 이해—기획투사하는 가능성—이며 해석은 이러한 암시적인 이해의 명백한 풀어헤침이다.

성을 이해하고 있다는 것이다. 인간 존재는 자신을 그 가능성에서 부터 자기를 앞질러 기획하는 존재이기 때문에 현존재는 항상 현실을 넘어설 수 있는 것이다. 하이데거는 이러한 가능성의 선험성을 그의 현전의 형이상학에 대한 비판과 연관 짓는다. 인간의 본질은 주어지는 것이 아니라 각자에 의해 선택되어야 한다. 가능성이 인간 존재의 실존론적 구조인 것은 바로 이러한 의미에서이다.

두 번째, 염려와 가능성의 논의에서 특이한 점은 어떤 가능성들이 다른 것보다 더 '본래적'이라고 하는 하이데거의 주장이다. 하이데거에서 본래적으로 존재한다는 것은, 자신에 의해 선택된 가능성들의 입장에서 세계를 보는 방식 안에서 존재하는 것과 자신에 가장 적당한 가능성들을 선택하는 책임을 인식하는 방식 안에서 존재하는 것을 말한다. 우리에게는 수많은 가능성이 각자의 선택과 책임에 의해 펼쳐질 수 있다. 우리는 앞질러 달려가 보는 결단성을 통해 실존적으로 본래적인 전체존재가능을 맛볼 수 있는 것이다. 반대로 비본래적으로 존재한다는 것은 자신을 현실의 세계에서 하나의 객체로 보는 것이고 주어진 세계에서의 사물과 같이 보는 것이다. 그리고 자기 자신이 아닌 사람들 자신의 이야기와 논리에 자신을 내맡기는 삶이다. 이러한 비본래적 삶 속에서 사실 나는 나의 세계를 만들어야 하는 책임을 회피하는 것이다. 하지만 이것도 존재하는 한 방식이다. 따라서 비본래적 존재와 본래적 존재는 인간이 '삶의 거기(Da)'에 '존재(sein)'할 수 있는 두 가지 방식들로 정리될 수 있다.

세 번째, 하이데거는 염려라는 핵심개념으로 인간 존재의 근본구조를 기술한다는 점이다. 인간은 다른 사물이나 도구존재와는 달리 끊임없이 자신의 존재함 자체를 문제 삼는다. 즉, 존재함에 대해 염려하며 살아간다는 것이다. 그렇다면 무엇이 이러한 염려를 가능케 하며 무엇에 대해 염려하는가? 그것은 바로 현존재의 시간성 때문이며 자신의 존재가능에 대해 염려하는 것이라고 하이데거는 분석한다. 현존재가 가능성으로서 존재한다는 것은 인간 존재가 주어진 어떤 상황이나 사태를 끊임없이 넘어선다는 것을 뜻한다. 이러한 자기에-대해-앞서 달려가 보는 존재는 오직 시간성 때문에 가능하다. 존재한다는 것은 철저히 시간적으로 존재한다는 것이다. 물론 다른 존재자들도 시간 '안에' 존재한다. 그러나 오직 현존재만이 시간 안에서 자신을 앞서 던질 수 있는 능력을 가지고 있고, 시간에 연관되어 있음을 이해하고, 시간의 일관성을 추구한다. 오직 현존재만이 그들의 현재뿐만 아니라 과거와 미래를 고려해 기획투사한다. 그리고 현존재만이 이러한 세 가지 시간의 양태들 사이의 관계를 이해할 수 있으며 다룰 수 있다. 이러한 시간을 고려하는 불가피함과 시간성은 하이데거가 '염려'라고 의미하는 바의 핵심이다. 따라서 하이데거는 『존재와 시간』 제2편(현존재와 시간성)에서 인간 존재의 실존론적 분석을 시간적 용어들로 재해석한 것이다. 사실, 실존론적 시간에서 중심적 역할을 하는 부분은 미래이다. 왜냐하면 우리가 가능성들을 가지고 있다는 견지에서 볼 때, 우리는 열려 있는 미래 앞에 서 있기 때문이다. 이제 가능성들은 주도적으로 미래로 시간적, 실존론적으로 방향 정립된 데서 보이게 된다.

만일 인간의 존재함이 시간적이라면 본래적 실존과 비본래적 실존을 우리는 어떻게 이해할 수 있겠는가? 이러한 물음과 함께 우리는 가능성의 네 번째 측면에 주목하게 된다. 『존재와 시간』의 제2편은 시간성에 대해 관심가질 뿐만 아니라 인간 존재의 단일성, 인간 존재의 전체적으로 있음에 대해서도 관심을 가진다. 이러한 전체성은 인간의 삶을 방향지워주는 '극단적 가능성'으로부터 유래한다. 하이데거에 따르면, 이러한 극단적 가능성은 나의 죽음의 가능성이다. 나는 나의 존재의 전체성을 종말의 관점에서만 잡을 수 있다. 나의 죽음은 피할 수 없는 가능성이며 내가 다른 어느 누구와도 나눌 수 없는 가능성이다. 나 자신의 가능성으로서 죽음은 나의 본래적인 가능성이다. 하이데거에서 '거기에 있음'으로서의 인간은 자신의 가장 탁월한 가능성인 죽을 수 있음과 마주칠 때 본래적이게 된다. 하이데거에 따르면, 비본래적 실존은 이러한 탁월한 가능성으로부터 회피하는 것이다. 비본래적으로 실존함에서 우리는 우리 자신의 실존을 조절하는 것이 아니라 세상의 관심들 사이에서 우리 자신을 잃어버리는 것이다. 반대로 본래적 실존은 이러한 다가오는 종말을 맞이해 '미리 앞서 달려가 보는 결단성'이다.[36] 우리는 수동적으로 죽음을 기다리는 것이 아니라 우리의 유

---

36 하이데거는 이러한 결단성 개념에 대해 다음과 같이 강조한다. "앞질러 달려가보는 결단성은 결코 죽음을 '극복하기' 위하여 고안된 탈출구가 아니라, 죽음에게 현존재의 실존을 지배하게 해서 모든 도피적인 자기은폐를 근본적으로 청소할 가능성을 자유롭게 내어주는, 양심의 부름을 따르는 이해이다. (중략) 앞질러 달려가 보는 결단성 역시 실존과 그 가능성 위를 날아다니는 '관념론적' 추정에서 유래되는 것이 아니라

한성을 철저히 인식하는 가운데 자기 자신으로 존재하려는 용기를 가져야 한다. 본래성을 향한 이러한 용기는 다름 아닌 '자유'인데 이 자유는 다름 아닌 우리 실존의 무성(Nichtigkeit, 無性)을 받아들이는 것을 뜻한다. 이러한 가능성을 받아들이는 자는 죽음의 면전에서 자유로운 자신을 발견할 것이다.[37] 이렇듯 참된 자유함을 체득한 현존재는 죽음의 가능성을 받아들여야 하는 운명 앞에서 모든 우연적 가능성들과 의지로의 집중을 쫓아내버리게 된다. 현존재는 삶과 죽음, 그 동시성을 살기에 삶의 해석학과 더불어 죽음의 해석학은 우리의 영원한 철학적 과제가 되는 것이다. 우선 대개 우리에게 어둡고 은폐되어 있는 사태인 삶과 죽음, 그러한 사태를 밝은

오히려 현존재의 현사실적 근본가능성을 냉정하게 이해함에서 발원하는 것이다. 개별화된 존재가능 앞으로 데려오는 냉정한 불안과 더불어 이 가능성에 마련되어 있는 즐거움이 따라온다. 이 즐거움 속에서 현존재는, 분망한 호기심이 일차적으로 세상사로부터 조달하는 향락의 '우발성'으로부터 자유롭게 된다."(SZ 412쪽).(고딕체 강조는 필자에 의한 것임) 하이데거는 여기서 개별화된 존재가능 앞에서의 불안도 이야기하지만 동시에 그러한 가능성에 마련되어 있는 즐거움도 이야기하고 있다. 이때의 즐거움은 아마도 우리의 호기심을 충족시켜주는 모든 것에 대한 집착으로부터 자유롭게 된 체념에서 오는 기분일 것이다. 이러한 기분은 후기 하이데거가 기술론을 펼치면서 동시에 초연한 내맡김(Gelassenheit)이라는 기분 및 삶의 태도를 이야기하는 것과 연관하여 생각해 볼 수도 있을 것이다.

37 이렇듯 하이데거는 죽음의 면전에서 자유로움을 이야기한다. 현존재는 자신의 무성, 즉 없어질 수 있는 가능성에 대해 열려있는 태도가 필요하다. 이러한 가능성을 삶의 자연스러운 한 과정으로 수용하는 자는 죽음의 면전에서 초연함을 유지할 수 있을 것이다. 더 나아가 초연함 속에 죽음을 향해 있는 자신의 현사실성을 직시하며 본래성을 향한 열정을 사르는 태도는 분명 용기 있고 결단적 삶을 사는 것이라 할 수 있다. 하이데거는 『존재와 시간』 제62절(현존재의 실존적으로 본래적인 전체존재가능은 앞질러 달려가보는 결단성)에서 이러한 죽음 혹은 결단성과 관련되어 생기는 현존재의 근본기분에 대한 분석은 기초존재론적 해석의 한계를 넘어서는 것이라고 잘라 말한다. 하지만 필자는 죽음의 공포를 극복하고 진정한 자유로움을 체득하여 '자기 자신'을 살려는 모든 노력은 현존재의 궁극적 관심이라고 생각한다.

데로 드러내려는 노력인 해석학, 그리고 끊임없이 그때그때마다 해석학적 이해와 참여를 수행해야만 하는 현존재는 이런 혹은 저런 방식으로 자기의 해석(학)을 수행하며 살아가고 있는 셈이다.

현사실성의 자기해석으로서 해석학

1. 전통적인 개념에서의 해석학

초기 하이데거는 자신의 『존재론』강의 제1부 1장 「해석학」 대목
에서 우선 전통적인 해석학 개념에 대해 역사적인 고찰을 하고 있
다. 플라톤, 아리스토텔레스, 필로, 아리스테아스, 아우구스티누스,
슐라이에르마허, 딜타이의 해석(학) 개념에 대해 논의한 뒤, 자신이
말하고자 하는 현사실성의 자기해석으로서의 해석학을 말하고자
하는 것이다. 필자는 하이데거의 강의 논의전개에 따라, 전통적 해
석(학) 개념을 이해하면서 하이데거가 강조하고자 하는 근원적인
의미에서 해석학, 즉 현사실성의 자기해석으로서의 해석학에 대해

생산적으로 논의해보고자 한다.

하이데거는 해석학이라는 표현에 대해 다음과 같이 성격규정하며 그 어원의 유래에 대해 먼저 언급한다. "해석학이란 표현은 현사실성에 대한 참여, 단초, 접근, 심문 그리고 해명의 통일적인 방식을 제시하는 것이어야 한다."(Onto 29) 이러한 자신의 해석학에 대한 생각을 제시하며 하이데거는 이 표현의 어원학적 유래와 역사적 의미변천 과정에 대해 소개한다.

먼저 하이데거는 ἑρμηνευτική[해석학](ἐπιστήμη[학], τέχνη [기술])는 ἑρμηνεύειν(해석하다), ἑρμηνεία(해석), ἑρμηνεύς(해석자)로부터 나오고 있지만 이 말의 어원은 모호하다고 지적하며 또 해석학이란 표현이 신들의 사자인 헤르메스(Ἑρμῆς)와 관련되어 있음을 밝히며 몇 가지 자료를 통해 이 말의 근원적인 의미와 역사적 의미변천 과정에 대해 소상히 소개하고 있다.[1]

플라톤: οἱ δὲ ποιηταὶ οὐδὲν ἀλλ᾽ ἢ ἑρμηνής εἰσιν τῶν θεῶν(시인들은 다만 신들의 '대변자'이다).[2] "그러므로 너희들은 대변자들 중의 대변자들이 아닌가?"[3] ἑρμηνεύς는 누군가에게 다른 사람이 '생각'한 것을 전달하는 사람, 즉 전달과 알림(Kundgabe)을 직접 중개하고 계속 이행하는 사람이다. 참조, 소피스테스 248a5, 246e3:

---

1 이하의 내용은 하이데거의 『Ontologie(존재론)』 1장 2절(해석학)의 내용을 따라가며 필자의 입장에서 보충 설명한 것이다. 따라서 인용된 구절들은 모두 하이데거의 『존재론』 강의에서 따온 것임을 밝혀둔다.
2 Ion(『플라톤의 대화록 : 이온』) 534 e, Oxford (Burnet) 1904.
3 같은 책, 535 a.

'ἀφερμήνευε', 알리라! : 다른 사람들이 생각하는 것을 알림.

테아이테토스, 209a5 : 로고스 = ἡ τῆς σῆς διαφορότητος ἑρμηνεία(차이를 알림). 알림은 κοινόν(공통적인 것)과 비교함으로써 다른 것과의 차이를 분명하게 하는 것이다. (참조, 테아이테토스 163c: 낱말들에서 알게 되는 것과 그것에 대해 해석자가 전달하는 것.) 이와 같은 플라톤의 텍스트들로부터의 인용을 통하여 하이데거는 해석(학)이 어떤 것에 대한 이론적인 인식이나 파악이 아니라 의지나 소원 그리고 어떤 존재의 상태를 알림, 다시 말해 해석학은 한 존재자의 존재를 나와 관계하고 있는 그의 존재에서 알리는 것이라고 규정한다.

아리스토텔레스 : τῇ γλώττῃ (καταχρῆται ἡ φύσις) ἐπί τε τὴν γεύσιν καὶ τὴν διάλεκτον, ὧν ἡ μὲν γεῦσις ἀναγκαῖον (διὸ ὑπάρ καὶ πλείοσιν ὑπάρχει), ἡ δ' ἑρμηνεία ἕνεκα τοῦ εὖ [4] (살아있는 존재자는 맛을 보기 위해서는 물론, 교섭하는 대화를 위해서 혀를 필요로 한다. 여기에서 맛본다는 것은 교섭을 위해 필요한 한 방식이다(대부분의 경우에서 그렇다). 어떤 것에 관해 타인에게 말을 걸고, 의논하는 것은 (그의 세계에서, 그리고 그것으로) 살아있는 자가 자신의 본래적인 존재를 보증하기 위함이다.(어떤 것에 관한 말) ἑρμηνεία는 여기에서 간단하게 διάλεκτος, 즉 교제하는 대화를 대신한다. 그러나 이것은 다만 로고스의 현사실적인 이행방식일 뿐이다. 로고스(어떤 것에 대한 말)는 δηλοῦν(담화)을 배려한다. δηλοῦν …… τὸ συμφέρον καὶ τὸ βλαβερ

---

4 De anima (『영혼에 관하여』) B 8, 420 b 18 sqq.

ὄν. "담화는 존재자를 개방시키고, 존재자를 유용함과 무용함에서 직관하며 소유하도록 접근 가능하게 한다."[5]

ἑρμηνεύειν에 대한 참조, 필로스트라투스(Philostratus).[6] 자연에 대한 아리스토텔레스의 주석.[7] 투키디데스가 묘사한 페리클레스: καὶ τοι ἐμοὶ τοιούτῳ ἀνδρὶ ὁρίζεστε ὃς οὐδενὸς οἴομαι ἥσσων εἶ ναι γνῶναί τε τὰ δέοντα καὶ ἑρμηνεῦσαι ταῦτα, φιλόις τε καὶ χρημάτων κρείσσων(네가 나에게 화를 내고 있지만, 내가 생각하기에 나는 아직 여느 사람들처럼 올바른 방법을 알고 전달할 수 있는 능력이 있고, 훌륭한 애국자이며, 재력에 좌우되지 않는다).[8]

λέγω δὲ ..., λέξιν εἶναι τὴν διὰ τῆς ὀνομασίας ἑρμενείαν(언어란 낱말을 통해 무엇인가를 알게 하는 것이라고 나는 생각한다).[9]

전해지는 아리스토텔레스의 '저작들' 중에 하나가 <Περὶ ἑρμεν είας(해석에 관하여)>라는 제목을 가지고 있다. 이 저작은 존재자의 발견과 그것과 친근해지는 기초적인 수행작업으로서 로고스를 다룬다. 이와 같은 일련의 아리스토텔레스의 저작 인용들로부터 하이데거는 다음과 같이 결론 짓는다. "이러한 연관에서 본다면, 아리

---

5 Politik(『정치학』)A 2, 1253 a 14 sq.
6 De Vitis Sophistrarum(『소피스트들의 삶에 관하여』), ed. C.L. Kayser. Leipzig 1871, Vol. II, 11쪽 29줄. in: H. Diels, Die Fragmente der Vorsokratiker(『소크라테스 이전 철학자들의 단편들』) Berliner 1912, Bd. II, 235쪽 19줄.
7 Ed. H. Diels, Commentaria in Aristotelem Graeca(『아리스토텔레스 주석』) Berlin 1882, 329쪽, 20줄.
8 De bello Peloponnesiaco(『펠로폰네소스 전쟁에 관하여』), ed. G. Boehme. Leipzig 1878, 2권, 60(5), 127쪽.
9 Poetik(『시학』) 6, 1450 b 13 sq.

스토텔레스의 특정한 연구 제목으로서 해석이란 단어는 해석학 자
체의 의미 역사를 위해서 아주 중요하다. 말의 수행은 어떤 것을
거기 개방된 것으로서, 눈앞에 존재하는 것으로서 접근하게 하는
것이다. 그 자체로서 로고스는 ἀληθεύειν[비은폐함](앞서 은폐된 것,
감추어진 것을 비은폐된 것으로서, 거기 개방된 것으로서 장악하게 함)의 뛰
어난 수행가능성을 가진다. 그의 저작이 이러한 로고스를 다루기
때문에, 정당하게 <해석에 관하여>라고 불린 것이다."(Onto 32)

필로(Philo)는 모세를 ἑρμηνεὺς Θεού[10] (하느님의 뜻을 전달하는 자)
라고 일컫는다.

아리스테아스(Aristeas) : τὰ τών Ἰουδαίων γράμματα ἑρμενείας π
ροσδείται[11](유대인의 저작들은 번역, 해석이 필요하다). 번역은 외국어로
되어 있는 것을 모국어로, 그리고 모국어에 맞게 접근시켜 가는 것
이다. 따라서 교회에서 ἑρμηνεία는 주석(Commentar, enarratio)과 같은
것을 말한다. 주석, 해석은 성서가 본래 의미하고 있는 것을 추적
하는 것이며, 그렇게 함으로써 그 본래의 의미에 접근하게 하며,
그것으로의 통로를 만들어 주는 것이다. ἑρμηνεία = ἐξήγησις(주
석).

아우구스티누스 : Homo tinmens Deum, voluntatem ejus in
Scripturis sanctis diligenter inquirti. Et ne amet certamina, pietate

---

10 *De vita Mosis*(『모세의 생애에 관하여』) III, 23 (II, 188). Opera IV, ed. L. Cohn.
   Berlin 1902, 244쪽.
11 *Ad Philocratem epistula*(『[아리스테아스가] 필로크라테스에게 보낸 편지』), ed. P.
   Wendland. Leipzig 1890, 4쪽, 3줄.

mansuetus; paremunitus etiam scientia linguarum, ne in verbis locutionibusque ignotis haereat; praemunitus etiam cognitione quarumdam rerum necessariarum, ne vim naturamve earum quae propter similitudinem ddhibentur, ignoret; adjuvante etiam codicum veritate, quam solers emendationis diligentia procuravit: veniat ita insturctus ad ambigua Scripturarum discutienda atque solvenda.(성서의 불투명한 구절을 해석할 때, 사람들은 어떤 태도로 접근해야 하는가? 하느님을 경외하고, 성서에 있는 하느님의 뜻을 찾고자하는 유일한 관심을 가지고 접근해야 한다. 경건함으로 철저하게 수양하여, 문자적인 것에 빠지지 않도록 하고, 낯선 단어와 대화에 막히지 않도록 언어지식을 갖추며, 예증을 위해 끌어들인 자연적 대상들과 사건에 대한 지식을 겸비하여, 그것들의 증명력을 잘못 판단하지 않도록 해야 하며, 성서가 가진 참된 내용을 통해 뒷받침되어야 한다.)[12] 그 밖에 Clavis Scripturae sacrae(성서를 위한 열쇠),[13] Isagog ad sacras literas(성서 입문),[14] Tractatus de interpretatione(해석에 관한 논고),[15] Philologia sacra(성서 문헌학)[16]로 알려졌던 것들이 Hermeneutica sacra(성서해석학)라는 제목으로 17세기에 비로소 등장한다. 여기서 우리가 알 수 있는 바는 해석학은 이제 더 이상 해석 자체가 아니

---

12 *De doctrina christiana*(『기독교 교리에 관하여』). Patrologia latina, ed. Migne (i.w. zit.: Migne) XXXIV. Paris 1845, Liber III, cap 1, 1, 65쪽.

13 M. Flacius Illyricus, *Clavis scripturae sanctae seu de sermone sacrarum literarum*, Basel 1567.

14 S. Pagnino, *Isagogae ad sacras literas Liber unicus.* Köln 1540 u. 1542.

15 W. Frantze, *Tractatus theologicus novus et perspicuus e interpretatione sacrarum scripturarum maxime legitima.* Wittenberg 1619.

16 S. Glass, *Philologia sacra, qua totius V. et N.T. scripturae tum stylus et litteratura, tum sensus et genuinae interpretationis ratio expenditur*, Jena 1623.

라, 조건, 대상, 수단, 전달, 그리고 해석의 실천적 적용에 관한 이론으로 확대되고 있다는 사실이다.

그 이후 슐라이에르마허는 이전의 사람들이 알고 있었던 해석학의 이념을 다른 사람의 말에 대한 '이해의 기술'(기술이론)로 제한하고 이것을 변증법과 연결시켜 문법과 수사학을 포함한 한 분과로 정립했다. 더 나아가 딜타이는 슐라이에르마허의 해석학 개념을 '해석규칙의 형식'으로 받아들이고, 이해 자체의 분석을 통해 그 개념에 기초를 제공하였으며, 정신과학의 발전에 대한 자신의 연구와 관련시켜 해석학 연구를 수행하였다. 따라서 '해석학적 정신과학의 방법론'의 경향에 국한된 딜타이의 연구도 이미 한계를 지니고 있었으며 근본적인 입장에서는 명료하지 못하다고 하이데거는 비판적 입장을 취하고 있다. 이렇듯 과거의 해석학에 관한 이해와 연구역사에 대해 일별한 뒤, 하이데거는 근원적인 해석(학), 즉 현사실성의 자기해석으로서의 해석(학)을 말함으로써 해석(학) 개념의 존재론적 차원으로의 승화를 기획한다.(Onto 35~36 참조)

2. 근원적인 의미에서의 '해석학'

1) 현사실성의 해석 : 그때마다 고유한 현존재를 그 자신에게 접근하게 하는 과제

하이데거는 자신의 현사실성의 자기해석으로서의 해석(학)개념을 언급하면서 기존의 해석(학) 개념, 즉 근대적인 의미와 해석에 관해 넓게 파악된 이론적 의미와도 차별화된다고 강조하며 이 해석 개념은 그 근원적인 사태에서 볼 때, ἑϱμηνεύειν(전달)의 이행, 즉 현사실성의 만남(Begegnen), 봄(Sicht), 붙잡음(Griff), 그리고 개념파악(Begriff)을 가능하게 하는 (삶의) **현사실성의 해석에 대한 규정적 통일성**을 뜻한다고 규정한다. 그러므로 해석학은 각기 고유한 현존재를 이 현존재 자체에 접근하게 하고, 전달하며, 현존재가 겪고 있는 자기소외(Selbstentfremdung)[17]를 추적하는 과제를 가진다고 정의한다.

인간 현존재는 이러한 해석학적 작업 — 삶의 현사실성의 해석 — 을 통해 자기 자신을 이해하는 가운데 자신의 존재가능성을 현실화시켜 가는 것이다. 현존재는 이러한 자신의 삶의 현사실성을 해석함으로써 고착화되고 고정화된 삶을 사는 것이 아니라 그때그때마다 자신의 고유한 현존재를 그 자신에게 접근하게 함으로써 자기 자신을 새롭게 이해해가면서 존재가능에 대해 열려있게 된다. 따라서 이러한 현사실성의 해석의 측면에서 볼 때, 초기 하이데거에게 해석은 이해의 기술이나 정신과학의 방법론의 차원이 아닌 인간 **현존재의 존재방식**이 된다. 우리는 여기서 잠시 해석학과 현

---

17 여기에서 자기소외란 현존재가 자신의 삶의 연관에서 유동적이고 생생한 그때그때마다의 삶이 세계화, 사물화, 이론화되는 객관화의 경향, 즉 삶 자체의 제거(Entlebung des Lebens)를 뜻한다. 초기 강의 중 하나인 『철학의 규정』 제2부(선-이론적 근원학문으로서의 현상학) 제3절(선-이론적 학문으로서의 근원학문)에서 하이데거는 주위세계 체험과 관련하여 삶의 자기세계가 떨어져 나가는 과정에 대해 상세하게 논의한다. M. Heidegger, *Zur Bestimmung der Philosophie* GA56 / 57, Hrsg. von Bernd Heimbüchel. Frankfurt a. M. 1987 참조.

사실성의 관계에 대해 생각해볼 필요가 있다. 그렇다면 해석학은 현존재(삶)를 강제적으로 분석하고 인위적으로 꾸미는 방식인가? 하이데거는 이에 대해 단호하게 거부한다. 해석학은 삶의 현사실성 자체에서 드러나야 한다고 강조하며 해석학과 현사실성의 관계가 마치 식물학과 식물의 관계처럼 파악함과 파악된 대상의 관계가 아니라고 강조하며 해석함은 현사실성의 존재성격의 가능적이며 뛰어난 한 방식이라고 정의내린다. 해석은 현존재의 열어 밝혀져 있음의 한 계기인 이해와 밀접하게 연관되어 있으며 이러한 이해와 해석은 『존재와 시간』에서 더욱 세련된 형태로 기술된다.[18]

2) 이해 : 현존재의 깨어 있음

『존재와 시간』에서 현존재의 열어 밝혀져 있음의 한 구조계기로서 설명되는 이해가 『존재론』강의에서는 다음과 같이 정의되어 있다. "해석에서 생겨나는 이 이해는 다른 삶에 대한 인식적인 관계맺음으로서 언급되는 여타의 이해와 결코 비교될 수 없다. 이 이해는 결코 ~에 대한 관계맺음(지향성)이 아니라, '현존재' 자신의

---

18 SZ, 제31절(이해로서의 거기에-있음), 제32절(이해와 해석) 참조. SZ 이후로 전개된 하이데거의 해석학을 존재론적 해석학으로 명명하며 존재의 시간성에 따라 역사철학적으로 이해하려는 바에 대해서는 다음을 참조. 신승환, 「존재론적 해석학에 대한 역사철학적 고찰」, 한국하이데거학회 엮음, 『하이데거연구(제12집)』(2005년 가을호), 109~136쪽.

한 '어떻게'(방식)이다. 용어적으로 이러한 이해를 자기 자신에 대한 현존재의 깨어 있음(das Wachsein)이라고 앞서 규정해둔다."(Onto 37) 따라서 현존재의 깨어 있음으로서의 이해는 현존재가 다른 존재자의 영역에 대해, 주체−객체의 대상연관에서 인식적 관계맺음을 통해 그 존재자의 사태에 대해 이해하게 된다는 식의 어떤 앎의 일종이 아니다. 이러한 이해에 대해 『존재와 시간』에서 하이데거는 실존범주로서의 이해, 즉 실존함으로서의 존재함이라고 기술한다. 현존재는 자신이 처해 있는 삶의 세계에서 "이해로서 그가 어디에 놓여 있는지를, 다시 말해서 그의 존재가능이 어떤 상황에 있는지를 알고 있다. 그런데 이러한 앎은 내재적인 자기지각에서 비로소 자라나오는 것이 아니라, 오히려 그것이 본질적으로 이해인 바로 그 '거기에'의 존재에 속한다."(SZ 200)

3) 현사실적 삶의 존재 : 가능존재의 존재성격, 앞서 가짐(Vorhabe), 앞서 잡음(Vorgriff)

하이데거는 근원적인 의미에서 해석학은 바로 현사실성(현존재)의 자기해석이라고 보고는 단도직입적으로 "해석학적 연구의 주제는 각기 고유한 현존재, 즉 그 자신에 대해 근본적으로 깨어 있음을 발전시키려는 의도에서 그의 존재성격에 기초하여 해석학적으로 심문되는(befragt) 자로서의 현존재이다."(Onto 38) 라고 표명한다. 현존재는 그 존재성격상 다른 사물존재(눈앞에 있음)나 도구존재(손안에 있음)와는 다르게 끊임없이 해석학적으로 심문되는 존재이다. 이는 현존재가 가능존재라는 데서 기인하며 그러기에 현존재의 현사실적 삶의 존재 역시 가능존재라는 그 존재방식 때문에 뛰어나다. 이 가능존재라는 현사실적 삶의 존재를 끊임없이 수행해야만 하는 현존재의 존재방식이 바로 실존이다. 그리고 실존의 현사실성의 해석에서 생겨 나와 개념적으로 풀이된 것이 다름 아닌 실존범주(Existenzialien)인 것이다.

이러한 실존범주의 측면에서 볼 때, 개념은 어떤 고정된 도식이 아니라 삶의 현사실성에 대한 현상학적—해석학적 봄에 의해 이끌려나온 하나의 의미이다. 그래서 개념은 우리의 앞서 가짐(Vorhabe)을 드러내 보이며 우리를 삶의 근본경험으로 옮겨 놓는다. 또한 개념은 우리의 앞서 잡음(Vorgriff)을 드러내 보이기도 한다. 우리는 현사실적 삶으로부터 나온 개념을 통해 앞서 가짐과 앞서 잡음을 드러내 보이면서 결국 현존재 해석의 경향과 걱정함(Bekümmerung)이라는 현존재의 존재에 다다른다. 여기에서 중요한 점은, 바로 어떤 이론적으로 고안된 개념에서부터 현사실성을 해석하고 재단하는 것, 그래서 개념들이 나중에 현존재에게 덧붙여진 것이 아니라 삶의 현사실성으로부터 개념과 범주들이 도출된다는 그 방향성에 대한 관점의 전환이다.

현사실성의 자기해석에서 해석은 앞서 가짐과 앞서 잡음을 전제한다. 그런데 앞서 가짐과 앞서 잡음은 직접적이고 철저하게 세분화한 구체적 대상으로 현시될 수는 없고 현존재의 존재성격, 즉 가능존재를 주시하며 그때마다 해석학적 물음이 향하는 그 상황에 의해 현사실적으로 변화될 수 있다. 그러므로 앞서 가짐과 앞서 잡음은 임의적이거나 자의적이지 않다.

현사실성의 자기해석학에서의 주제는 단적으로 현존재인데, 이 현존재는 "그 자신이 바로 그에게로 가는 도상에 있는 자로서 있다"(Onto 40)[19]는 존재성격을 지니고 있다. 따라서 해석학은 이러한 현존재의 존재양식을 무시하거나 인위적인 방식으로 현존재의 존재를 재단하려고 해서는 안 된다. 여기에서 현존재의 존재에 대해 어떻게 접근해야 하는가 하는 일종의 앞선 도약(Vorsprung)이 문제시되는데, 이 앞선 도약은 종결짓는 의미가 아니라 바로 현존재가 매 순간 도상에 있음을 고려하고 해명하며 가능존재로 확정하는 것이다. 이 가능존재에게는 앞서 가짐에 따라 원칙적으로 물어야 할 것(Fraglichkeit)이 상응한다. 여기서 물어야 할 것이란 현존재의 존재방식으로서 이것은 고정되고 확정된 대상이 아니라 그때그때마다 물어야 할 것으로, 물음으로 열려 있다. 이러한 현존재의 존재에 대해 삶(현사실성)의 해석학이 할 수 있는 일은 명증성의 이상, 본질통찰과 같은 극단적인 이상을 제시하는 것이 아니라, 각기 고유한 현존재, 즉 그 자신에 대해 근본적으로 깨어 있음을 발전시키려는 의도에서 현존재를 그의 존재성격의 불확실성, 의문성에서 심문하는(befragt) 것이다.

---

19 "Es(Dasein) *ist*, aber als das *Unterwegs* seiner selbst zu *ihm!*"

4) 해석학적 이해, 해석학적 참여

이와 같은 해석학에서 비로소 전통적 인간 이해의 선입견으로부터 자유로울 수 있으며 현존재의 가능존재가 구체적이고, 독자적인, 다시 말해 실존적인 것으로 보여지지 않겠는가? 현존재의 현사실성은 미리 인위적으로 만들어낼 수 있는 것도 아니며 계산해 낼수 있는 것이 아니다. 또한 수학적인 명제로 포착하고 통계학적인 방법으로 규범화시킬 수도 없다. 이러한 방법은 근본적으로 아무런 소용이 없는 짓이다. 왜냐하면 해석학은 특정한 상황 속에 참여하고 있고, 그러한 참여에서부터 이해가 가능하기 때문이다. 그러므로 해석학적 이해에서 모든 상황에 두루 통할 수 있는 '일반적인 것'이란 없다. 삶의 구체적인 상황에 대해 보편적인 봄을 제공해줄 것 같은 '형식적인 것'은 삶의 상황이라는 짐을 덜기 위해 도움을 주는 것일 뿐이다. (삶의) 해석학은 결코 어떤 지식획득이 아니다. 해석학은 현존재의 하나의 존재가능인 실존적 인식을 추구한다. 현존재의 현사실성이 이론적으로 고안해 내고 형식적인 것으로 담아낼 수 없는 것처럼 그러한 현사실성으로의 해석학적 참여 (Einsatz) 역시 어떤 완성된 소유물이 아니다. 해석학적 참여는 현존재가 그 자신과 만나는 근본적인 경험, 즉 철학적 깨어 있음 (Wachsein)에서 생겨나며 성장한다. 깨어 있음이 철학에서 중요하다. 하이데거가 말하는 깨어 있음이란 철학이 그 자신에게 부여해왔던 근원적인 자기해석에 생생하게 머물러 있음을 뜻하는데, 철학은 현존재가 자기 자신을 만나는 결단의 가능성과 방식을 형성하는 것

에 다름 아니다.(Onto 41~42 참조)

이러한 해석학의 근본내용과 성격에 대해 하이데거는 다음과 같이 2가지로 요약정리하여 제시한다. "1) 철학은 현사실적 삶 자체에 존재하는 인식 방식이다. 거기에서 현사실적 현존재는 가차 없이 자기 자신에게로 돌아가, 그대로 자기 자신을 드러낸다. 2) 이러한 인식방식으로서의 철학은 보편인류와 문화를 염려하고, 물음에 대한 근심을 통해서 그들에게 피해를 입히는 그런 사명을 띠고 있지 않다. 철학은 그 시대의 철학으로서만 존재할 수 있는 것이다. 즉 시간성과 관계한다. **지금 있음**의 방식에서 현존재는 활동한다."(Onto 42)[20]

철학이 그 시대의 철학이며 시간성과 관계한다고 해서 가능한 한 현대적으로 세련된 형태를 띠어야 한다는 것은 아니다. 오히려 현대적이라고 하는 것, 즉 오늘날 사람들이 욕구하는 것과 가공적인 상황에 응대하는 것 — 영업, 선전, 지능적 사기 등 — 은 철학의 본질에서 멀리 벗어나 있는 작태들이다. 이와 대조적으로 현사실성의 자기해석에서 현존재의 매순간 깨어 있음은 현존재가 자신과 만나는 사건으로서 앞서 계산될 수 없고, 보편 인류를 위해서도 어떤 공공적인 이익을 위해서도 아무 것도 할 수 없는 것이다. 오히

---

20 초기 하이데거는 "해석학은 현사실성에 대한 깨어 있음이 거기에 있지 않는 한 아무런 중요성도 지니지 못한다."고 보고 개인의 현사실적 삶에 대해서 뿐만 아니라 한 시대, 즉 우리가 살고 있는 '오늘날'의 해석되어 있음 — 역사와 철학 — 에도 적용되어 있음을 보여준다. 이기상, 「하이데거의 현사실성의 해석학」, 『하이데거 철학에의 안내』(서울: 서광사, 1993), 93~116쪽 참조.

려 현존재의 깨어 있음은 그때그때마다의 구체적인 현사실성에 따라 규정된 결정적인 가능성이다. 현존재의 현사실성은 결코 대상이 아니라 존재이다. 다시 말해 현사실성은 하나의 삶이 각각 가능성으로 '있는' 한에서만 거기 있다. 해석학은 결코 어떤 보편성을 띤 철학이 아니다. 그것은 현존재의 존재에 이르는데 있어 예비적인 것이며 그것만으로도 적합한 존재이유를 가진다.

우리는 지금까지의 분석을 통하여 현존재의 현사실적 삶의 세계와 범주를 밝혀보았고, 현존재의 존재가 염려이며 이 염려라는 현상에 바탕하여 현존재의 가능성과 시간성이라는 사태를 드러내보였다. 이렇게 함으로써 우리는 인간 현존재의 현사실적 삶의 성격을 드러내고 실존(Existenz)으로서의 인간이해를 온전히 살펴본 셈인데, 사람들은 우선 대개 이렇듯 자신의 존재가능을 염려하며 진리찾기와 자아 찾기에 열중하는 삶을 사는 것이 아니라 특정한 사회라는 공동체의 세계 속에 내던져져 이미 누군가가 만들어 놓은 수많은 제도들과 그 제도들 속에서 타인들과 더불어 살아가고 있다. 다시 말해 현존재는 더불어 있음과 자기 자신으로서의 세계-내-존재로서 살아가고 있는 것이다. 그렇다면 현존재가 저마다의 삶의 자리(Sitz im Leben)에서 타인들과 더불어 있음이라는 사태는 무엇을 뜻하는가? 현존재는 더불어 있는 세계를 무시하고 자신의 존재가능을 염려하고 이야기할 수 있는 것인가? 현존재는 일상적인 더불어 있음 속에서 어떻게 드러나고 있으며 어떻게 드러나야만 하는가?

우리는 타인들과 함께 있음과 일상적으로 더불어 사는 모습을 현상학적으로 제시해 봄으로써 현존재의 일상적 열어 밝혀져 있음과 사람들의 공공성을 확연히 드러내 보일 수 있을 것이다.

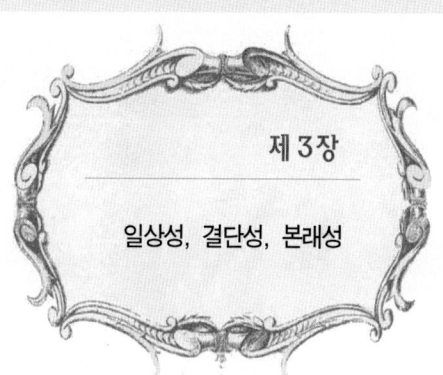

제 3 장

일상성, 결단성, 본래성

제7절

더불어 있음과 자기 자신으로 있음으로서의 세계-내-존재

1. 타인들의 공동현존재와 일상적인 더불어 있음

현존재의 삶의 세계는 우선 대개 그가 자신의 주위세계에서 만나는 관계의 그물망을 통해 형성되기 마련이다. 현존재는 자기 자신, 주위의 도구나 사물 그리고 타인과 끊임없이 상호작용을 하며 살아간다. 비록 다른 존재자들과 상호작용을 하고 있지 않을 때일지라도 그 상호작용의 시작을 수행할 수 있는 가능성을 지니고 있다는 의미에서 현존재는 이미 잠재적 상호작용을 하고 있다고 말할 수 있다. 이렇듯 현존재의 삶의 세계는 이러한 상호작용으로 인한 관계망을 통해 형성되는데, 하이데거는 현존재의 다양한 존재자와의 관계맺음의 양상을 구별하고 있다. 현존재가 자기 자신과의 관계맺을 때의 성격을 염려(Sorge)라 칭하고, 도구나 사물과의 관계맺는 방식은 배려(Besorge) 그리고 타인과의 관계맺는 방식은 심려(Fürsorge)라 부르고 있다.

이중에 특히 심려라는 태도로 관계맺게 되는 타인과의 상호작용이 현존재의 삶에 미치는 영향은 가히 결정적이라 할 수 있다. 이 관계문화 속에서 현존재는 스트레스에서부터 행복감에 이르기까지의 다양한 삶의 기분을 경험하게 되기 때문이다. 그렇다면 먼저 우리는 타인을 어디서 어떻게 만나게 되는가 라는 물음부터 던져볼 필요가 있다. 하이데거는 이점에 대해 우선 가장 가까운 주위세계(Umwelt)에서 타인을 만나게 된다고 말한다. 우리는 가까운 가정에서, 직장에서의 일의 세계에서 많은 도구나 사물과 함께 타인을 만나고 있다. 예를 들어, 어느 직장에 근무하는 회사원의 사무실의 세계를 생각해 보자. 그의 사무실 책상위에는 회사에서 지급한 컴퓨터와 상사로부터 결재를 받아야 하는 서류와 업무추진력 향상과 자기계발을 위한 책 몇 권이 놓여져 있다. 여기에서 그는 누구와 만나고 있는가? 자신과 다른 사물들 혹은 도구들만 있는 것이 아닌가? 그렇지 않다. 그는 책상 위의 컴퓨터를 보며 '이 컴퓨터는 우리 회사의 최고 경영자에게 속한 것이지'라는 생각을 하고 있으며, 결재서류를 보고서는 '이번에는 제대로 결재가 나야 할텐데…'라는 생각 속에 이미 상사를 만나고 있는 것이다. 그리고 책꽂이에 꽂혀있는 책들을 보고는 '이 책은 누구로부터 선물을 받은 것이지'

라는 생각 가운데 선물준 이를 떠올리고 있는 것이다. 그런데 "이렇게 손안에 있는 주위세계적인 도구 — 컴퓨터, 서류들, 책[1] — 연관에서 만나게 되는 타인들은 이를테면 어떤 처음에 단지 눈앞에 있기만 한 사물에 추가로 생각되는 것이 아니고 오히려 이러한 사물들이 그것들이 그 안에서 타인들을 위하여 손안에 있는 그런 세계에서부터 만나지는 것이며, 그 세계는 또한 이미 언제나 애초부터 나의 세계이기도 하다."(SZ 165)

이렇듯 현존재의 세계는 주로 현존재적이지 않은 존재자 — 컴퓨터, 서류들, 책 — 와 현존재의 성격을 가진 존재자들과의 관계를 통해 만들어지는데, 여기서 우리는 타인(다른 현존재)의 있음은 손안에 있는 도구 또는 눈앞에 있는 사물들과는 그 존재방식이 다르다는 점을 이해해야 한다. 현존재적 "존재자는 눈앞에 있는 것도 손안에 있는 것도 아니며 자유롭게 내어주고 있는 현존재 자신과 똑같이 그렇게 존재하고 있다. 즉 그 존재자도 존재하며 함께 거기에 있다."(SZ 165) 이러한 나와 다른 현존재, 즉 타인을 우리는 어떻게 이해해야 하는가? 하이데거는 타인에 대해 단적으로 이렇게 말한다.

타인은 사람들이 대개는 그것과 자기 자신을 구별하지 않고 그 속에 같이 속해 있는 그런 사람들이다. 이렇게 그들과 함께 똑같이

---

1 이러한 도구존재자들은 필자가 예로 든 것임.

거기에 있음은 하나의 세계 내부에 함께-눈앞에 있음이라는 존재
론적인 성격을 가지지 않는다. 함께는 현존재적인 어떤 것이며, 똑
같이는 둘러보며 배려하는 세계-내-존재로서의 존재의 동일성을
의미한다. 함께와 똑같이는 실존론적으로 이해되어야지 범주적으로
이해되어서는 안 된다. 이러한 함께하는 세계-내-존재에 근거해
서 세계가 그때마다 각기 이미 언제나, 내가 타인과 함께 나누는 그
런 세계인 것이다. 현존재의 세계는 공동세계이다. 안에-있음은 타
인과 더불어 있음(공동존재)이다. 타인의 세계내부적인 자체존재는
공동현존재(함께 거기에 있음)이다. (SZ 166)

현존재는 자기 자신뿐만 아니라 타인을 우선 대개 자신이 배려
하고(신경 쓰고) 심려하는 자신의 주위세계(작업세계)에서부터 이해하
고 만나고 있다. 특히 타인과의 관계의 측면에서 볼 때, 현존재라
는 표현은 우선 내가 주체로서 여기에 있다가 타인이 있는 바깥
세계로 가서 만나게 된다라는 의미의 주체로서의 인간을 뜻하는
것이 아니다. 세계-내-존재라는 근본구성틀을 지니고 있는 현존
재는 던져진 세계 안에서 이미 세계내부적인 존재자와 다른 현존
재, 즉 타인에 대해 열어 밝혀져 있다. 따라서 현존재는 본질적으
로 공동존재라고 할 수 있는데, 이 발언은 실존론적-존재론적 의
미를 지니고 있다. 현존재의 "공동존재(더불어 있음)는, 타인이 한 사
람도 현사실적으로 눈앞에 없고 지각되지 않을 때라도, 현존재를
실존론적으로 규정하고 있다. 현존재의 혼자 있음도 세계 안에 더
불어 있음인 것이다. 타인은 오직 더불어 있음 안에서만 그리고 더
불어 있음에 대해서만 결여될 수도 있는 것이다. 혼자 있음은 더불

어 있음의 결여적 양태의 하나이며, 그 가능성은 더불어 있음에 대한 증명이다."(SZ 168~169)

현존재는 더불어 있음이라는 본질구조를 지닌 터 위에 타인을 만나게 되는 함께 거기에 있음으로 존재한다. 그렇다면 이제 현존재가 어떻게 함께 거기에 있는지라고 하는 함께 거기에 있는 심려하는 방식에 대해 생각해 보기로 하자.

하이데거는 심려의 긍정적인 양태를 고려해 볼 때, 심려의 두 가지 극단적인 가능성이 있다고 본다. 먼저 "심려는 다른 사람의 염려를 흡사 빼앗아버려 배려함 속에서 그의 대신 나서서, 그를 위하여 뛰어들 수 있다. 이러한 심려는 배려해야 할 것을 타인을 위해서 자기가 떠맡는다."(SZ 170) 이러한 심려의 양태를 우리는 학원에 다니는 학생의 생활습관을 상정해 봄으로써 이해해 볼 수 있을 것이다. 만약에 어떤 학생이 있는데, 그 아이는 부모의 성화에 못 이겨 그리고 더불어 있을 친구가 없어 마지못해 학원에 다닌다고 하자. 그런데 더 나아가 그 부모는 하나밖에 없는 그 아이가 학교나 학원에 갈 때 심지어는 친구들과의 모임에 나갈 때도 차로 데려다주곤 한다고 가정해 보자. 이러한 관계에서의 심려는 한마디로 부모가 아이의 자리를 빼앗아 그 아이의 염려를 떠맡게 되는 꼴이다. 이러한 관계 속에서 점차 아이는 의존하며 지배받는 사람이 되어 간다. 이것을 대신 뛰어드는, 타인의 염려를 빼앗아버리는 심려라고 할 수 있는데, 이러한 심려는 주로 손안의 것의 배려에 관계되는 경우가 많다. 이와는 다르게 타인의 실존적인 존재가능에서 앞서 뛰어들며 자유롭게 하는 심려가 있을 수 있다. 이러한 심려는 타인의 실존에 관계하는 것으로 타인이 배려하는 어떤 무엇에 관계되는 것이 아니다. 다시 말해, "타인으로 하여금 그 자신이 그의 염려 안에서 투명해지고 그의 염려에 대해서 자유롭게 되도록"(SZ 171) 하는 관계양상이다. 앞에서 든 예로 이 심려의 방식을 설명하자면, 부모가 아이의 염려를 빼앗는 것이 아니라 그 아이로 하여금 자신의 염려해야 할 바를 직시하도록 도와주는 것이다. 그래서 결국에는 스스로 자신의 있음을 떠맡을 수 있게 되도록 도와주는 심려인 것이다.

우리의 일상적인 서로 함께 있음은 이러한 심려의 두 극단 사이에서 벌어지는 다양한 타인들과의 관계맺음의 양상에 따라 다층적으로 구성된다. 현존재가 다른 도구나 사물들을 배려할 때 **둘러봄**의 방식으로 관계하듯이, 타인을 심려할 때는 고려와 관용의 방식으로 **거리감**을 조절한다. 현존재는 사물이나 도구들의 지시연관성으로 이어져 있는 사용사태 전체성이라는 유의미성의 세계와 타인과의 더불어 있음의 세계로서 자신의 실존론적 삶의 세계를 형성해 간다. 특히 현존재의 더불어 있음에는 타인의 함께 거기에 있음을 어떻게 이해해야 하는가 하는 점이 중요한데, 현존재의 존재에는 이미 타인과의 더불어 있음이 속하고 있다. 그러므로 현존재는 어떤 면에서는 타인들 때문에 존재한다라고도 말할 수 있는 것이다. 어쨌든 현존재는 이미 타인에 대한 이해를 가지고 있다. 하지만 "이러한 이해는 이해 일반과 마찬가지로 인식에서 자라나온 지식이 아니라 인식함과 지식을 비로소 처음으로 가능케 하는 그러한 일종의 근원적인 실존론적 존재양식이다. 알게 됨은 근원적으로 이해하는 더불어 있음에 근거하고 있다. 그것은 우선 더불어 있는 세계-내-존재라는 가장 가까운 존재양식을 따라 현존재가 타인들과 더불어 주위세계적으로 둘러보며 발견하고 배려하는 그것을 이해하는 앎 속에서 움직인다. 배려되고 있는 것에서부터 그리고 그것의 이해와 더불어 심려하는 배려가 이해되어 있다. 타인은 이렇게 우선 배려하는 심려에서 열어 밝혀져 있다."(SZ 173)

그런데 이러한 배려하는 심려를 통해 형성되는 우리의 일상적인 더불어 있음은 "우선 대개 결손되어 있거나 또는 적어도 무차별한 양태 안에―서로 지나쳐버리는 무관심 속에―머물고 있다."(SZ 173) 특히 오늘날 도시 문화 속에 사는 현존재들은 서로가 서로에 대한 무관심과 무차별한 양태 가운데 외로움과 소외 그리고 군중 속의 고독과 정체성 상실 등 수많은 정서적 아픔을 겪기도 한다.[2] 이는 타인의 존재가 눈앞에 있거나 손안에 있는 사물이나 도구와

---

2 우리는 이미 현대 산업화된 대중사회 속에서 타인들의 공동현존재와 일상적인 더불어 있음 가운데 군중 속에서의 고독, 삶의 성격의 변화, 정치와 자율성의 문제 등에 대해 사회학적으로 잘 분석해놓은 것으로 D. 리스먼의 『고독한 군중(The Lonely Crowd), 1957』을 알고 있다. 이러한 작품을 하이데거식으로 보자면, 1950년대 미국 사회의 일상세계와 일상적인 더불어 있음에서 발생하게 되는 사회적, 정치적 그리고 문화적인 제반 측면에 대해 분석해 놓은 것으로 말할 수 있을 것이다. 또한 프랑스사회의 일상세계에 대한 분석으로 우리는 M. 마페졸리를 들 수 있을 것이다. 하지만 이러한 현상적 분석에는 왜 현존재의 일상세계와 일상적인 더불어 있음이 그렇게 형성되는지에 대한 삶(현사실성)의 존재론적 지반에 대한 분석이 빠져 있는 셈이다. 하이데거의 일상성 분석은 이러한 측면에서 다른 사회학적, 문화론적 분석과 차별화된다고 볼 수 있을 것이다. 박재환, 「일상생활에 대한 사회학적 조명」, 『일상생활의 사회학』(파주: 한울아카데미, 1994), 21~43쪽; 박치완, 「포스트모더니즘에 대한 미셸 마페졸리의 새로운 시각: 반(反)논리에서 보충의 논리로, 일상으로」, 한국해석학회 편, 『고전 해석학의 역사』(서울: 철학과 현실사, 2002), 404~437쪽.

같은 존재가 아니라 자신과 같은 현존재라는 존재양식을 가지고 있다는데서 연유한다. 다시 말해, 타인과의 더불어 있음에는 현존재에 대한 현존재의 존재관계가 놓여 있기 때문이다. 현존재는 세계-내-존재로서 더불어 있음이라는 실존론적 구성요소를 가지고 있기 때문에 서로 함께 거기에 있을 수 있는 것인데, 이때 서로 함께 있음이 다수의 여러 '주체들'이 한데 모여 있음을 뜻하는 것은 아니다. 타인과 더불어 있음의 실존론적 의미는 타인들을 '수'로써 취급하는 곳에서는 발생하지 않는다. 복잡한 도시에서의 군중들과의 더불어 있음과 같은 "무정한(고려라고는 없는) 더불어 있음은 타인들을 계산에 넣는데, 이때 이 더불어 있음은 진지하게 타인들을 신뢰하지 않거나 타인들과 관계조차 가지고 싶어하지 않는다."(SZ 175)

이상에서 우리는 타인들과 더불어 있음과 여기에서 파생되는 서로 함께 있음의 현상에 대해 살펴보았다. 현존재는 자신의 고유한 현존재뿐 아니라 타인의 함께 거기에 있음도 우선 대개 주위세계적으로 배려되는 공동세계에서부터 만난다. 현존재는 배려되는 세계에 몰입하면서 동시에 타인들과 더불어 있으면서 잡담과 호기심 그리고 애매함을 그 특성으로 함의하고 있는 소위 사람들(das Man)의 세계로 빠져든다.

2. 현존재의 현사실성('일상'의 드러남) : 잡담, 호기심, 애매함의 현상

1) 잡담(Das Gerede, 「뒤따라 말함과 퍼뜨려 말함」)

하이데거가 일상적 삶의 '거기에'(Da) 있는 현존재의 존재양식 중 하나로 꼽는 잡담(das Gerede)은 우리의 몸의 기관 중 입(말함, 이야기함)과 밀접한 관련이 있다. '사람들'은 어떤 방식으로 자신들의 세계를 구성하고 확고히 해 가는가? 바로 입(말함, 이야기함)과 눈(호기심)을 통해서이다. 우리의 신체기관 중 욕망과 관련해서 입과 눈은 대단히 중요한 의미를 지니고 있다. 일상적 현존재들은 대부분이 입과 눈을 통해 욕망의 문제를 나름대로 조절해가며 살아간다. '사람들'의 세계에서 틔지 않을 정도로 은근히 또는 은밀하게 해결해 가는 것이다. 우선 우리의 말함(입)으로 구성되는 '사람들'의 세계에 대해 알아보기로 하자.

인간 현존재의 삶은 거의 말함(이야기함)으로 이루어지며 또한 그 말해진 것(이야기된 것)으로 결정된다. 그리고 그 말해진 바의 세계 속에서 웃고 울기도 하고 기뻐하고 슬퍼하기도 한다. 여기서 잠깐 말함(이야기함)으로 구성되는 우리의 일상적 삶의 모습을 드러내 보기로 하자. 아기가 태어나 축하하는 일, 남녀가 만나 결혼하는 일, 죽어서 저 하늘나라로 가는 일들이 모두 말함(이야기함)으로 선포가되고 인정이 된다. 그뿐이 아니다. 우리는 순간순간을 시간 속에서 살아가면서 우리의 있음(존재)이 겪는 내용들을 확인하고 '사람들'과 나누어야 하는데 그러기 위해서 이른바 휴대전화까지 가지고 다닌다. 그리고 이러한 휴대전화는 사람들의 말함의 욕망과 눈의 호기심을 충족시켜주는 방향으로 — DMB 폰 등 — 끝없이 새로운 변모를 채근당하고 있다. 날로 발전해가는 디지털 기술은 우리가 대개 빠져 사는 '사람들'의 세계를 시·공간을 넘어 무제약적으로 더욱더 화려하게 조장하는 방향으로 나아가고 있다.

인터넷 문화와 디지털 기술의 힘으로 우리는 거의 시·공간적 제한을 받지 않는 쌍방향적 소통문화를 이룩해가고 있다. 이제 우리는 우리가 몸담고 살아가고 있는 세계 안에서의 사건들에 대해 실시간 취재와 보도로 서로 영향을 주고받으며 살아가고 있는 것이다. 따라서 우리는 우리 자신의 말함뿐만 아니라 타인들의 말함에도 관심을 기울일 수밖에 없으며 그러한 영향연관으로 엮어진 삶의 세계를 만들어가고 있다. 나 자신이 몸담고 있는 이 사회, 국가 더 나아가 세계의 차원에서 어떠한 말함들이 유행되고 있는지에 신경을 곤두세우며 살아가게 된다. 이렇듯 대개 말함, 이야기함으로 구성되는 우리의 일상적인 있음의 양식을 하이데거는 **잡담**(Das Gerede)이라고 표현한다. 그런데 하이데거는 이 잡담이라는 표현이 깎아 내리는 뜻으로 사용되고 있는 것이 아니라고 한다. 잡담은 일상적 현존재의 해석과 이해의 존재양식을 구성하고 있는 긍정적인 현상을 의미한다.

'사람들'의 잡담의 세계를 구성하는 말은 대개 밖으로 말해지며 이미 언제나 밖으로 말해져왔다. 그런데 이 경우 밖으로 말해진 것 안에는 각기 이미 이해와 해석이 들어 있다. 밖으로 말해져 있음으로서의 언어는 자신 안에 일종의 현존재 이해가 해석되어 있음을 간직하고 있다.(SZ 230 참조) 그리고 이러한 밖으로 말해진 말의 성격은 함께-나눔이 된다. 함께-나눔의 존재경향은 듣는 사람이 말에서 이야기되고 있는 그것을 향한 열어 밝혀진 존재에 함께 참가할 것을 겨냥하고 있다. 우리의 평균적인 이해가능성은 말이 자기를 밖으로 말할 때 말해진 언어 안에 이미 들어 있는데, 이 평균적인 이해가능성에 따라서 함께 나누어진 말이 널리 이해될 수 있는 것이다. 이때 듣는 이는 말의 '그것에 대해서'를 근원적으로 이해하려는 존재에 참여하지 않아도 된다. 사람들은 이야기되고 있는 존재자를 그리 잘 이해하지 못한 채, 이미 단지 이야기된 것 그 자체만을 들을 뿐이다. 이야기된 것 그 자체는 이해되지만 '그것에 대해서'는 그저 대충 피상적으로 이해된다. 흔히 인터넷상에서 연예인과 정치인들의 'X 파일'이 떠돌아다녀 온갖 사회적 물의 — 누구는 어떻고 누구는 어떻다는 식의 근거 없고 책임을 회피하는 말과 이야기들 — 가 일어나는 현상과 악성 댓글 풍토에서도 확인할 수 있듯이 일상적 삶 속에서 사람들의 말은 평균적인 이해가능성에 따라 함께 나누어지고 끊임없이 회자된다. 어쨌거나 이러한 현상이 가능하다는 것은 사람들이 말해진 것을 공통적으로 동일한 평균성에서 이해하고 있다는 것을 뜻한다.(SZ 231 참조)

말이란 세계-내-존재의 처해 있는 이해가능성을 의미부여에 맞추어 분류하는 것이다. 이러한 말의 구성적 계기에 속하는 것으로는 말의 '거기에 대해서'(관련체), 말해진 것 그 자체, 함께 나눔과 표명이 있다. 그러나 일상적으로 우리가 하는 말에서는 '말해진 것 그 자체'와 '함께 나눔'만이 그 위세를 떨치게 된다. 말함에서는 말함의 대상이 되고 있는 그 존재자를 근원적으로 자기 것으로 만들지 못했기 때문에 그저 퍼뜨려 말하고 뒤따라 말하는 방법으로 나눌 뿐이다. '이야기된 것 그 자체'가 범위를 넓혀가며 권위의 성격을 떠맡는다. '사실이 그렇다. 왜냐하면 사람들이 그렇게 말했으니까.' 그러한 뒤따라 말함과 퍼뜨려 말함에 의해서 이미 시초부터 결여되었던 지반이 완전한 무지반으로 치닫는데, 이러한 뒤따라 말함과 퍼뜨려 말함이 잡담의 세계를 구성하는 것이다.(SZ 231~232 참조)

우리의 생활세계에서 이러한 잡담현상을 부추기는 것들 중 우리는 단연 인터넷 사이트를 들 수 있을 것이다. 오늘을 사는 우리는 누구나 인터넷과 더불어 살아간다고 해도 과언이 아니다.[3] 집안일을 하는 가정주부든, 회사에 나가 직장생활을 하는 회사원이든, 농

---

3 오늘날 우리는 이러한 인터넷으로 대변되는 사이버 시대, 가상시대를 살고 있다. 우리가 세계와 인간의 연관성을 생각해 볼 때, 오늘날 우리의 있음을 사이버 세계-안에-있음이라고도 표현할 수 있을 것이다. 그리고 시대에 대한 반성작업으로서 철학함의 행위를 생각해본다면, 이 시대 이 땅에서 철학하는 자는 가상현실의 존재론적 위상과 그러한 현실에서의 인간의 문제 등에 대해 숙고하지 않을 수 없을 것이다. 하지만 이러한 사태는 본 글의 주제를 벗어나기 때문에 직접 다루지는 않고 다만 참조할 수 있는 글들을 소개함으로써 우리의 사유의 사태임이 분명함을 지적만 하고자 한다. 구연상, 「정보 기술의 탈은폐 방식에 대한 시론」, 한국하이데거학회 편, 『하이데거의 예술철학』(서울: 철학과 현실사, 2002), 44~77쪽; 김상환, 「정보화시대의 해체론적 이해」, 『매체의 철학』(서울: 나남출판, 1994), 61~110쪽; 양명수, 『호모 테크니쿠스』, 천안: 한국신학연구소, 1995; 이봉재, 「경험 양식으로서의 가상 현실」, 철학연구회 편, 『정보사회의 철학적 진단』(서울: 철학과 현실사, 1999), 181~208쪽; 이기상, 「21세기 기술시대를 위한 새로운 가치관 모색」, 『가톨릭철학(창간호)』, 1999, 68~125쪽; 이기상, 「존재역운으로서의 기술. 사이버시대에서의 인간의 사명, 『하이데거의 존재사건학』(서울: 서광사, 1993), 251~298쪽; 이진우, 「사이보그도 소외를 느끼는가? 디지털시대의 자아와 정체성」, 새한철학회 발표원고, 2000.

촌에서 과일을 재배하는 농부든 어느 누구라도 인터넷을 무시하고는 살아가기 힘든 세상이 되었다. 만약 우리가 인터넷 사이트에서 유통되는 어떤 뉴스나 콘텐츠를 읽거나 보지 않으면 우리는 사람들의 잡담의 세계에서 소외당하기 마련이다. 그래서 열심히 인터넷 여행을 해야 한다는 심리적인 압박을 느끼게 되고 거기서 해석해주는 세계에서 소속감과 안정감을 제공받으려고 한다.

인터넷이라는 사이버공간 속에서 토론도 하고 댓글도 달아가면서 사람들은 어느 사이트의 세계에서 떠도는 이야기들을 자신의 생활세계 이곳저곳에서 퍼뜨려 말하고 뒤따라 말한다. 이러한 과정 속에서 형성되는 사람들의 평균적 이해는, 무엇이 근원적으로 길어내어져 획득된 것이고 무엇이 뒤따라 말해진 것인지를 결코 결정할 수 없다. 더더구나 평균적인 이해는 그런 구별을 전혀 원하지도 않을 것이고 필요로 하지도 않을 것이다. 왜냐하면 평균적인 이해는 이미 모든 것을 다 이해하고 있기 때문이다.

우리가 TV 연예정보프로나 토크쇼 그리고 인터넷 사이트의 세계를 잘 보면 그 세계에서는 어떤 근원적인 진실이나 삶의 진솔한 면을 찾아보기 어렵다. 심지어는 어떤 개인의 사생활이나 인권마저도 사람들의 재미거리로 희화화될 뿐이다. 모든 사건은 흥미, 판매, 상품, 소비로 연결된다. 예를 들어, 연예프로나 토크쇼에서는 사람들에게 흥미를 주고 관심을 집중시키는 방식의 기분 잡혀져 있음이 중요하다. 최근 각 방송사에서는 우리 사회에서의 웰빙문화에 초점을 맞추어 다이어트와 먹을 것(요리)에 관한 정보를 제공해주는 것이 사람들의 흥미와 관심을 끈다며 앞다투어 사람들의 기분을 흡족하게 하는 방향으로 방송편성을 하기도 한다. 특히 방송에서의 광고나 홈쇼핑 채널에서의 상품선전의 세계에서는 사람들이 차분하게 생각하거나 물어보는 것이 허용되지 않는다. 모든 것이 우리의 기분을 자극시키면서 잘 이루어지고 있는 것 같은 분위기를 조장한다. 그리고 그러한 분위기 잡혀 있음의 기분을 깨는 질문이나 행위는 소위 현대의 트렌드를 따라가지 못하는 사회의 열등생의 표식이 된다. 그러므로 우리들은 대개 어떤 물음이 생겨도 '다 알고 있는 거야, 괜히 나서서 말해 분위기 깰 필요 없어'라고 마음속으로 되 내이면서 사람들의 분위기 속으로 편승하려는 심리적인 안정장치를 스스로 마련한다. 모두가 웃으며 모두가 즐거워한다. 그 프로그램이 제공해 주는 세계 속에 빠져 있던 시청자 혹은 소비자들은 그 세계 속에서 웃으며 만족한 표정을 지어야 한다.

더 나아가 연예인들에 관한 기사를 다루는 스포츠신문이나 인터넷 사이트 세계에서의 사람들의 잡담의 힘은 실로 대단하다. 그 세계에서는 모든 사건의 진실이 흥미, 판매, 상품, 소비의 논리에 따라 교묘하게 왜곡된다. 심지어는 어느 연예인이 교통사고가 난 사건이나 자살사건도 정말 애도하는 마음으로 진지하게 다루어지지 않는다. 흥미를 유발시키는 문구와 함께 사람들의 눈을 자극하고 있는 것이다. 다른 예를 하나 더 들어본다면, 최근 어느 여가수의 성생활 비디오가 나돌았던 사건도 마찬가지이다. 그 사건의 근원적 발생지나 진실은 애초에 관심이 없다. 그 여가수의 인권에 대해서는 처음부터 관심이 없다. 모든 것은 '어떻게 하면 그 사건을 상품화시켜 사람들의 흥미를 끌고 판매를 많이 해볼까'하는 의도에 의해 철저히 왜곡되고 만다. 모든 사건은 즐김의 대상이 된다. 거기에서는 누구도 책임을 지지 않는다. 아니 책임질 필요가 없는 것이다.(책임부담 면제)

　이렇듯 자기 자신의 삶의 본래성과 진정성에 대한 "근원적인 이해를 억누르고 있는 잡담은 뿌리가 뽑힌 일상적 현존재 이해의 존재양식이다. 그렇지만 잡담은 눈앞에 있는 상태로서 어떤 눈앞의 것에 나타나는 것이 아니라, 그 자체가 끊임없는 뿌리뽑음의 방식으로 실존론적으로 뿌리가 뽑혀 있다. 이것은 존재론적으로는 다음과 같은 의미를 가지고 있다. 잡담 속에 머물고 있는 현존재는 세계-내-존재로서 세계에 대한, 더불어 있음에 대한, 안에-있음 자체에 대한 일차적이고 근원적인 진정한 존재연관으로부터 단절되어 있다. 이 현존재는 공중에 떠 있으며 그러한 방식으로도 분명히 언제나 세계 곁에, 타인과 더불어 그 자신과 관계하며 있다. 그의 열어 밝혀져 있음이 처해 있으며 이해하는 말에 의해서 구성되어 있는 그런 존재자만이, 다시 말해서 이러한 존재론적인 구성틀 안에서 자신의 '거기에'이며 세계 내에 있는 그런 존재자만이 오직 그렇게 뿌리 뽑힐 수 있는 존재가능성을 가지고 있다. 이 뿌리 뽑힘이 현존재의 비존재를 형성하기는커녕 도리어 그의 가장 일상적이고 가장 끈질긴 실재성을 형성한다. 그렇지만 평균적 해석되어 있음의 자명성과 자기 확신 속에 있게 되면, 그것의 보호 아래, 현존재를 증대하는 무지반성으로 몰고 갈 그러한 둥둥 떠 있음의 섬뜩함이 그때그때의 현존재 자신에게는 은닉된 채 남아 있는 것이다."(SZ 233~234)

하이데거는 분명 자신의 『존재와 시간』 제35절(잡담)에서 쓰고 있는 잡담이라는 표현이 깎아내리는 뜻으로 사용하고 있는 것이 아니라 일상적 현존재의 해석과 이해의 존재양식을 구성하고 있는 긍정적인 현상을 뜻하는 것이라고 밝히고 있다. 필자도 이 말에 동의하는 바이다. 그런데 필자는 현재 우리 사회의 잡담의 세계를 주도하는 것이 TV(연예프로, 토크쇼 등)와 인터넷이라 생각하기 때문에 그리고 이러한 매체들과 오늘을 사는 우리들의 삶의 밀접한 관련성 때문에 이들에 대한 철학적 반성이 필요하다고 생각한다. 더군다나 오늘날 디지털 방송시대와 IPTV의 등장 그리고 각종 케이블 방송에서의 수많은 방송프로들이 쏟아져 나오고 있는데 그러한 매체들에서는 속성상 결국에는 지나친 선정성과 상품화의 논리를 부추길 것이고 그러한 매체들과 싫든 좋든 더불어 살아갈 수밖에 없는 것이 오늘을 사는 우리들의 생활이기에 이러한 대중매체에 대한 철학적 이해는 반드시 수행되어야 할 우리의 인문학적 과제임에 틀림없다.[4]

2) 호기심(Neugier, 눈의 욕망과 호기심, 「나는 소비한다. 그러므로 나는 존재한다」)

하이데거는 아리스토텔레스의 말, 즉 "모든 인간은 본성상 보려

---

4 많은 사람이 우리가 사는 오늘의 운명을 대중매체, 가상현실 그리고 정보화 시대라는 낱말로 표현하고 있다. 이러한 운명 속에서 사람다운 삶의 조건이 무엇인가에 대해 고민해야 하는 것이 바로 인문학적 사유의 과제이다.

는 욕망을 가지고 있다"라는 문장으로부터 인간의 존재에는 본질
적으로 보는 것에 대한 염려가 전제되어 있다고 유추한다. 그리고
이러한 현존재의 봄의 근본구성틀은 보는 것에 대해서 일상성이
가지고 있는 독특한 존재경향에서 드러난다고 하면서 그것을 **호기
심**(Die Neugier)이라고 표현한다.(SZ 234 참조) 여기서 우리가 확인할
수 있는 것은 하이데거가 일상적 현존재의 존재양식 중 호기심이
라고 명명한 것은 우리의 시야, 즉 눈과 관련이 있다라는 점이다.
이점을 하이데거는 다음과 같이 강조한다.

> 봄의 기이한 우위를 누구보다도 아우구스티누스가 욕망에 대한
> 해석과 관련하여 이렇게 언급하고 있다. 본디 눈에 딸린 것이 보는
> 것이기 때문이다. 뿐만 아니라, 우리가 다른 감관으로 무엇을 알려
> 고 할 때에도 보다라는 낱말을 사용한다. 예를 들면 우리는 이렇게
> 말하지 않는다. '들으라, 얼마나 번쩍이는지', '맡으라, 얼마나 빛나
> 는지', '입을 대라, 얼마나 찬란한지', '만져라, 얼마나 눈부신지.' 그
> 러지 않고 이 모든 것을 보라고 말하고 이 모든 것이 보인다고 말한
> 다. 따라서 눈만이 감각할 수 있는 것을 '보라, 얼마나 빛나는지'할
> 뿐 아니라, '소리를 들어보라', '냄새를 맡아보라', '맛을 보라', '얼
> 마나 단단한지 만져보라' 하고 말한다. 그래서 우리는 일체의 감각
> 적 경험을 '눈의 탐욕'이라고 말한다. 왜냐하면 나머지 감관들도, 비
> 슷한 점에서 인식함이 문제가 될 때면 눈이 윗자리를 차지하는 봄의
> 기능을 받아들이기 때문이다. (SZ 235)

이렇듯 우리의 눈의 탐욕과 관련된 실존론적 구성틀인 호기심에
서는 어떠한 일상적 존재양식을 말할 수 있는가? "세계－내－존재

인 현존재는 우선 자신이 신경 쓰는 세계에 몰두해 있다. 현존재의 배려는, 손안의 것을 발견하고 그것을 그것의 발견되어 있음에서 보존하는 둘러봄에 의하여 이끌리고 있다. 둘러봄은 모든 제시와 실행에서 처치의 노선, 시행의 수단, 올바른 기회, 적합한 순간을 제공한다. 배려는 실행을 중단하고 쉰다는 의미에서나 또는 일을 마쳐서 쉬게 될 수 있다. 그러나 이러한 휴식 속에서 배려가 사라지는 것은 아니다. 둘러봄이 자유로워져 더 이상 작업세계에 얽매이지 않게 되어 쉴 때 염려는 자유롭게 된 둘러봄으로 옮겨간다. 작업세계를 둘러보며 발견함은 거리 없앰이라는 존재성격을 가진다. 자유로워진 둘러봄은 더 이상 가깝게 배려해야 할 어떤 것도 손안에 가지고 있지 않다. 이 둘러봄은 본질적으로 거리를 없애는 둘러봄으로서 자신에게 거리 없앰의 새로운 가능성을 마련해준다. 이것은 둘러봄이 가까이 손안에 있는 것에서 나와 멀리 있는 낯선 세계를 지향한다는 말이다."(SZ 235~236 참조)

우리는 대개 우리가 하고 있는 일의 세계 속에 빠져 있다. 여유 있는 마음과 안식을 가질 틈도 없이 정신없이 무언가에 신경을 빼앗기고 살아간다. 각자의 관심 분야에 따라 다양한 작업의 세계가 되겠지만 그 빠져있는 세계 속에서 우리는 우리의 살아있음을 확인하며 묘한 만족감 같은 기분도 느낀다. 그런데 이러한 기분 속에서 우리의 시선은 한곳에 머무르지 못한 채 끊임없이 새로운 낯선 세계로 향한다. 하지만 우리의 자유롭게 된 호기심은 그 낯선 세계에서의 새로운 사건이나 사태에 대한 진정한 이해를 위해 눈길을 주는 것이 아니라 그저 보기 위해서 보려고 하는 것이다. "이러한 봄의 염려에서 중요한 것은, 파악하여 알면서 진리 속에 존재하는 것이 아니라 자기를 세계에 맡겨버릴 수 있는 가능성이다. 그러기 때문에 호기심은 특이하게 가까운 것에는 머물지 않는 특성을 띠고 있다. 그러므로 호기심은 또한 고찰하며 머무는 여가도 추구하지 않으며, 언제나 새것과 만나는 것을 계속 바꿈으로써 생기는 동요와 흥분을 찾아 나선다. 호기심은 아무 데도 머무르지 않음으로 해서 부단히 산만함(부산함)의 가능성을 배려한다. 호기심은 존재자를 경탄하면서 고찰하는 것, 즉 타우마체인(thaumazein)과는 아무 상관이 없다. 호기심의 관심사항은 경이에 의해서 이해하지 못함에 인도되는 것이 아니다. 호기심은 앎을 배려하는데, 순전히 안 것으로 간주하기 위해서이다. 호기심을 구성하는 두 계기, 즉 배려된 주위세계에 머물지 않음과 새로운 가능성을 향한 산만함은 이 현상의 세 번째 본질성격의 기초를 부여하는데, 우리는 그것을 무정주성(無定住性)이라고 이름한다. 호기심은 도처에 있으면서 어디에도 없다."(SZ 236)

우리는 대개 이러한 눈의 탐욕과 관련된 호기심을 통하여 우리의 욕망을 해소하고 있다. 일상적 삶 속에서 우리들은 눈의 욕망을 채울 수 있고 호기심을 충족시킬 수 있는 대상들에 끊임없이 시선을 빼앗기고 있다. 그리고 이 욕망으로 가득한 시선은 곧 소비지향적 삶의 방식으로 이어진다. 호기심이라는 눈의 탐욕에 사로잡힌 사람에게는 소비가 삶의 최고의 낙이며 소비하는 것이 미덕인, 소비하는 인간(「나는 쇼핑한다. 그러므로 나는 존재한다.」)의 삶의 방식이 최신의 트렌드에 뒤쳐지지 않는, 사람들로부터 주목받는 살아있는

생활을 보장해주는 존재방식이 된다.[5]

고가명품 소비심리

　에릭 프롬(E. Fromm)이 『소유냐 존재냐』에서 현대인들의 삶의 방식이 존재양식이 아닌 소유양식에 의해 결정되고 있다고 비판한 것도 이러한 일상적 현존재의 봄의 경향, 즉 호기심과 결부하여 설명할 수 있을 것이다. 호기심이라는 봄의 욕망에 사로잡힌 사람은 존재(삶, To Be)가 중요한 것이 아니라 소유(To Have)가 최대의 관심거리인 것이다. 왜냐하면 자신의 존재(삶)의미가 바로 소유에 있기 때문이다. 소유함으로 존재를 확인하는 것이다. 그래서 급기야 소유가 존재를 앞지르게 된다. 소비와 소유가 우리의 존재를 보증해준다는 환상적인 기분에 사로잡힌 채 많은 현대인들은 살아가고

---

5 이러한 일상적 존재양식인 호기심에 사로잡힌 소비지향적 삶의 태도는 개인의 차원을 넘어 사회구성원 전체의 경향과 함께, 날로 발전하는 대중매체문화와 더불어 소비의 가장 아름다운 대상인 우리의 몸(육체)으로 집중될 것이다. 따라서 앞으로 인간의 몸, 특히 성(性)과 관련된 다양한 소비문화에 대한 철학적 담론은 또 하나의 시대적 주류담론으로 자리잡게 될 것이다. J. 보드리야르, 『소비의 사회(그 신화와 구조)』, 이상률 옮김(서울: 문예출판사, 1991); G. 매크래켄, 『문화와 소비』, 이상률 옮김(서울: 문예출판사, 1993) 참조

있다.[6] 하지만 이러한 호기심이라는 눈의 욕망에 사로잡혀 소유의 양식을 중심해서 살아가는 사람은 반복적으로 자기 자신의 존재로부터는 회피하는 삶을 사는 셈이다. 그런데 자기 자신의 적나라한 존재로부터 도망가려고 하면 할수록 우리는 더욱더 공허하고 허탈해지는 기분에 젖어들게 된다. 그러므로 사람들은 이러한 공허함과 허탈감을 채우기 위해 끊임없이 새로운 것(소유물)을 찾아 헤매게 된다. 만일 사람들이 더 이상 새로운 것을 찾아 내지 못한다면, 그들은 일상의 지루함 때문에 숨이 막힐 것이고, 그러한 권태[7] 속에서 더 강력한 향락의 세계로 빠져들게 되거나 아니면 자살을 생각

---

6 E. 프롬, 『소유냐 존재냐』, 최혁순 옮김(서울: 범우사, 1987); 이기상, 「현대의 실존적 상황과 인간성 상실의 위기」, 『인간성 상실과 위기극복』(서울: 철학과 현실사, 1995) 참조.

7 아이러니하게도 물질적인 풍요와 노동의 자동화 그리고 소비지향적 삶의 방식이 만연해가는 오늘날 많은 현대인들은 일시적인 짜릿함과 흥분 그리고 도취 뒤에 오는 허무와 권태를 느낀다. 그래서 그러한 허무와 권태를 달래보기 위해 각종 레저산업과 여가문화가 대학의 학과를 구성할 정도로 큰 관심의 대상이 되고 있다. 하지만 『존재와 시간』에 나타난 하이데거의 눈으로 볼 때, 이러한 현대문화적 삶의 방식 속에서 오히려 사람들은 자기 상실, 이웃 상실 더 나아가 성스러움의 상실 등 총체적인 고향 상실의 경험을 하게 된다. 그러한 고향상실의 위기 속에서 사람들은 허무와 권태를 통해 '자기 자신의 가능성들'을 끊임없이 빼앗긴 채, 기술과 각종 광고의 허황된 욕망의 노예로 지내온 자신을 발견할 수 있다. 이러한 발견의 가능성 가운데 우리는 안온한 일상의 감옥을 깨고 '자기 자신'의 자유와 본래적 존재가능 등을 상기할 수 있다. 이처럼 오늘날 현대문화적 삶 속에서 문득문득 피어나는 현존재의 기분에 대한 분석은 기존의 심리학이나 생물학에서와는 다른 차원에서의 삶(시대)과 인간의 이해를 실현하는 중요한 학문적 작업이 된다. 이에 대한 자세한 내용은 다음 글들을 참조. M. Heidegger, *Die Grundprobleme der Metaphysik. Welt-Endlichkeit-Einsamkeit* GA29 / 30, hrsg. von Friedrich-Wilhelm von Hermann, 1983.;89~249쪽; 『형이상학의 근본개념들. 세계-유한성-고독』, 이기상 / 강태성 옮김(서울: 까치, 2001), 105~283쪽; 구연상, 「권태의 현상학」, 한국현상학회, 『철학과 현상학 연구』(제20집), 2003 봄, 191~219쪽.

할 수도 있을 것이다. 이러한 극단적인 가능성 사이에 다양한 삶의 선택사항이 있을 수 있는데, 우리는 상식에 입각하여 자기 자신의 존재를 진지하게 반성하게 되는 경우를 생각해본다. 그러한 자기 자신의 세계를 되돌아보는 과정에서 우리들은 보통 자신의 고유한 존재가능성에 놀라서, 즉 자신이 죽을 수밖에 없다는 진부한 가능성에 놀라서 섬뜩함(Unheimlichkeit)을 경험하게 된다. 따라서 우리들은 이러한 섬뜩함을 회피하기 위해 그리고 '자기 자신'의 존재가능성을 잊어버리기 위해서 끊임없이 새로운 것을 찾아 또다시 고유한 '자기 자신'의 세계 바깥으로 뛰쳐나가고 만다.[8] 삶의 거기에 있음 속에서 우리들의 중심잡기는 이처럼 눈의 탐욕과 더불어 끊임없이 요동치고 있기에 쉽지 않은 삶의 과제인 것이다.

우리가 지금까지 살펴본 말함과 봄의 일상적 존재양태(잡담과 호기심)는 다 같이 "뿌리 뽑히는 경향에 있으면서 단순히 나란히 눈앞에 놓여 있는 것이 아니라, 한 존재방식이 그 자체로 다른 존재방식을 부추긴다. 닫혀 있는 것이라고는 아무 것도 없는 호기심과, 이해하지 못한 것이라고는 아무 것도 남아 있지 않은 잡담은 자신에게, 다시 말해서 그렇게 존재하는 현존재에게, 추정상의 진정한 살아 있는 삶을 보장한다. 이러한 추정과 더불어 일상적 현존재의 열어 밝혀져 있음을 성격규정하고 있는 세 번째의 현상이 드러난다."(SZ 237)

---

8 이기상 / 구연상, 『<존재와 시간> 용어해설』(서울: 까치, 1998), 319쪽 참조.

3) 애매함(Zweideutigkeit, 「사람들의 일상적 삶의 성격」)

우리가 앞서 논의한 일상적 현존재의 존재양식인 잡담과 호기심이 관장하고 있는 사람들의 세계는 한마디로 '가상적인 것이 현실적인 것이고 현실적인 것이 가상적인 세계이다'라고 표현해 볼 수 있겠다. 그러므로 이러한 사람들의 세계의 성격은 애매할 수밖에 없다. "일상적으로 서로 함께 있으면서 누구에게나 접근 가능하고 거기에 대해서 누구든지 무슨 말이라도 할 수 있는 그런 어떤 것을 만나게 되면, 거기에서 무엇이 진정한 이해 속에 열어 밝혀진 것이고, 무엇이 그렇지 않은 것인지가 더 이상 금세 결정될 수 없게 된다. 이러한 애매함은 단지 세계에만 퍼져 있는 것이 아니고 마찬가지로 서로 함께 있음 거기에도, 심지어는 현존재의 자기 자신에 대한 존재에까지 퍼져 있다."(SZ 237)

이러한 일상적 현존재의 삶의 세계에서의 애매함은 특정한 개인의 타락이나 거짓말에 의해 조장되는 것이 아니다. 적나라한 자신을 드러낼 수 없고―인간은 누구나 적당히 자신을 포장하며 살아갈 수밖에 없다―어느 정도의 비밀을 상호보장하는 가운데 서로 함께 있음을 형성하며 살아가는 현존재는 자기 자신에 대해서뿐만 아니라 타인에 대해서도 우선 대개는 근원적인 이해 가운데 만나고 있는 것이 아니기 때문에 애매한 상태에 놓이게 된다. 그러므로 일상적이고 "공공적인 해석되어 있음의 애매함은 앞질러 얘기하는 것과 호기심으로 예감하는 것을 본래적인 사건인 것처럼 내놓고 실행과 행위는 추후의 일이며 하찮은 것으로 낙인찍어버린다. 그러기에 사람들 세계 속에 머물러 있는 현존재의 이해는 자신의 기획 투사에서 끊임없이 진정한 존재가능성을 잘못 보고 있는 것이다. 현존재는 언제나 애매하게 일상의 '거기에(Da)' 존재한다. 다시 말해서 서로 함께 있음의 공공의 열어 밝혀져 있음 안에, 가장 요란한 잡담과 가장 솜씨 좋은 호기심이 '사업'을 관장하고 있는 곳에, 일상적으로는 모든 것이 일어나고 있지만 근본에서는 아무 것도 일어나고 있지 않은 곳인 거기에 존재하고 있는 것이다. 이러한 애매함이 호기심에게는 언제나 그것이 찾는 것을 건네주고, 잡담에게는 마치 그 속에서 모든 것이 결정되는 듯한 가상을 마련해준다."(SZ 239)

일상적 잡담에서의 흥분과 호기심에서의 부유함속에서 많은 사람들은 마치 중요한 결정이 이루어지고 따라서 그 모임의 자리에 빠져서는 안 되는 것으로 여기며 바쁘게 참석한다. 또한 어디에도 정착하지 못하는 새로운 것에 대한 우리의 호기심은 불안이라는 근본적 처해 있음과 일상의 지루함을 회피하는 방식으로 계속 피어오른다. 이러한 우리의 일상적 삶의 태도로부터 연유하는 애매함은 도구나 사물과의 관계에서 뿐만 아니라 타인과의 서로 함께 있음의 세계에서 더욱 뚜렷하게 드러난다. 우리가 사람들과 더불어 살아간다는 것은 그렇게 간단하지 않다. 우리가 타인들과 더불어 있다는 것은 마치 사물들처럼 옆에 나란히 무관심하게 나열되어 있는 것이 아니다. 인간끼리의 만남에서는 반드시 긴장이 있다. 그 긴장 속에 서로를 살피며, 나름대로 긴장을 증폭시키거나 완화시키는 말과 행위를 적절히 해가며 자신의 입지를 고려한다. 그런데 이러한 더불어 삶의 세계에서의 애매함은 공공적으로 은폐되어 있다. 아무도 굳이 나서서 그 은폐되어 모두에게 적절한 위안과 편안함을 주는 애매한 분위기를 깨려하지 않는다. 많은 말이 오가고 여기저기에 관심이 많지만 진정성과 진실성이 결여된 요란한 잡담과 정신없는 호기심이 세계에서는 모든 것이 항상 애매하다. 우리는 이러한 일상적으로 열어 밝혀져 있는 세계에 빠져 살아간다. 누가 이 유혹적이고 안정적이며 '살아 있는' 느낌을 주는 삶의 공간에서 나오고 싶어 하겠는가.

제8절

현존재의 일상성과 결단성,
그 지속과 순간의 반복

1. 일상적인 열어 밝혀져 있음과 '사람들'(das Man)

현존재는 도구와 사물들과의 배려하는 관계와 타인들과 더불어 있음 속에서 우선 대개 일상적인 자기 자신으로 살아간다. 삶의 '거기에'의 일상적 존재인 잡담과 호기심 그리고 애매함이 지배하는 사람들의 세계에 빠져듦으로써 사람들의 세계를 함께 나누며 살아간다. 이렇듯 일상적으로 열어 밝혀져 있음 속에서 현존재는 일종의 분주함과 향락—다양한 볼거리와 겉치레, 먹거리를 찾아 나섬—그리고 다양한 재미를 쫓으며 포근함과 안도감 같은 기분을 느낀다.[1] 또한 현존재는 TV와 각종 인터넷 사이트로부터 소위 현대문화적 삶의 트렌드에 관한 정보를 제공받으며 자신의 의(依), 식(食), 주(住)의 문화를 거기에 맞추기 위해 노력하는 가운데 사람들의 일상적으로 열어 밝혀져 있음에 부합한다는 묘한 심리적 만족에 빠져들기도 한다.

그런데 다른 한편으로 현존재는 타인들과 함께 있음 속에서, 즉 타인들을 위해서 또는 타인들을 거슬러 있는 가운데 항시 타인과 다르다는 그 차이에 대해 염려하기도 한다. "이때 이 염려는 타인과의 차이를 균등하게 하기 위해서이거나 또는 타인들의 뒤에 처져 있기에 자신의 고유한 현존재를 그들과의 관계에서 만회하기 위해서이거나, 또는 현존재가 타인들에 대한 우월함 속에서 타인들을 억압하는 것을 목표로 하는 것일 수 있다. (타인들과) 서로 함께 있음은 이러한 거리에 대한 염려로 인해서 동요하고 있다."(SZ 176) 이렇듯 현존재의 서로 함께 있음은 거리감의 성격을 띠고 있다. 특히 오늘날 한국사회에서는 이러한 거리감이 소유의 측면에서 많이 조장되고 있는데, 대표적으로 아파트[2]와 자동차[3]를 들 수 있겠다.

---

1 이노우에 슌 교수는 도시·소비·정보라는 키워드로 현대문화적 삶의 양식 속에 나타나는 일상성의 특성을 '볼거리의 문화', '겉치레의 문화' 그리고 '리얼리티의 변용' 등으로 요약 제시한다. 이노우에 슌, 「현대문화를 인식하는 길」, 『현대문화론』, 최샛별 옮김(서울: 이화여자대학교 출판부, 2004), 15~31쪽 참조.
2 현대인의 대표적인 삶의 공간인 아파트가 왜 서로 함께 있음의 거리감을 조장하는가? 그것은 현대인들, 특히 오늘날 한국인들에게 아파트는 단순한 주거공간이 아니기 때문이다. 우리들에게 아파트라는 집은 이제 피곤한 삶에 휴식을 제공해주고 내일의 꿈을 실현하기 위한 기를 제공받는 삶의 공간이 아니라 경제적 능력과 사회적 지위 그리고 계급의 위상을 드러내는 중요한 수단이 되어버렸다. 더 나아가 고급 아

어느 지역, 어느 아파트를 소유하고 있음과 없음, 특정한 자동차를 타고 다니느냐 그렇지 않느냐 하는 그 차이에 따라 서로 함께 있음 속에서의 거리감은 아주 심하게 동요한다. 더 나아가 아이들이 다니는 학교의 학군에 따라 아이들뿐만 아니라 부모들의 서로 함께 있음에서의 거리감도 심하게 요동치고 있다. 또한 타인과 더불어 있음에 속하는 이러한 거리감에는 다음과 같은 특이한 현상이 발생한다. 즉 "현존재는 일상적인 서로 함께 있음으로서 타인의 통치 안에 서 있다. 현존재 자신이 존재하고 있는 것이 아니라 타인들이 그에게서 존재를 빼앗아 버렸다. 타인들이 임의로 현존재의 일상적인 존재가능성들을 좌우한다."(SZ 176) 현존재는 거리감이 조

파트를 지향하는 일상문화 속에서 아파트의 양극화, 삶의 양극화는 더욱 심화되고 있는 실정이다. 이러한 추세와 더불어 집(아파트)을 생명의 살림살이가 이루어지는 곳이 아니라 투기의 대상으로 바라보는 오늘날 우리들의 의식 속에서 '서로 함께 있음'의 거리감과 위화감은 더욱 조장되어 간다. 오늘날 한국인의 삶의 세계에서 주거문화의 일상성에 대한 사회학적 시각에 대해서는 다음의 글을 참조할 수 있다. 한경애, 「집, 삶, 꿈: 주거문화의 일상성」, 『일상 속의 한국문화』(서울: 나남출판, 1998), 77~105쪽.

3 확실히 인간은 자신의 소유물로 자신을 드러낼 수 있고, 그 소유물로 드러난 허상적 자기에 빠져 만족감을 느끼는 경향이 있는가 보다. 그 대표적인 예가 바로 자동차가 아니겠는가. 시간과 공간의 단축과 삶의 편리 등의 자동차 문화가 갖는 사회적, 문화적 의미는 퇴색하고 어떤 종류의 차인가 혹은 큰 차, 작은 차의 소유 유무로 인해 우리사회의 각종 동창이나 종친 등의 모임, 즉 '서로 함께 있음'에서 거리감이 조장되고 있는 현실을 우리는 무시할 수 없다. 자동차는 단순한 기계가 아니다. 나의 권력과 위신 그리고 명예를 싣고 달리며 알리는 광고이다. 유난히 큰 차와 차에 광택내기를 좋아하는 한국인들의 자동차 문화 속에는 배금주의, 과시주의, 체면의식, 권위의식 같은 유쾌하지 못한 의식이 배어있는 것은 아닌지 그리고 그러한 바람직하지 못한 의식 가운데 우리의 건강한 '서로 함께 있음'이 형성되지 못하는 것은 아닌지 반성해 볼 수 있다. 우리의 자동차 의식에 담긴 일상적 문화에 대해서는 다음을 글을 참조할 수 있다. 현택수, 「자동차 문화」, 『일상속의 한국문화』(서울: 나남출판, 1980), 49~76쪽.

장되고 있는 사람들과 함께 있음 속에서 있는 그대로의 자신의 처지나 현실을 말하지 못하게 되고 사람들과의 거리감을 신경 쓰며 타인들의 지배를 즐겨 받으려 한다. 이러한 타인들과 "서로 함께 있음은 고유한 현존재를 완전히 타인들의 존재양식 속으로 해체해 버리며 그래서 타인들의 차별성과 두드러짐이 더욱더 사라져버리게 된다. 이러한 눈에 안 띔과 확정할 수 없음 속에서 사람들은 사람들의 본래적인 독재를 펼친다."(SZ 176~177)

사람들의 세계에는 그 나름의 고유한 존재함의 방식이 있다. 우리가 앞에서 살펴본 거리감도 서로 함께 있음이 지향하고 있는 평균성에 근거하고 있는 것이다. 이 평균성은 사람들의 실존론적 성격의 하나인데, 사람들의 세계에서는 이 평균성이 모든 말함과 행위함의 척도가 된다. 사람들의 세계에서는 사람들이 당연하게 여기는 것, 성공이라고 생각하는 것, 욕망하는 것 등이 대체적으로 일치를 이루는 듯 보인다. 왜냐하면 자신만의 뽐냄을 사람들은 용서하지 않기 때문이다. 특히 현재 한국사회에서는 이러한 사람들의 세계가 IT 강국답게 인터넷을 통해 빠르고 광범위하게 형성되고 있다. 오늘날 우리사회의 사람들의 세계에서는 어떠한 욕망들이 표출되고 있는가? 청춘(고령화 시대의 청춘에 대한 욕망), 따뜻한 네트워크(신뢰할 수 있는 소속감의 욕망), 체험(자극의 시대, 날것에의 욕망), 퓨전(융합의 시대, 가치를 낳는 욕망), 더 사치스런 일상(삶의 업그레이드에 대한 욕망) 등과 관련된 거대한 욕망의 성장시장이 형성되어 가고 있는 듯하다.[4] 그래서 소위 잘 나간다는 책과 TV 프로그램 그리고 인터넷 사이트들은 거의 이러한 한국인의 욕망의 지도를 보여주고

전망해줌으로써 미래에 대한 안도감과 만족감을 제공해주는 것들이 대부분을 차지하고 있다. 더 나아가 방송사들은 앞다투어 우리들이 욕망하는 것들 그리고 앞으로 욕망해야 할 것들에 대해 지도를 그려주고 설명을 곁들여준다. 그러면서 이 정도의 옷은 입고, 이 정도의 음식점은 알고 다녀야 그리고 이 정도의 아파트에서 살아야 중산층에 소속이 된다는 식의 멘트도 친절하게 흘려준다. 이렇듯 방송을 통해 광범위하게 형성된 사람들의 세계에서는 삶의 스타일에 대한 자신만의 생각이나 표현 그리고 패션 등이 무시되기도 한다. 왜냐하면 사람들은 더 사치스런 일상문화를 각자가 추구하면서도 또 다른 한편으로는 평준화를 지향하기 때문이다. 사람들은 톡톡 튀는 모든 예외를 감시하며 자신만의 "모든 우위는 소리 없이 억압된다. 모든 근원적인 것은 하룻밤 사이에 이미 오래전에 잘 알고 있는 것으로 다듬어진다. 모든 쟁취품들은 다루기 쉬운 것이 되며 모든 비밀은 그 위력을 상실한다. 평균성의 염려가 다시금 우리가 모든 존재가능성의 평준화(균등화)라고 칭하는, 현존재(우리들)의 본질적인 경향의 하나를 드러내 보인다."(SZ 177)

지금까지 살펴본 일상적인 열어 밝혀져 있음과 사람들의 논리를 통하여 우리는 거리감, 평균성, 평준화 등이 바로 사람들의 존재방식들이며 사람들의 '공공성'을 이루고 있다는 사실을 눈치 챌 수 있을 것이다. 사람들 세계에서의 공공성은 생각보다 그 위력이 대

---

4 김경훈, 『대한민국 욕망의 지도』(서울: 위즈덤하우스, 2006) 참조

단하다. 방송에서 이것이 오늘날 한국인들의 욕망의 지도라고 광고해 대면, 그 광고의 힘에서 자유로울 자가 과연 몇이나 되겠는가? 의식적 혹은 무의식적으로 우리는 최면을 당하고 있는 것이며 끊임없이 무엇인가를 보고, 듣고, 소비해야만 한다는 사람들의 압력을 느끼고 있는 것이다. 그래서 사람들의 세계가 만들어놓은 공공성은 우선 대개 우리의 모든 삶의 해석과 문화적 향유의 방식을 규제하며 그 힘을 발휘하고 있다. 그런데 그 힘이란 구체적으로 어떠한 사물이나 사태에 대한 어떤 탁월하고 근원적인 관계에 의해서 그런 것이 아니고, 그렇다고 공공성이 우리 자신의 해석에 대한 투명성을 제공해주기 때문도 아니다. 오히려 사람들 세계의 공공성은 어떤 사물이나 사태에 직접 관여하지 않고 있기에, 모든 진실성과 수준의 차이에 대해 무감각한 데에 그 힘의 원천을 두고 있다.(SZ 177 참조)

사람들의 공공성의 세계에서는 모든 일이 다 잘 이루어지고 잘될 것 같은 분위기가 조장되지만 자신이 막상 어떤 선택을 하려고 하면 사람들은 몰래 빠져나간다. 사람들은 모든 판단과 결정함을 지시함으로써 현존재로 하여금 책임감을 빼앗아간다. 또한 사람들은 모든 것에 대해 쉽게 책임을 질 수 있는데, 이것은 사실은 사람들의 세계에서는 책임질 필요가 있는 사람이 아무도 없기 때문이다. 이런 식으로 사람들은 우리 각자가 살아가면서 짊어져야 할 많은 선택사항과 존재부담 등에 대해 우리의 일상성에서부터 면제해준다. 그리고 이러한 부담을 면제받은 현존재 자신들은 자신들을 환대해 주는 사람들의 세계에 더욱더 편승하게 되는 것이다. 이러한 우리의 일상적인 서로 섞여 있음, 거리감, 평균성, 평준화, 공공성, 존재부담 면제, 환대 등을 통해 우리의 일상적 삶에는 어떤 지속성 같은 것이 제공된다. 이 지속성 가운데 우리는 편안함과 안락함을 누리기도 하지만 가끔 자기 자신이 아닌 사람들의 세계에 편승해 살아가는 자신을 발견할 때면 뭔가 자신과 자신의 삶에 대한 안타까움과 불안감이 피어오르기도 한다. 하지만 우리는 또한 그러한 안타까움과 불안감이 일어나는 것으로부터 도피하는 방법도 잘 알고 있다. 우리들은 대개 유혹에 약하다. 사람들의 지배의 철저성과 명백성은 시대와 사회에 따라 달라질 수는 없지만 검질긴 것만은 틀림없다. 이는 현존재의 더불어 있음이라는 존재양식과 관련된 어쩔 수 없는 현상이기 때문에 인간 공동체에서는 언제, 어디에서든지 경험할 수밖에 없는 근원적인 현상이기도 하다.

우리가 인간으로 특정한 공동체적 삶의 '거기(Da)'에 존재하는 한, 다시 말해 사람들 세계에서의 더불어 있음을 회피할 수 없는 한, 사람들 세계의 논리와 문법으로부터 자유로울 수는 없다. 사람들은 눈앞에 있는 것도 아니며 다수의 여러 주체들 위를 떠다니는 어떤 '일반적인 주체'와 같은 것도 아니다. 이런 식의 사람들 이해에는 '주체들'의 존재를 현존재적이지 않은 현존하는 한 종의 실제로 눈앞에 있는 사례들로 바라봄이 전제되어 있다. 이러한 이해의 "단초에서는 오직, 경우가 아닌 모든 것을 유와 종의 의미로 이해할 수 있는 가능성만이 존재론적으로 존립한다. '사람들'은 그때마다의 현존재의 종이 아니며 이 존재자가 가지고 있는 불변의 속성으로 발견될 수도 없다."(SZ 179) 그래서 이러한 사람들의 존재성격과 세계에 대해 하이데거는 "'사람들'은 실존범주의 하나이며 근원적인 현상으로서 현존재의 긍정적인 구성틀에 속한다."(SZ 179)라고 결론내리고 있다.

우리는 '우선 대개' 일상적인 열어 밝혀져 있음 속에서 본래적인 자기로 살지 못한다. 그렇다고 해서 도덕적으로 모자라거나 인격적으로 문제가 있다는 것은 아니다. 이는 현존재의 삶의 일상적인, 긍정적인 한 단면이다. 우리는 대개 사람들과 어울려 그들과 더불어 살아가는 이야기를 나누며 그 이야기의 세계 속에서 자신의 현실을 파악하고, 존재의미를 나누기도 하며 자신의 미래를 기획한다. 그런데 사람들과의 이야기 세계 속에서 드러나고 있는 자신의 현실과 존재의미 그리고 미래기획이라는 것이 사실은 사람들이 이미 해석해 놓은, 닦아놓은 길을 가는 것뿐이라는 생각이 들기도 한다. 그래서 사람들 속에 흩어져 있는 자기 자신을 찾기 위한 여행을 결심하기도 한다. 그러한 여행을 준비하는 자는 자신의 세계를 고유하게 발견하고 그 세계를 자기에게 되가져오려고 하며, 자신의 본래적인 존재를 열어밝히려고 노력한다. 이때 이러한 노력, 즉 자신의 세계의 발견과 자신의 본래적인 존재를 열어밝힘은 언제나 은폐와 암흑의 제거로서 그동안 자기 자신에 대해 빗장을 걸어 잠그고 있던 그런 위장을 분쇄하는 것이다. 하이데거에 의하면, 이렇듯 현존재의 삶은 '사람들-자기'와 '본래적-자기'의 변증법적인 줄타기로 이어지는데, 여기서 본래적-자기가 사람들로부터 분리된, 주체의 예외적 상태에 기인하는 것이 아니라, 오히려 본질적인 실존범주의 하나로서 사람들의 실존적인 변양태의 하나라는 점을 이해하는 것이 중요하다. 그래서 현존재적 삶은 더불어 있음의 일상성과 자기 자신으로 있음의 결단성이라는 이중주 협연이 이루어지는 무대라고 할 수 있다. 우리들 모두는 그 무대의 주인공(자기 자신으로 있음)일 때도 있고 관객(사람들-자기)일 때도 있다. 물론 주인공으로 무대에 서고 싶어 하지만 그렇게 하려면 더 많은 불안을 감내해야만 할 것이다. 아무래도 관객보다는 주인공이 더 준비해야 할 것이 많은 법이기 때문이다. 하지만 주인공이든 관객이든 우리는 공연장이라는 더 큰 세계 안에 있음은 부인할 수 없는 명백한 사실이다.

지금까지 우리는 우리의 일상적인 열어 밝혀져 있음과 더불어 있음 그리고 사람들(das Man)의 특성에 대해 살펴보았다. 잡담, 호기심 그리고 애매함은 일상적인 삶의 '거기에'를 성격규정하는 말이다. 우리들의 일상적 삶, 다시 말해 일상적인 열어 밝혀져 있음은 주로 일의 세계와 그 일의 세계에서 만나는 사람들과의 더불어 있음으로부터 형성된다. 평생직장이라는 말도 퇴색되고 직업의 개념도 많이 바뀌어가고 있지만 어쨌든 우리는 그때그때마다의 일과 그 일로 인해 만나게 되는 사람들과의 인연 가운데 일상적 삶을 살아간다. 그러한 일상 속에서 우리는 자신의 일의 세계에 빠져듦과 다양한 삶의 요소들—기쁨과 슬픔, 고통과 환희, 희망과 절망 등—을 사람들과 함께 나누며 살아간다. 그런데 일의 세계와 사람들 세계에서 살아간다는 것이 그리 간단한 일만은 아니다. 과중한 업무에 시달리며 스트레스를 받기도 하고 사람들과 더불어 있음 속에서 승진과 퇴출, 성공과 실패에 따른 시기와 질투, 상대적 박탈감 등을 느낄 수밖에 없다. 평안한 듯 보이는 우리의 일상인 것 같지만 그 속에는 끊임없는 동요와 거리감이 조성되고 있다. 이는 우리들의 있음이 곧 염려이기 때문에 일어나는 불가피한 현사실적 삶의 모습이다. 일의 세계와 사람들 세계에서 각자 자신의 존재가 능을 향해 때로는 경쟁하고 때로는 협력하는 동안 우리는 마냥 편안한 일상만 즐기는 것이 아니다. 우리들의 삶은 일상성과 그 일상성 속에서 자기 자신의 세계를 열어 밝히는 힘으로서의 결단성 사이의 긴장과 화해의 반복 가운데 끊임없이 움직이고 있는 것이다. 이러한 삶의 운동 안에서 우리는 본래성과 비본래성의 문제에 마주하게 된다.

2. 현존재의 삶 : 일상성과 결단성(종교성) 사이의 긴장 혹은 화해 그리고 새로움

디지털 기술과 퓨전욕망의 만남으로 더욱더 사치스러운 웰빙문화를 추구하는 오늘날, 왜 우리는 안락하고 편안해져가는 우리의 일상적 삶에 대하여 다시 물음을 던지고자 하는가? 그리고 왜 삶의 중심잡기와 연관된 그때그때마다의 우리의 결단성에 관해 숙고해 보고자 하는가? 더 나아가 우리의 일상성(Alltäglichkeit)[5]과 결단성

---

5 "'일상성'은 현존재가 우선 대개 살아가는 존재 양식을 말한다. 우리말 '일상성'은 사람들이 일상적으로 살아가는 특성을 일컫는다. '일상'이란 '날마다', '다른 날들과 다

(Entschlossenheit)[6]을 함께 생각해봄으로써 어떠한 삶의 방식(Modus Vivendi)을 추구하고자 하는가?

오늘날 우리들의 일상적 삶은 삶의 업그레이드에 대한 욕망과 더불어 날로 고급화, 명품화를 추구하고 있는데, 이는 '삶의 질'을 생각하는 시대적 흐름과 밀접하게 연관된 오늘의 트렌드이다. 그래서 오늘의 일상세계는 결국 우리들의 퓨전욕망과 디지털 기술이 열어밝힌 새로운 세계라고도 할 수 있을 것이다. 이러한 새로워진 세계 안에서 우리들은 목적가치와 수단가치를 잘 이해한 터 위에, 일상이 작품이 되는, 즉 우리들의 시간과 욕망 그리고 신체가 다른 것들에게 빼앗기지 않는 삶을 디자인해가려고 노력한다.[7] 하지만 집단적 모방심리에 따라 뒤틀려지는 욕망과 인간적 가치를 도외시한 기술의 위력에 짓눌려 우리들은 '우선 대개' 주체적인 삶을 살

름없는 보통의 날'(평상), '늘 되풀이되는 나날들', '하루하루' 또는 '그날그날'(매일) 등을 뜻한다. 독일말 'Alltäglichkeit' 속에는 'alle Tage'(모든 날들)가 들어 있다. 따라서 '일상성'은 사람들이 살아가는 '나날의 모습', 하이데거를 따라 말하자면, 자신에게 주어진 나날들 속에서 '우선 대개'의 방식으로 '실존하는 양식'을 일컫는 말이다. 사람들은 이러한 '나날들'을 보통 달력에 따라 계산한다. 그러나 이 '나날들'은 결코 누군가가 일생을 거쳐 살아갈 수 있는 모든 '날들'의 총합을 의미하는 것은 아니다." 이기상, 「하이데거에서의 일상의 의미(일상과 과학, 실존과 탈존)」, 『예술가를 위한 철학강의 '일상의 미학'』(일주아트하우스, 2001.9.8), 4쪽.

6 현존재는 결단을 내림으로써 '사람들'의 논리로부터 벗어나 스스로 자기 자신의 삶의 중심을 잡을 수 있다고 하이데거는 강조한다. 자기 자신의 중심을 잡는다는 것은 자신의 상황을 떠맡고, 거기에서부터 자기 자신의 존재가능을 염려하며 자기 자신의 삶의 방식을 그때그때마다 만들어가는 것을 뜻한다.

7 앙리 르페브르는 현대세계에서의 우리의 일상이 자주적 관리를 통해 하나의 작품의 의미를 가지도록 해야 한다고 강조하며 이는 우리가 새로운 문화혁명 ― 성혁명과 개혁, 도시혁명과 개혁, 일상에서 축제로의 이동 등 ―을 수행할 때 가능하다고 본다. 앙리 르페브르, 『현대세계의 일상성』, 박정자 옮김(서울: 기파랑, 2005) 참조.

지 못하는 경우가 많다. 기술과 욕망의 환상적인 랑데뷰로 인해 소유가 존재를 앞서고, 소비가 존재함의 이유가 되는 욕망하는 인간이 그런대로 잘(well) 살아가는(being) 인간이라는 이해가 팽배해져 가고 있다. 이러한 사람 읽기와 일상적 삶 읽기의 눈은 우리의 주위세계의 변화와 내면세계의 중심잡기의 부조화에서 기인하는 (사람들을) '따라가는 삶'에 빠져 있는 눈이라 할 수 있는데, 이러한 눈의 욕망은 앞으로 우리들 개개인의 의지를 벗어난 집단적 모방욕망과 (디지털)기술의 확장적 진화의 힘에 따라 더욱더 사람들의 논리에 편승하여 평균적(중산층)인 삶을 보장한다는 위안을 제공하며 우리들의 일상의 설계에 큰 영향력을 행사할 것이다.

현대사회에서 드러나는 일상성에 대해 하이데거가 현상학적 시각으로 잘 기술하면서 말한 바에 동의하며 필자는 이러한 일상성에 대해 도덕적으로 비난하거나 속물근성이라고 비판할 생각은 없다. 다만 필자는 우리들의 일상적 삶의 모습을 현상학적인 눈으로 읽어낸 터 위에 새로운 삶―본래적인 삶―의 구성을 위한 반성과 제안을 이야기함으로써 각자 자기 자신의 건강한 삶을 살고, 자신의 결단을 통해 새롭게 열어 밝힌 세계의 의미를 더불어 있음 (Mitsein) 가운데 함께 나누며 사는 삶이야말로 우리들의 세계―안에 ―있음을 적중시키는 가치있는 삶이라는 생각을 제시해보고자 한다.

이러한 생각을 펼침에 있어 필자는 하이데거가 『존재와 시간』에서 보여준 현존재의 일상성과 결단성에 관한 내용에 귀 기울여 보고자 한다. 그 이유는 하이데거가 현존재분석을 시도하면서 현존재의 일상적 열어 밝혀져 있음을 현상학적인 봄으로 탁월하게 드러내고, 현존재의 존재의미를 시간성에서 찾으며 불안과 양심 등의 인간존재의 현상을 통해 시간을 사는 현존재의 결단성을 분석함으로써 자기 자신의 삶을 산다는 것의 전체적인 그림을 잘 보여 주고 있기 때문이다. 그러한 삶 읽기를 위한 지도에 기대어 필자는 하이데거가 말하는 결단성 개념이 불안과 양심을 가지기를 원함 등의 삶의 태도를 통해 새롭게 열어 밝혀진 세계를 다시 선택하여 (re-legere) 더 깊고 풍부한 자기 자신의 삶을 산다는 의미에서 본래적 삶을 말하는 것이라는 점을 강조해보고자 한다.

1) 일상성 : 사람들(das Man) 세계의 앞서 나타남과 빠져 있음(Verfallen)

매일 매일 그저 그렇게 살아가고 있는 일상적 삶의 세계는 현존 재로서의 내가 주체가 되어 직접 만들어낸 세계가 아니다. 따라서 매일 매일 그러한 일상적 삶의 성격, 즉 일상성 역시 내가 주동이 되어 단독으로 만들어낸 것이 아니다. 우리 사회를 구성하고 있는 모든 사람이 이야기하고 이리저리 기웃거리며 서로 책임을 떠넘기 며 살아가는 모습, 즉 "잡담, 호기심 그리고 애매함은 현존재가 일 상적으로 자신의 '거기에'를, 즉 세계-내-존재의 열어 밝혀져 있 음을 존재하고 있는 그 방식을 성격규정하고 있다. 이러한 성격들 은 실존론적 규정으로서 현존재의 눈앞에 있는 것이 아니다. 그것 들은 현존재의 존재를 함께 구성하고 있다. 그 성격들 안에서 그리고 그것들의 존재적인 연관 안에서 일상성의 존재의 근본양식이 드러나는데, 우리는 그것을 현존재의 빠져 있음(Verfallen)이라고 이름한다."(SZ 240)

　인간 현존재는 우선 대개 어떤 도구존재자들이나 자신이 하고 있는 작업의 세계 '곁에' 몰입해 있다. 이는 바로 '자기 자신'의 고유한 존재가능성을 잊고 있는 순간이기도 한데 이렇듯 현존재는 어떠한 세계 속에 빠져 있으면서 불안과 자신의 고유한 가능성을 망각할 수 있는 것이다. 하이데거는 이처럼 불안과 고유한 가능성을 망각하고 사람들의 세계 속에 빠져 살아가고 있음을 비본래적이라고 한다. 그러므로 이 비본래성은 현존재의 빠져 있음에 대한 해석으로 인해 보다 정확한 규정을 얻게 될 수 있다. 우리가 현존재의 비본래성에 대해 말할 때, 이 비본래적이라는 것이 마치 현존재가 그러한 존재양태와 더불어서 도대체 자신의 존재를 상실해버리거나 하는 듯이, '본래 ~이 아니다'를 의미하는 것이 아니다. 마찬가지로 비본래성은 '더 이상 세계 안에 있지 않음'을 의미하지 않는데, 그것은 비본래성이 바로 탁월한 세계-내-존재―이 세계-내-존재는 세계와 사람들 속의 타인의 함께 거기에 있음(공동현존재)에 의해서 완전히 사로잡혀 있다―를 형성하고 있기 때문이다. '자기 자신으로 존재하지 않음'은, 본질적으로 배려하며 하나의 세계에 몰입하는 그런 존재자의 긍정적인 가능성으로서 기능한다. 이러한 존재하지 않음은 현존재가 대개는 그렇게 머물고 있는 그런 현존재의 가장 가까운 존재양식으로서 개념 파악되어야 한다.(SZ 24~241 참조)

"빠져 있음은 현존재 자신의 실존론적 규정의 하나로서, 눈앞의 것으로서의 현존재에 대해서, 현존재가 거기에서부터 유래한 그 존재자와의 눈앞의 관계에 대해서는, 또는 현존재가 나중에 추가로 그것과 교류하게 되는 그런 존재자와의 눈앞의 관계에 대해서는 아무 것도 말해주지 않는다."(SZ 241) 우리가 앞에서 살펴본 일상적 현존재의 존재양식인 잡담, 호기심 그리고 애매함은 바로 현존재의 빠져 있음이라는 일상적 존재의 근본양식을 드러내는 것이다.

우리가 앞에서(제7절 2. 현존재의 현사실성) 살펴본 바와 같이, "잡담은 현존재에게 그의 세계에 대해서, 타인에 대해서 그리고 '자기 자신'에 대해서 이해하는 존재를 열어 밝혀주지만, 이때 이 '~에 대한 존재'는 지반 없는 떠다님의 양태를 띠고 있다. 다음으로 호기심은 모든 것과 개개의 것을 열어 밝히지만, 이때 안에-있음은 도처에 있으면서 아무 데에도 없다. 마지막으로 애매함은 현존재 이해에게 아무 것도 숨기지 않지만, 단지 세계-내-존재가 뿌리 뽑힌 채 도처에 있으면서 아무 데에도 있지 않도록 억누르고 있기 위해서인 것이다."(SZ 242)

현존재는 사람들의 세계 속에서 안정을 누리며 모든 것을 '이해하면서' 자기를 모든 것과 비교하는 가운데 현존재는 급기야 소외로 떠내려가게 된다. 그리고 이 소외 속에서 현존재에게 그의 가장 고유한 존재가능이 은폐되고 있는 것이다. 그러므로 빠져 있는 세계-내-존재는 유혹적-안정적이면서 동시에 소외적이다.(SZ 243 참조) 이렇듯 우리가 현존재의 세계 안에 있음의 일상적인 성격을 유혹적-안정적 그리고 소외적이라고 하면, 그래서 그의 본래성과 가능성으로부터 벗어나 있다고 한다면 우리가 과연 '그런 현존재를 그의 존재에서 존재가능이 문제가 되고 있는 그런 존재자로 개념 파악할 수 있는가?'라는 물음이 제기될 수 있을 것이다. 이에 대해 하이데거는 현존재의 존재를 세계—내—존재라는 존재구성틀에 꼭 붙잡아둔다면, 빠져 있음은 이 안에—있음의 존재양식으로서 도리어 현존재의 실존성에 대한 가장 기본적 증명을 나타내고 있음이 드러날 것이라고 한다. 빠져 있음에서 문제가 되고 있는 것은, 비록 비본래성의 양태에서이기는 해도, 다름 아닌 바로 그 세계—내—존재—가능인 것이다. 현존재가 빠질 수 있는 것은 오직, 그에게 이해하며 처해 있는 세계—내—존재가 문제되기 때문이다. 그 역으로, 본래적인 실존이라는 것도 빠져 있는 일상성 위를 떠다니는 어떤 것이 결코 아니고, 오히려 실존론적으로 단지 이 일상성의 변양된 장악일 따름이다. 빠져 있음은 현존재 자신의 본질적인 존재론적 구조를 드러내고 있으며, 이 구조는 현존재가 죄에 빠져 있다거나 하는 등의 어두운 면을 규정하기는커녕 도리어 현존재의 매일 매일을 전부 그 일상성에서 구성하고 있다. 빠져 있음은 일상적 현존재의 존재론적 움직임을 나타내는 것이다.(SZ 245~246 참조)

지금까지 우리는 현존재의 일상적인 존재양식과 세계, 즉 사람들의 논리와 일상의 세계에 대해 알아보았다. 그러한 고찰을 통해 우리의 일상적인 존재양식이 잡담과 호기심 그리고 그로 인해 애매함이라는 성격을 띠게 된다는 사실을 밝힐 수 있었다.

이제 우리는 우리의 일상성이라는 것이 사람들 세계의 앞서 나타난 그러한 세계 속에 빠져 있음으로 열어 밝혀진 세계라는 것을 이해한 바탕에서 생활세계에서 쉽게 접하게 되는 대중매체에 대해 존재론적 물음을 던져보기로 하자.

대중매체와 더불어 사는 오늘날 우리들의 모습

사람들의 삶의 문법과 대중매체가 어떤 관련이 있는 것인가? 하이데거는 『존재와 시간』에서 '사람들'에 대한 분석을 하면서 구체적으로 대중매체와의 관련을 얘기하지는 않았다. 그러나 필자는 사람들의 논리 그리고 현존재의 일상적 삶을 구성하는 잡담과 호기심이 대중매체와 밀접한 관련을 가지고 있다고 생각하기 때문에 현존재의 일상적 존재양식을 밝히는 자리에서 대중매체를 언급하지 않을 수 없는 것이다. 일찍이 나폴레옹이 '정치는 우리의 운명이다'라고 했고 마르크스는 '경제는 우리의 운명이다'라고 자신의 시대정신을 파악했다면, 하이데거는 '기술은 우리의 운명이다'라고 말함으로써 자신이 겪은 시대를 파악하고 구체적으로 '원자력시대'

로 표현하였다.[8] 모두 자신이 살던 시대의 분위기와 정신을 나타내고 있는 표현이라 할 수 있다. 여기서 필자는 하이데거의 표현을 패러디해 '대중매체는 사람들(das Man)의 삶에 운명이다'라는 관점을 취하며 대중매체에 대한 물음을 던져보고자 한다.

오늘날 디지털 기술과 가상현실은 우리의 운명이 되어 버렸다. 더욱이 욕망하는 인간과 디지털 기술이 만나 펼쳐보이는 세계는 우리의 일상적인 삶의 세계 구석구석에까지 침투해서 그 힘을 유감없이 발휘하고 있다. 그런데 그 힘의 긍정적인 면보다는 부정적인 면이 부각이 되면서 그로 인해 우리의 일상적 삶이 피폐해지면서 인간성 상실이 심화되고 있다. 매일 매일 우리는 기술[9]에 의해 그리고 그 기술의 확장적 힘과 더불어 발전해 가는 대중매체와 더

---

8 이기상, 「존재역운으로서의 기술(사이버 시대에서의 인간의 사명)」, 『하이데거의 존재사건학(존재 진리의 발생사건과 인간의 응답)』(서울: 서광사, 2003), 251~298쪽 참조.

9 하이데거는 「형이상학의 극복」에서 전통 형이상학이 기술의 형이상학으로 변질되어 가고 있다고 비판하며 인간 현존재의 본래적인 삶의 모습이 왜곡되어 가고 있음을 지적한다. "Überwindung der Metaphysik" in: *Vorträge und Aufsätze*, Neske Pfullingen, 1954. 여기서는 하이데거의 기술철학에 대해 논의하는 것이 아니기 때문에 참조할 수 있는 글들을 소개만 하기로 한다. M. Heidegger, "Die Frage nach der Technik", in: *Vorträge und Aufsätze* Neske Pfullingen, 1954; 이기상 옮김, 『기술과 전향』, 서울: 서광사, 1993; 이기상, 「하이데거의 현대 기술 비판」, 『철학교육연구(제12권 제25호)』, 1996; 구연상, 「기술시대의 근본기분(하이데거의 기술강연을 중심으로)」, 한국현상학회, 『철학과 현상학 연구(제19호)』, 2002 가을; 김상환, 「테크놀로지 시대의 동도서기론」, 『창작과 비평』, 2001 봄; 한국하이데거학회 편, 『하이데거와 근대성』(서울: 철학과 현실사, 1999); 이선일, 『하이데거의 기술의 문제』, 서울대학교 대학원 박사학위논문, 1994; 박찬국, 『들길의 사상가, 하이데거』(파주: 동녘, 2004) 특히 3장 2(현대 기술 문명과의 대결); 이병철, 『하이데거의 존재사유와 기술에 대한 물음』, 고려대학교 대학원 박사학위논문, 2007.

불어 살아가고 있다. 그리고 우리는 우선 대개는 대중매체가 제공하거나 조장해 주는 '사람들'의 삶의 문법 속에서 편안하고 안전하게 살아가고 있다. 하지만 이러한 대중매체가 구성해주는 삶 속에서 우리는 생리적으로 뿐만 아니라 정신적인 면으로도 마냥 편안하기만 한 것인가? 오히려 자기 자신을 상실하고 이웃과 단절되며 존재의 가벼움만이 조장되고 있는 것은 아닌가? 현실이 이렇게까지 되었다면 더 늦기 전에 우리는 물음을 던져야 한다. '우리가 더불어 살고 있는 대중매체의 본질은 무엇인가' 그리고 이러한 '대중매체와 우리의 일상적 삶이 어떻게 건강한 관계를 회복할 수 있을 것인가?'

필자는 대중매체에 대한 이와 같은 물음을 던지는 자리에서 두 번째 물음에 초점을 맞추고자 한다. 다시 말해, 대중매체의 다양한 방송프로들을 통해 흘러나오는 이야기들과 오늘을 사는 우리들의 일상세계와의 관련성에 주목하여 논의를 전개하고자 한다. 특히 하이데거가 지적한 현존재의 일상적 존재양식인 잡담, 호기심과 관련하여 TV 연예정보프로와 각종 토크쇼 그리고 인터넷 여행문화와 우리의 일상적 열어 밝혀져 있음의 영향관계에 대해 생각해보기로 하겠다.

그럼 먼저 TV 연예정보프로와 토크쇼가 가지고 있는 '사람들'의 논리에 대해 살펴보기로 하자. 정말 이 프로그램들은 잡담의 세계 그 자체이다. 모든 사람들이 살아가면서 겪을 수 있는 온갖 사건들을 마치 연예인들이 대신 보여주고 있는 듯하다. 누구와 누구가 사귄다는 이야기, 언제 결혼한다는 이야기, 아기를 낳았다는 이야기,

이혼했다는 이야기, 어느 연예인이 아프다는 이야기, 스캔들관련 기사 등등 이루 헤아릴 수 없는 많은 일상적 삶의 이야기들이 조명을 받으며 전개되고 있다. 이 프로그램들의 세상은 이야기(잡담)세상이다. 그러면서 그 이야기들을 전할 때는 반드시 우리들의 평균적인 이해가능성을 겨냥한다. 그러므로 거기서 나오는 이야기들은 하나같이 어렵게 들리지 않는다. 이 프로그램에 참여한 모든 이들은 모든 것을 다 이해하고 알고 있다. 그 프로그램들에서 밖으로 나오는 말들은 그것의 분류된 의미부여 연관의 전체 안에 열어 밝혀진 세계에 대한 이해를 보존하고 있으며 그것과 똑같이 근원적으로 시청자의 함께 있음 및 각기 자신의 고유한 안에-있음에 대한 이해도 깔고 있다. 이렇게 프로그램들에서 나오고 있는 말들에는 이미 맡겨져 있는 이해에 해당되는 그때그때 달성되고 전수된 존재자의 발견되어 있음만이 아니라 또한 존재에 대한 그때그때의 이해와 새롭게 정립하려는 해석과 개념적인 분류파악을 위해서 이용할 수 있는 가능성들과 지평들에 대한 이해가 전제되어 있다.(SZ 230~231 참조)

그리고 그 프로그램들의 방영을 통해 밖으로 나오는 말들은 시청자들을 통해 인터넷과 더불어 널리 나누어진다. 처음부터 그 프로그램들에서 쏟아져 나오는 말들은 우리의 평균적인 이해가능성을 염두하고 밖으로 나오는 것이기 때문에 특히 그 말해진 말들이 널리 이해되고 빠르게 퍼질 수 있는 것이다. 어린아이들은 유치원에서, 학생들은 학교에서, 성인들은 직장에서 TV 프로그램(연예정보와 토크쇼)이 제공해 준 이야기(잡담)들을 함께 나눈다. 흔히 우리의 일상적인 모습에서는 우리가 본래 해야 하는 사명—'자기 자신'의 세계-내-존재-가능을 염려하며 본래적인 삶을 살려는 노력—보다는 이러한 이야기를 하면서 즐기는 모습이 더 많이 발견되고 있다. 심지어 그러한 이야기의 세계에 동참하지 못하는 사람들을 따돌리기까지 한다. 이른바 최근 우리 사회의 '왕따 현상'은 '사람들'이 책임 없이 저지르는 폭력이다. 이러한 '왕따 현상'에 대해서는 누구도 책임을 지지 않는다. 아니 처음부터 책임을 질 필요가 없다. 왜냐하면 누구의 탓으로 돌리면 되기 때문이다.

이러한 연예정보프로에서의 사람들의 논리를 이해한 터 위에 그렇다면 이제 그러한 이야기를 함께 나누는 과정에서 나타나는 일상적 현존재들의 기분 내지 태도에 대해 알아보도록 하자. 시청자들은 처음에 연예정보뉴스를 통해서 이야기를 제공받을 때 그 이야기의 근원을 자기의 것으로 만드는 식으로 수용한 것이 아니기 때문에 그저 퍼뜨려 말하고 뒤따라 이야기하는 식으로 전한다. 그리고 그 이야기는 타인에 타인을 거쳐 범위를 넓혀나가며 권위를 획득한다. 왜냐하면 모든 사람들이 다 그렇게 말하고 있기 때문이다. 이러한 퍼뜨려 말함과 뒤따라 이야기함이 잡담의 세계를 구성하는 것이다. 일상적 현존재들은 그 잡담의 세계 속에서 안정감을 느끼고 편안함과 소속감을 만끽한다. 더 나아가 자신이 마치 중요한 사실을 알고 있다고 여기며 진정한 '살아 있음'을 확인한다.

인터넷 여행문화에서의 잡담의 세계가 보여주고 있는 모습도 위에서 살펴본 바와 비슷하다. 다만 필자는 인터넷 여행문화가 지닌 TV 프로그램(연예정보뉴스, 토크쇼)과는 조금 다른 특성을 하이데거가 말한 '호기심'과 관련하여 말해보고자 한다. 인터넷 사이트 운영자들은 일상적 현존재들의 눈을 겨냥한다. 다시 말해, 일상적 현존재들의 봄(시선)의 경향을 지배하려 한다. 그래서 인터넷사이트들은 '우선 대개' 훔쳐보기를 야기시키는 사진과 자극적인 문구를 내세운다. 일상적인 현존재들의 시선은 바로 그 사진과 문구에 가서 멈춘다. 휴식을 취하거나 또는 업무시간에도 진지하게는 아니지만 스치는 방식으로 주위의 도구들과 타인들을 의식하며 둘러보다가 눈에 띄는 사진과 문구에 압도당하게 된다. 그래서 마침내 그 사진과 문구로 향한 눈의 욕망을 쫓아 본격적으로 인터넷 여행을 하게 된다. 그리고 인터넷 사이트에 접속하는 순간 호기심 천국의 세계가 펼쳐진다. 스포츠에 관련된 소식은 말할 것도 없고 실시간 인기검색어부터 날씨, 패션, 가구, 부동산, 性 등에 이르기까지 우리 생활과 연관된 거의 모든 정보와 사실 그리고 사건들이 온통 일상적 현존재들의 호기심을 자극하는 내용들로 가득하다. 이러한 호기심에 흥분한 일상적 현존재들은 새로운 곳과 다양한 것을 만날 것을 기대한다. '자기 자신'의 본래적 세계−내−존재−가능의 염려에서 벗어난 일상적 현존재들은 온갖 것에 관심을 갖는다. 그리고 많은 것을 알려고 하며 접속을 한다. 그러나 그것은 단지 호기심, 재미, 그리고 정보의 소비 때문이지 어떤 존재자에 대한 놀람이나 진리에 대한 경외 때문이 아니다. 사람들은 모든 것에 관심을 가지고 알려고 하지만 그것에 대해 진지하게 알려고 하지는 않는다. 사람들은 어떠한 것에도 호기심을 가지고 대할 수 있지만 또한 그 어떠한 것에 대해 호기심을 갖지 않을 수도 있다. 따라서 호기심은 도처에 있으면서 또한 어디에도 없다고 할 수 있다. 인터넷 사이트들이 자극하고 있는 호기심의 세계는 현존재들이 고유한 자신의 존재가능성에서 단절되어 있는, 그러므로 뿌리 뽑힌 채 살아가는, 아무 문제없이 살아가는 듯한 존재양식을 보여주고 있는 것이다.[10]

이렇듯 일상적 현존재들은 우선 대개 대중매체와 더불어 살아간다. 대중매체를 통하여 자신에게 필요한 정보를 얻고 시대의 유행을 파악하며, 주위의 세계를 이해하고 해석하는 기준을 마련하게 된다. 대중매체는 일상적 현존재의 처해 있는 기분과 특정한 이해방식과 또한 말함의 방향을 주도한다. 그런데 여기서 우리가 주목하고자 하는 것은 대중매체의 이러한 특성이 일상적 현존재들의 평균적인 이해가능성을 겨냥하여 어떤 경향을 만들어간다는 것인바, 그것이 바로 사람들의 삶의 논리와 문법의 특성인 평준화, 공공성 그리고 존재부담 면제 등이다.

먼저 '사람들'의 논리 중 평준화에 대해 알아보기로 하자. 일상적 현존재는 '사람들'과 더불어 살아가면서 '사람들'과 비슷함 속에서 안정감을 느끼며 그 비슷함을 즐긴다. 다른 사람이 그것 때문에 살고 있는 그것과 내가 그것 때문에 살고 있는 그것이 같을 때 나는 평안함을 누린다. 인간은 삶의 의미가 같은 곳에서 안심할 수 있다. 그것 때문에 살고 있는 그것이 동일하기를 바라는 그 점이 바로 인간이 원하는 것이다.

---

10 이기상 / 구연상, 『<존재와 시간>용어해설』, 317~320쪽; 이기상, 『존재의 바람, 사람의 길』(서울: 철학과 현실사, 1999), 264~267쪽 참조.

둘째, '사람들'이 가지고 있는 삶의 논리의 특성은 세계-내-존재의 규범적 역할을 하는 공공성이다. 규범이란 모든 사람이 그렇게 해야만 하는 것으로 이해되듯이, 세계를 보는 것 역시 모든 사람이 그렇게 보는 방식으로 봐야 한다는 것이다. 이럴 경우 '자기 자신'에 대해서 책임을 질 필요가 없어지고 존재의 부담이 없어진다. 즉 그것 때문에 살아야 한다는 그것을 남에게 떠맡겨 버리는 것이다.[11] 그래서 존재부담의 면제가 그들의 세 번째의 특성이 된다. 하이데거는 사람들이 존재부담을 없애는 것을 이렇게 표현한다.

> '그들'은 어디에나 그 자리에 있기는 하지만 현존재가 결단을 촉구할 때에는 언제나 이미 몰래 그 자리를 빠져나가 버린 뒤이다. 그렇지만 '그들'이 모든 판단함과 결정함을 지시하고 있기 때문에, '그들'은 그때마다의 현존재에게서 책임감을 빼앗아버리는 셈이다. '그들'은 사람들이 끊임없이 '그들'을 끌어대도록 만들 수 있는 것이다. '그들'은 아주 쉽게 모든 것을 책임질 수 있는데, 그것은 어떤 것을 책임질 필요가 있는 사람이 아무도 없기 때문이다. 언제나 그들이었지만 그럼에도 아무도 아니었다고 말해질 수 있는 것이다. 현존재의 일상성에서는 대개의 일들이 우리가 아무도 아니었어라고 말할 수 있는 것에 의해서 일어난다. (SZ 178)

사람들의 논리와 문법은 진지함이나 진정성, 인간적 성숙 또는

---

11 이기상, 『존재의 바람, 사람의 길』, 259~260쪽 참조.

존재의 부담 같은 것을 거부한다. 사람들의 논리와 문법은 이 모든 것들을 가볍게 보고 가볍게 만들려는 경향이 있어서 이것들로부터 현존재를 떼어놓는다. 사람들은 부담이 없는 방식으로 다른 현존재를 환대하고 있기 때문에 사람들은 사람들의 무거움 없는 유쾌한 지배를 유지하며 공고히 할 수 있는 것이다.(SZ 178 참조)

우리가 지금까지의 논의를 통해 확인한 것처럼 대중매체는 바로 이러한 '사람들'의 논리와 문법을—평준화, 공공성, 존재부담 면제 등— 부추기는 방식으로 편성되고 운영된다. 각종 TV 프로그램이나 인터넷 사이트 운영자들은 '사람들'의 논리에 민감하다. 기획에서부터 제작에 이르기까지 모든 것을 '사람들'의 논리와 문법에 맞춘다. 그래서 대중매체들은 빠르기(speed), 스포츠(sports), 그리고 영상위주(screen)로 기획하고 구성, 편성하는 것이다. 더 나아가 대중매체들은 사람들의 잡담을 양산시키고 호기심을 자극하기 위해 성(sex)적인 소재를 재미위주로 다루게 되는 경향을 보이고 있다.

우리는 오늘날 '사람들'의 논리를 부채질하는 대중매체와 더불어 우선 대개 살아가고 있다. 그래서인지 후기 산업사회, 정보화 사회로 갈수록 노동자들은 더 이상 혁명을 하려 하지 않는다. 사람들의 논리, 일상의 세계에 잘 맞추어 살아가면 되는 것이다.[12] 그리

---

12 하이데거의 '사람들'의 논리, 일상의 세계에 대한 분석에 힘입어 H. 마르쿠제는 '사람들'의 논리를 거부하는 혁명의 주체로 노동자를 생각했다. 그런데 노동자가 '사람들'과 다르지 않음을 확인하고는 히피족을 생각했다가 결국에는 학생들을 혁명의 주체로 본 것이다. 그리하여 마르쿠제는 1960년대 후반 학생운동의 이론적 기반을 마련하게 되었던 것이다. 이에 대한 자세한 내용은 H. 마르쿠제의 『1차원적 인간』 중

고 이제는 지성인이라고 자부하는 대학생들의 의식도 대중매체가 제공하는 '사람들'의 세계를 벗어나기 어렵다. 인터넷을 중심으로 하는 매체의 기술이 발전하면 발전할수록 우리의 삶은 '사람들'의 논리와 문법의 지배를 더 강하게 받게 된다. 시 · 공을 초월하여 현실과 가상을 넘나들며 무엇이 진정한 '자기 자신'이고 무엇이 '사람들 자신'인지 구분하기가 어려워져 가고 있다. 인간과 다른 존재자와의 관계가 극한지점에 다다른 시대, 인간과 기술의 관계가 서로 닦달(몰아세움, Ge-stell)[13]하는 디지털 기술의 시대에 일상적으로 살아가는 사람들은 마음속으로 외치고 있다. '내가 누구인지 말해 줄 사람은 누구인가'라고.[14]

제1부 3. 불행의식의 정복: 억압적 탈승화를 참조할 수 있다. H. 마르쿠제, 차인석 옮김, 『1차원적 인간(선진산업사회의 이데올로기 논고)』(서울: 삼성출판사, 1990).

13 하이데거는 서양의 형이상학이 시대 시대마다의 존재의 역운(歷運)에 따라 이데아, 에네르게이아, 주체, 의지, 의지에의 의지 등으로 각인되어 왔다고 한다. 이것이 현대에는 기술(Ge-stell, 닦달, 몰아세움)의 형태로 나타나고 있다고 본다. 하이데거는 인간이 비은폐성과의 탈자적인 연관에서 이 비은폐성에서부터 닦아세워지는 양식은 집약시키는 특징을 띠고 있다고 한다. Ge-stell에서 전철 'Ge-'는 비은폐성의 닦아세우는 근본특성에서의 집약시키는 것을 지칭하고, 후철 '-stell'은 인간을 닦아세우는 세움과 또한 존재자를 다양한 주문요청의 방식으로 닦아세우는 세움을 의미한다. 이기상, 「현대기술의 극복과 전향」, 『기술과 전향』(서울: 서광사, 1993), 179~181쪽 참조.

14 이와 같은 현대 일상적 현존재들의 정체성에 관한 물음은 현대의 기술적 세계관과 자유 민주주의 그리고 자본주의 시장경제를 통한 소위 지구화(세계화)의 추세 속에 더욱 심각하게 제기될 것이다. 그러므로 오늘날 많은 문화비평가들이나 미래학자들은 지구화와 지역화의 조화, 디지털과 아날로그적 요소의 화해 그리고 새로운 상황에서의 문화와 윤리의 문제 등에 대해 고민하고 있는 것이다. 이와 같은 역사와 문명의 흐름을 생각해 볼 때, 앞으로 21세기 우리들의 일상과 실존에 관한 물음은 달라진 세계의 상황과 인간 실존의 깊이를 아우르는 차원에서 그때그때마다 새롭게 제기되어야 할 것이다. 현존재의 존재지혜는 현존재 자신이 처한 상황과 뗄 수 없는 관계에 있다. 김열규, 『고독한 호모디지털(사이버토피아를 꿈꾸는 인간의 자화상)』(서울: 한길사, 2002).; 특히 오늘날 한국인이 처한 상황 속에서의 존재지혜모색으로서 (한국)

하이데거는 다른 도구들은 '~을 위하여' 존재하지만 인간 현존재는 '자기 자신' 때문에 존재한다고 한다. 인간은 다른 어느 누가 그에게 목적과 의미를 부여해 주어서 사는 것이 아니라, 그 자신이 어떻게 살아야 할지, 어떻게 존재해야 할지를 결정한다. 인간은 바로 '자기 자신' 때문에 그렇게 결정을 내리는 것이다. 하이데거는 이렇게 '자기 자신' 때문에, '자기 자신'을 위하여 살아가는 사람을 실존적인 사람이라 하며, 그러한 자신을 본래적인 '자기 자신'이라고 한다. 다시 말해서 '자기 자신'을 위해 '자기 자신'이 결정을 내리면서 자신의 존재를 염려하고 자신이 어떻게 살아야 할지를 끊임없이 염려하며 미래의 존재가능성을 오늘에 곱씹으며 결단을 내리며 살아가는 사람이 본래적인 실존인 것이다.[15] '자기 자신'의 가능성을 염려하며 본래적인 '자기 자신'을 살아내려는 현존재는 자신의 있음이 곧 염려임을 알게 된다. 그리고 염려의 부름으로서의 양심의 부름에 귀 기울임으로써 희미하게나마 '자기 자신'의 본래적인 모습과 미래의 존재가능성을 감지하게 된다. 그러므로 하이데거는 『존재와 시간』의 현존재 분석에 있어서 이 염려(Sorge)와 양심(Gewissen) 그리고 결단성(Entschlossenheit)의 문제를 다루지 않을 수 없었던 것이다. 이중에 필자는 결단성 개념분석을 중심으로 하이데거가 말하는 본래적인 삶, 즉 '자기 자신'의 결단에 의한 삶에 대해

철학-함을 강조한 바에 대해서는 다음을 참조. 이기상, 「지구화 속 한국 철학의 중심잡기」, 『세계화 속에서 우리 학문의 중심잡기』, 외솔회, 561돌 한글날 기념 학술발표회, 서울프레스센터 기자 회견장, 2007.10.8, 13~33쪽.
15 이기상, 『존재의 바람, 사람의 길』, 261~262쪽.

생각해보고자 한다. 더 나아가 결단성 개념분석으로부터 이 웰빙의 시대에 절실히 필요한 '자기 자신'을 사는 삶(본래적 삶)은 어떠해야 하는가에 대해 더불어 반성해보고자 한다.

2) 현존재의 결단성과 본래적 삶

하이데거는 『존재와 시간』 제1부 제2편(「현존재와 시간성」) 제2장 (「본래적 존재가능의 현존재적인 증명과 결단성」)에서 본래적인 실존과 결단성의 관계에 대해 상세히 논구하고 있다. 그런데 우리는 본래적인 삶과 결단성의 문제로 넘어가기 전에 먼저 하이데거의 '실존으로서의 인간'[16]이해에 대해 다시 한 번 상기해 보아야 할 것이다.

하이데거는 전통적으로 내려오던 인간이해 방식, 즉 본질주의적 인간이해를 거부한다. 피조되었다는 차원에서 인간을 '하느님의 모상'(Imago Dei)으로 보고 다른 사물존재자들과 같은 방식으로 인간을 파악하는 범주를 비판한다. 인간의 있음은 다른 존재자들이 있는 것과는 다르다. 인간은 그 있음에 있어서 그 있음 자체를 문제시하고 있는 그러한 있음이다. 다른 돌이나 의자, 망치 등은 그 자체로 이미 서양 고대철학적인 의미에서 존재가 충만해 있는 존재

---

16 하이데거가 실존(Existenz)이라고 말할 때에는 두 가지 의미가 베여 있다. 하나는 각자성(Jeweilichkeit)이고 다른 하나는 존재이행(Seinsvollzug)이다. 이를 종합해 말해 본다면, 실존으로서의 인간은 '각자 자신의 존재를 이행해야 하는 존재'이다.

자이다. 다시 말해 그 자체로 완성된 존재자라는 뜻이다. 그러나 인간은 자신의 있음을 끊임없이 문제로 여기며 자신의 세계—내—존재가능을 향해 기획투사해야 한다. 늘 결핍을 느끼는 가운데 자유의 결단을 통해 자신을 완성시켜가야 하는 존재자인 것이다. 이러한 인간의 있음의 방식을 사르트르는 '인간은 자유로 단죄 받았다'고 말한 것이다. 인간은 선택을 유예시킬 수 없다. 그리고 자신의 선택, 참여에 대해 책임을 져야 한다. 그렇게 함으로써 자신의 삶을 스스로 만들어가야 하는 것이다. 인간은 계속해서 자신을 형성해가지 않으면 아무 것도 아닌 그러한 존재이다. 따라서 인간은 자신이 처해있는 삶의 세계에서 도구와 사물 그리고 타인들과의 다양하고도 풍부한 관계를 늘 염려하며 살아가게 된다. 하지만 이 많은 관계의 그물망의 중심에는 항상 '자기 자신'의 세계—내—존재가능이라는 문제가 전제되어 있다. 이점을 하이데거는 염려라고 한 것이다. 염려는 인간 현존재의 있음인 것이다. 그런데 이 염려는 어디에서부터 기인하는 것인가? 그것은 바로 인간의 시간성이다. 인간은 이 세계에 던져질 때 주어진 처음의 재료, 즉 흙(땅, 자연)을 바탕으로 시간 속에 살면서 그 처음에 주어진 흙의 모습을 완성시키기 위해 나름대로 염려하며 살아가는 존재이다. 이러한 인간의 있음의 성격을 직시한 시(詩)를 통해 우리의 이야기를 전개시켜 가보도록 하자.

흙이 되기 위하여
흙으로 빚어진 그릇,

언제인가 접시는
깨진다.

생애의 영광을 잔치하는
순간에
바싹
깨지는 그릇,
인간은 한 번
죽는다.

물로 반죽되고 불에 그을려서
비로소 살아 있는 흙,
누구나 인간은
한 번쯤 물에 젖고
불에 탄다.

하나의 접시가 되리라.
깨어져서 완성되는
저 절대의 파멸이 있다면,
흙이 되기 위하여
흙으로 빚어진
모순의 그릇.[17]

---

17 오세영, 「모순의 흙」, 『반란하는 빛』(서울: 문학동네, 1997), 84~85쪽.

시인 오세영의 통찰에 의하면, 인간 현존재는 "흙이 되기 위하여 / 흙으로 빚어진 모순의 그릇"이다. 그러나 앞의 흙과 뒤의 흙의 의미는 다르다. 앞에서 말한 흙은 현존재가 염려로서 시간을 사르며 도달해야 하는 완성의 의미로서의 흙이라 하면, 뒤에서 말한 흙은 처음 세계에 던져질 때 주어진 재료에 불과하다. 현존재는 세계—내—존재로서 완성된 의미로서의 흙이 되기 위하여 끊임없이 자신의 세계—내—존재—가능을 염려하며 살아간다. 그리고 그 세계—내—존재—가능을 염려하는 원인은 바로 현존재의 시간성 때문이다. 현존재는 언젠가 반드시 죽는다. 이것보다 현존재에게 더 확실한 진리는 없다. 현존재는 자신이 죽는다는 사실을 의식하고 미리 그 죽음 앞으로 달려가 봄(Vorlaufen in den Tod)으로써 그리고 자신의 존재가능을 시간 속에서 염려하며 살아감으로써 진정한 의미의 '자기 자신'을 살 수 있게 된다. 어떠한 사물이나 신(神)이 아닌 현존재는 "물에 반죽되고 불에 그을릴 때 비로소 살아있는 흙"(본래적 '자기 자신')이 되는 존재이다. 현존재는 이러한 자신만의 존재 방식을 회피해서도 안 되고 또 회피할 수도 없다. 늘 자신의 세계—내—존재—가능을 염려하며 살아가야 하는 인간 현존재의 실존성을 감내하고 떠맡아야 하는 것이다. "깨어져서 완성되는 저 절대의 파멸이 있다면" 우리는 "하나의 접시가 되어야 한다". 세계 내에 던져진 존재함의 방식을 떠맡아야 하는 것이다. 이것이 바로 "흙이 되기 위하여 / 흙으로 빚어진" 존재의 모순된 것 같지만 현사실적인 존재방식인 것이다.

여기서 필자는 하이데거의 실존으로서의 인간 이해와 자신의 결단에 의해 자유를 행사해야 하는 인간의 존재방식을 이해한 바탕 위에 종교의 참다운 의미에 대해 숙고해보고자 한다. 종교란 무엇인가? 오늘날과 같은 종교의 위기시대에 종교적 삶(본래적 삶)이라는 표현은 무엇을 뜻하는가? 종교에 대한 정의는 한 권의 큰 사전이 될 만큼 수없이 많고 또 다양해서 여기에서 다 이야기할 수는 없을 것이다.[18] 다만 여기서는 종교의 어원분석을 통해 드러나는 근본사태와 하이데거의 결단성 개념을 비교하여 종교적 삶의 본질적 의미에 대해 이야기해 보고자 한다.[19]

우리는 살아가면서 크고 작은 많은 경험을 하게 된다. 그런데 일

---

18 하이데거는 『존재와 시간』 이전 1920 / 21년 겨울학기 강의인 『종교현상학 입문』에서 초대 그리스도인들의 종교적 삶의 현상문제 그리고 그들의 삶의 존재와 시간의 문제 등에 대해 구체적으로 논한 바 있다. 하이데거의 종교이해와 초대 그리스도인들의 삶(존재)과 시간의 의미에 대한 구체적 논의는 다음의 글들을 참조. M. Heidegger, *DiePhänomenologie des religiösen Lebens* GA60, Vittorio Klostermann Frankfurt a. M., 1994; 김재철, 「하이데거의 종교현상학」, 한국현상학회 편, 『인간의 실존과 초월』(서울: 철학과 현실사, 2002), 38~75쪽; 신상희, 「하이데거의 존재물음의 신학적 유래에 대하여(초대 그리스도교의 현사실적 삶의 경험을 중심으로)」, 『하이데거와 신』(서울: 철학과 현실사, 2007), 31~62쪽; 정기철 「하이데거의 ≪데살로니가 서신≫에서 시간문제와 종말론」, 『시간문제와 종말론』(서울: 한들출판사, 2000), 259~280쪽.

19 일반적 의미에서 종교의 본질은 종교를 뜻하는 라틴어 'religio'에 대한 분석을 통하여 규정될 수 있다. 여성형 추상 명사인 'religio'가 'religare'와 'relegere'중 어느 것으로부터 파생되었는지는 로마 시대로부터 지금까지 두 학설이 대등하게 주장되어 오고 있다. 먼저 're-ligare'는 신과 인간을 다시(re) 묶는다(ligare)는 뜻을 함축하고 있다. 이는 그리스도교 교부들에 의해 주장되고 뒷받침되어오는 바로써 신의 말씀을 잃어버리고 타락한 존재인 인간을 신이 다시(re) 종교를 통하여 인간을 되돌아오게 한다는 의미를 함의하고 있는 것이다. 두 번째 종교를 're-legere'에서 온 것으로 보는 관점은 최근 인도 유럽어에 대한 비교 언어학자인 벤베니스트에 의해 확고하게 밝혀진 바인데, 종교는 내가 다시(re) 선택하다(legere)는 의미를 갖고 있다는 것이다. 박희영, 「철학적 관점에서 본 종교」, 최영수 / 임영상 외, 『종교로 본 서양문화』(서울: 역민사, 2002), 32쪽 참조

상적으로 반복되는 경험이 아닌 우리의 삶을 되돌아볼 수 있게 만드는 경험을 하게 될 때가 있다. 예를 들면, 가까운 친지의 죽음, 교통사고, 불치의 병 등을 겪을 때가 있다. 이때 우리는 이러한 경험을 일상적으로 반복되는 경험과는 다르게 그냥 흘려보내는 것이 아니라 그 경험에 대한 반성적 작업을 통해 지금까지와는 다른 삶의 방식(Modus Vivendi)을 다시 선택하여 그 선택한 삶을 살게 되기도 한다. 이렇듯 다른 삶의 태도를 선택하여 정신적으로 다시(re) 태어나서(naitre) 새로운 존재방식으로 귀의(conversio)하는 것이 바로 종교의 본질적 의미인 것이다. 우리가 그리스도교를 믿든, 불교를 믿든, 이슬람교를 받아들이든지 하는 것은 중요하지 않다. 자신이 다시 태어날 수 있고 다른 존재방식으로 귀의해서 지금까지의 이기적인 삶이 아닌 다른 사람을 위하고 더 큰 뜻을 위하여 이바지하는 삶을 살게 되는 것이 중요한 것이다.[20]

A. 타르코프스키,
〈희생, 1986〉

우리는 흔히 종교를 그리스도교, 불교, 이슬람교, 신(新)종교 등으로 나누어 생각한다. 물론 각 종교들의 축적적 전통과 그 속에서의 신앙을 통해 종교를 말할 수도 있을 것이다. 그러나 여기에서는 일반적인 종교의 의미와 본질을 밝혀내고 그것과 하이데거의 결단성 개념과 비교하고자 하기 때문에 각 종교에서 말하는 전통이나 신앙의 의미에 대해서는 언급하지 않을 것이다.

우리가 위에서 살펴본 바와 같이 종교의 참다운 의미는 내가 선택하는 데 있다. 각 종교는 그 종교를 창시한 자가 있고 그 종교의 전통이 있을 것이다. 우리가 그것에 대해 공부하는 것도 필요한 작업이다. 그러나 보다 중요한 사태는 그 종교를 통해 내가 깨달음을 얻고 그 깨달은 바대로 살아가는 것이다. 일시적인 구원이나 열광이 아닌 삶 전반을 통한 꾸준한 진리의 실천과 삶으로 드러냄이 종교의 본질적 의미인 것이다. 이로써 우리는 종교의 참다운 의미가 특정 종교를 믿는다는 사실 자체에 있는 것이 아닌 내가 선택한 종교나 가르침을 실천을 통해, 삶을 통해 드러내고 그것과 하나가 되고자 노력하는 자세에 있다는 사실을 밝혀내었다. 이러한 종교의 본질적 의미와 비교하여 하이데거가 말하는 결단성 개념을 생각해 보기로 하자.

한국사회에서 우리는 종교의 세계에서도 흔히 '사람들'의 논리와 문법이 힘을 발휘하고 있음을 보게 된다. 우리의 삶의 세계에서 드

---

20 박희영, 같은 글, 24~63쪽 참조.

러나고 있는 종교현상들의 특징 중 하나는 모이는 장소를 '우선 대개' 크게 지으려고 한다. 그래서 그 큰 건물 속에서 엄청난 수의 사람들이 모여 거대한 '사람들'의 세계를 만들어 놓고 시작하려고 한다. 그래서 신(神)과의 대화인 기도도 '사람들'과 더불어 한다. 그래서 '사람들'이 부르는 신을 나도 불러보는 것이다. 왜냐하면 그 속에서의 신은 나에게 포근함과 안온함을 주기 때문이다. 이것은 어느 특정 종교에 대해 말하고자 하는 것이 아니다. 우리의 삶의 세계 속에서 흔히 볼 수 있는 종교적 현상들을 보여주고자 하는 것이다.[21]

우리는 '사람들'과 더불어 있으면 우선 안정감과 포근함을 느낀다. 그리고 '사람들'이 만들어 놓은 삶의 논리와 문법을 그대로 따르면서 자신의 생각과 무늬를 적당히 희석시켜가면서 '사람들'의 눈치와 비위를 잘 맞추면 그럭저럭 살아갈 수 있다고 생각한다. 괜히 나서거나 진지하게 사태와 마주하는 것을 피한다. 그래서 종교의 세계에서도 '사람들'의 논리와 문법이 커다란 힘을 발휘하게 되는 것이다. 더 나아가 이러한 '사람들'의 논리와 문법이 왜곡되어

---

21 최준식 교수는 오늘날 한국사회에서 종교의 사회적 기능을 강조하며 종교의 본래적 기능으로 한국적인 '정신적 프로그램 혹은 펀더멘탈'의 제시를 꼽고 있다. 하지만 한국사회에서 대표적인 기독교와 불교 그리고 신종교들 할 것 없이 각 교단내의 전근대성과 권위주의 그리고 집단주의 등의 문제로 자체의 개혁은커녕 한국인의 정신적 비전 창출에 얼마만큼의 기여를 하고 있는가에 대해 회의적인 시선을 보낸다. 필자는 한국인의 종교문화적 삶에 내재해 있는 이러한 전근대성과 권위주의 그리고 집단주의 등에 알게 모르게 하이데거가 말하는 사람들의 논리와 문법이 작용하고 있다고 본다. 따라서 종교지도자들이 이러한 사람들의 논리와 경향을 부추겨 본래적 사명을 망각한다면, 그 사회에 그 종교라는 비판과 함께 21세기 생명과 평화의 시대를 여는 일에 오히려 걸림돌이 될 것이다. 최준식, 「한국의 종교, 그 존재 당위성의 여부 문제에 대하여」, 한국종교학회, 『종교연구』(제18집), 1999년 가을, 43~65쪽 참조.

나타나게 되면 종교적 열광주의나 자기들만이 신의 구원을 받았다는 광신의 세계로 쉽게 빠져들게 된다. 우리는 이렇듯 '사람들'의 논리와 힘에 의해 움직여지는 종교현상으로부터 종교의 본질과 참다운 의미를 찾아보기 어렵다. 종교의 본질과 의미는 '사람들'이 아닌 '자기 자신'의 결단과 선택에 의해 굳건히 뿌리내리게 되는 진리의 체화(體化), 진리의 실천, 진리와 합일(合一)되고자 노력하는 삶에서 찾아질 수 있는 것이다. 하이데거가 말하는 '자기 자신'의 결단에 의한 삶도 마찬가지이다.

> 결단을 내린 현존재는 자기 자신이 선택한 존재가능의 '그 때문에'에서부터 자기 자신을 자기의 세계로 자유롭게 내준다. 자기 자신에로의 결단성이 현존재를, 비로소 함께 존재하는 타인들을 그들의 가장 고유한 존재가능에서 '존재하도록' 하며, 이 가장 고유한 존재가능을 앞서 뛰어들며 자유롭게 하는 심려 속에서 함께 열어 밝힐 수 있는 가능성에로 데려온다. 결단한 현존재는 타인의 '양심'이 될 수 있다. 결단성의 본래적인 자기존재에서부터 비로소 처음으로 본래적인 '서로 함께'가 발원되는 것이지, '그들' 속에서의 애매하고 질투심 섞인 약속들과 수다스러운 친교 그리고 사람들이 도모하려고 드는 일에서부터 생기는 것이 아니다. (SZ 397)

필자는 '다시-선택함'(re-legere)으로서의 종교는 하이데거가 말한 결단성 개념과 그 철학적 의미가 상통한다고 생각한다. 하이데거의 결단성 개념은 '사람들'과 '자기 자신'의 관계에서 생겨나는 것이다. 그런데 여기서 하이데거는 실존으로 인간을 말하고 보기 때문에

'사람들'에 의해 빠져 있는 삶을 본래적인 실존의 삶이라고 생각하지 않는다. '사람들'의 선택이나 결단이 아닌 '자기 자신'의 선택과 결단에 의해 살아갈 때 본래적인 자기를 사는 삶이 되는 것이다. 그리고 우리의 삶 속에서 일어나는 모든 현상, 예컨대 종교 선택, 직업 선택, 배우자 선택 등의 문제에서 만약 다른 사람이나 '사람들'에 의해 이끌려 하게 된다면 그러한 선택과 삶은 비본래적인 선택과 삶이 된다. 우리는 비본래적인 선택과 삶에서는 자유와 양심 그리고 삶의 주체로서의 나를 말할 수 없게 되는 것이다. '자기 자신'의 결단에 의한 삶을 살아야 한다는 하이데거의 생각과 종교적 진리나 가르침을 내가 다시 선택해 그 선택한 바와 일치되고자 노력하는 것이 종교의 의미라는 생각은 필자가 보기에 같은 맥락이다.

삶의 그때그때마다 자신의 결단에 의해 자기의 본래적 존재가능으로 기획투사해야 함을 강조하는 하이데거는 초기부터 자신의 철학에서 '현사실성'(Faktizität)이란 개념을 중요시하였다. 이 개념은 '논리성'(Logizität)에 상반되는 개념으로 현사실성은 일회적, 우연적, 상대적, 시간적, 개인적, 반복할 수 없는 것인 반면, 논리적인 것은 영구적, 필연적, 보편적, 초시간적인 성격을 뜻한다. 하이데거는 전통적으로 철학에서 논리적인 것을 찾고 추구해온 바에 대해 비판하며 논리적인 것에 대해 근본적으로 물음을 제기한다. 그리고 인간의 삶은 이러한 논리적인 것으로 분석하거나 비추어서는 알 수 없다고 보고 우리의 삶을 '있는 그대로' 드러내고자 노력한다. 그래서 하이데거는 자신의 이러한 작업을 '현사실성의 해석학'(Hermeneutik der Faktizität)이라고 명명했다. 또한 하이데거의 초기 작품 중의 하나인

『종교현상학 입문』에서는 '현사실적인 삶의 경험(faktische Lebenser
fahrung)'을 강조하며 종교적 현상이나 경험을 플라톤 식의 이데아—
현상으로 나누어 설명하거나[22] 트뢸취 식의 종교철학적인 주제별로
(영혼론, 인식이론, 역사철학, 형이상학) 나누어 종교를 설명하는 방식을
철저히 비판한다.[23] 더 나아가 아예 신약성서 자체를, 예를 들면 「데
살로니가 전·후서」를 현상학적 방법으로 해체해 버린다.[24]

이러한 하이데거의 일련의 작업 내지 의도는 무엇을 말하는가?
그것은 바로 시간 속에서 철저히 그 시간을 사는 존재인 인간 현
존재의 삶을 '있는 그대로' 드러내고 그러한 종교적 삶의 성격을
보여주고자 하는 것이다. 지금 나의 삶은 어떻게 이루어지는 것인
가? 그것은 과거로부터의 나의 삶과 미래에 내가 되고자 희망하는
그 모습을 미리 '지금 여기'에 앞당겨 와서 살고 있는 삶이 아닌가.
우리는 단순한 현재를 사는 것이 아니라 과거가 농축되어 이어져
오고 미래가 앞당겨져 있는 긴장된 생생한 지금을 살고 있는 것이
다. 그러므로 이러한 작열하는 지금을 사는 우리는 우리의 삶을
'사람들'의 논리와 문법에 내맡긴 채 마냥 편안할 수만은 없는 것
이다. 매순간, 그때그때마다 나의 결단과 선택에 의한 주체적인 삶
을 살아야 하는 것이다. 이러한 삶이 바로 하이데거가 말한 본래적

---

22 M. Heidegger, "Einleitung in die Phänomenologie der Religion", *Phänomenologie des*
  Religiösen Lebens GA60, hrsg. Matthias Jung / Thomas Regehly, Vittorio Klostermann
  Frankfurt am Main, 1995. 38~45쪽 참조(이하 *PhRL*으로 표기)
23 *PhRL*, 19~26쪽 참조.
24 *PhRL*, 87~115쪽 참조.

실존의 삶이다. 결국 하이데거에서 본래적인 삶은 '사람들'과 더불어 공공장소에서 신을 믿는 삶이나 대중적 유행을 쫓아가는 삶이 아닌 '자기 자신'의 결단에 의해 자신의 삶과 운명을 만들고 개척해 가는 삶이다.[25]

---

25 이러한 하이데거가 강조하는 본래적 삶을 일구어 가는 실존의 노력을 조병화 시인은 다음과 같이 읊고 있다. 조병화, 「운명을(어느 노인의 독백)」, 『고요한 귀향』(서울: 시와 시학사, 2000), 19쪽.

> 운명을,
> ―어느 노인의 독백
>
> 나는 평생을 한시도 빠짐없이
> 스스로의 운명을 응시하면서
>
> 타고나온 스스로의 운명을 운명으로
> 살지 않고, 부지런히
> 스스로의 노력으로 타고나온 그 운명을 새로 만들면서
> 그 만들어진 새로운 운명을
> 쉬지 않고 살아왔어라
>
> 슬픔도 기쁨도

필자는 위의 시에서 언급된 '운명'을 하이데거의 『존재와 시간』에 나타난 현존재의 염려, 즉 현사실성(내던져져 있음), 실존(기획투사) 그리고 빠져 있음의 구조계기들로 드러나는 삶의 현상과 비교하여 생각해 보고자 한다. 현존재는 운명과 같이 내던져진 자신의 현사실성을 받아들이면서 그 내던져져 있음에 단순히 만족하는 것이 아닌 스스로의 기획투사라는 노력을 통하여 새로운 의미의 운명을 만들어가는 존재이다. 그렇게 새로운 의미의 운명을 창조해가는 과정 속에서 우리는 슬픔과 기쁨, 행복과 고통이라는 삶의 빛과 그림자를 다 겪어내는 것이다. 우리는 『존재와 시간』에서 현존재의 시간성이 분석되고 있음을 확인할 수 있는데, 이는 현존재의 존재의미가 철저히 시간 속에서 드러남을 현상학적으로 보여주고 있는 하이데거의 노작(勞作)인 것이다. 인간은 주어진 시간 속에서 도구존재와 사물 그리고 다양한 타인들과의 관계 속에서 염려(Sorge)하고 배려(Besorge)하며 또한 심려(Fürsorge)하면서 살아간다. 그러한 삶의 세계 가운데 실존으로서의 인간의 본래성과 비본래성의 문제가 생겨나는 것이다. 따라서 하이데거에서 본래적 삶의 참된 의미는 시간을 질적으로 사는, 즉 현사실적 삶의 경험을 온몸으로 자기화(Aneignen)하기 위해 노력하는 자세에 있다고 할 수 있다. 이러한 본래적 삶을 우리는 종교적 삶이라고 볼 수도 있을 것이다.

제9절

일상과 본래성 회복 문제

불안(Angst)과 양심의 부름
그리고 죽음을 향한 본래적 존재의 실존론적 기획투사

1. 하이데거에서 불안(Angst)과 죽음의 철학

우리는 앞선 논의를 통하여 하이데거가 자신의 주저인 『존재와 시간』에서 본래적인 실존의 삶이 '자기 자신'의 결단에 의해 살아가는 삶이라고 강조한 바를 충분히 이해하게 되었다. '사람들'이 마련해 놓은 포근하고 안온한 논리와 문법을 그대로 따르는 삶이 아닌 '자기 자신' 때문에 '자기 자신'을 위해서 살아가는 삶의 논리와 문법을 형성하려고 할 때 우리는 어떤 기분을 느끼게 되는가? 남과 다른데서 오는 걱정과 편치 않음 그리고 섬뜩함 등의 느낌이 들 수 있을 것이다. 그런데 하이데거는 우리가 세상사로부터 한결음 물러서서 자기 자신의 가장 고유한, 무연관적, 최후의 가능성 인 죽음으로 앞서 달려가는 연습을 이행할 때, 그때의 근본기분 (Grundstimmung)을 바로 **불안**(die Angst)[1]이라고 표현한다. 우리는 '사 람들'이 하듯이 하면 불안하지 않다. 왜냐하면 '사람들'과 똑같으 면 그 속에서 오히려 안정감과 편안함을 느끼기 때문이다. 그러나 '사람들'이 하듯이 똑같이 따라서 사는 사람은 '자기 자신'의 결단 에 따른 삶을 살지 못하는 사람이다. 그러므로 본래적인 실존을 살 고 있지 못한 셈이다. 하이데거는 우리가 우리의 본래적인 모습에 정면으로 대하게 될 때를 죽음에 대한 불안을 느낄 때라고 한다. 하이데거에 의하면 인간은 죽음을 향한 존재이다. 현존재는 언젠가 죽는다. 이것이야말로 가장 확실한 진리이다. 근대적 세계관을 개 척한 데카르트가 "나는 생각한다. 그러므로 나는 존재한다"라는 사 태가 가장 확실한 진리라고 생각하였고 근대정신의 완성자였던 헤

---

1 따라서 우리는 이 하이데거의 불안 개념을 단순히 생물학적, 심리학적으로 받아들여 서는 안 된다. 불안은 현존재의 근본적 처해 있음이다. 현존재는 처해 있음, 이해 그 리고 말로써 던져진 세계 속에서의 열어 밝혀져 있음을 유지할 수 있는데, 이중 처해 있음은 현존재가 갖추고 있는 어떤 특성이나 능력이 아니라 세계를 열어 밝히는 한 계기이다. 이러한 처해 있음의 현상은 이성적 추론이나 분석에 의한 것이 아닌 일상 적인 기분에 의해, 기분에 젖어 있음으로부터 말해질 수 있다. 우리는 우리의 특정한 세계 안에 처해 있음을 어떻게 감지하는가? 동요되지 않은 침착함, 공포, 권태, 절망, 앎의 경쾌함 등의 기분을 통해서가 아닌가. 이중 하이데거는 현존재의 근본기분, 근 본적 처해 있음을 **불안**이라고 표현하는 것이다. 죽음으로 향한 존재인 현존재가 가장 개별화될 수 있고 본래적인 실존을 회복할 수 있는 계기가 바로 죽음 앞에서의 불안 을 통해서이기 때문일 것이다. 우리의 궁극적 관심인 죽음 그리고 그 죽음 앞에서의 불안을 통해 우리는 실존적 결단을 하게 되고, 양심의 부름을 들을 수 있게 되며 그 래서 우리의 현사실성을 생경하게 볼 수 있다. 하이데거에서 이와 같은 근본기분에 대한 우리의 생활세계에 바탕을 둔 선구자적이고도 독창적인 앞선 연구에 대해서는 다음을 참조. 구연상, 『공포와 두려움 그리고 불안』(서울: 청계, 2001).

겔은 "전체가 진리다"라고 하였다. 하지만 근대 말에서 현대로 넘어오면서 키에르케고르는 비로소 인간을 실존으로 보며 죽음을 본격적으로 철학적 주제로 가져오며 "주체성이 진리다"라는 사태를 강조하였다. 이에 자극을 받은 하이데거는 더 나아가 죽음을 인간으로 하여금 본래적인 실존으로 향하게 하는 근본현상으로 죽음의 존재론적인 의미를 개척해 간 것이다. 그는 『존재와 시간』 제46절에서부터 제53절에 걸쳐 죽음의 존재론적 의미를 현존재의 일상성과 비교해가며 집중적으로 논구하고 있다.

우리는 정신없이 바쁘게 살아가다가도 문득문득 그동안 내가 구성해놓은 의미세계가 완전히 무너져 내리는 듯한 기분을 느낀다. 그리고 일상 속에서 '사람들'이 마련해 주는 재미있고 짜릿한 생활을 즐기다가도 혼자 있을 때면 짙은 '형이상학적 허무감' 같은 기분을 체험하기도 한다. 그래서 우리가 죽음으로 미리 앞서 달려가 본래적인 실존으로 살려고 할 때, 그때 오히려 "사람들은 죽음 앞에서의 불안에 대한 용기가 피어오르지 못하도록 한다."(SZ 340) 우리는 신문의 부고(訃告)란이나 주위 사람들의 죽음의 소식을 들을 때에도 속으로는 '나는 아직 아니야. 죽음은 나와는 아직은 상관이 없어'라고 위로해가며 죽음을 자신의 죽음으로 가져오지 못한다. 시끌벅적한 병원의 영안실에 문안 가서 안타까움의 마음을 나누기도 하지만 자신의 죽음이 아니라고 여기며 인간관계상 한 번 다녀오는 사건으로 치부해버린다. 이러한 우리의 죽음에 대한 일상적인 태도에 대해 경종을 울리며 하이데거는 다음과 같이 죽음을 대할 것을 강조한다.

모든 현존재는 각기 죽음을 그때마다 스스로 자기 위에 받아들이지 않으면 안 된다. 죽음은, 그것이 '있는' 한, 본질적으로 각기 그때마다 나의 죽음이다. 그리고 죽음은 거기에서 단적으로 각기 자신의 고유한 현존재의 존재가 문제가 되고 있는 그런 독특한 존재가능성을 의미한다. 사망함에서 드러나는 것은 죽음이 존재론적으로 각자성과 실존에 의해서 구성된다는 점이다. 사망은 사건이 아니라 실존론적으로 이해되어야 할 현상이며 좀더 자세하게 한정되어야 할 탁월한 의미에서의 현상이다. (SZ 322~323)

그렇다면 이렇게 죽음을 일상적인 사건이 아닌 나의 가장 고유한 존재가능이 문제가 되고 있는 실존론적 현상으로 이해됨은 어떻게 가능한가? 일상의 잡담의 세계에서의 들뜸과 호기심에서의 분주함에서 이해될 수 있는가? 하이데거는 죽음으로 앞서 달려가 볼 때의 근본기분, 즉 불안에서 무(無)가 드러나며 존재자 전체가 의미를 잃어버리는 사건이 일어난다고 말한다. 우리는 불안 속에서 무를 경험할 수 있다. 그런데 무의 본질은 무화(die Nichtung)이다. 이때 "무화작용(das Nichten)은 어떤 제멋대로의 발생 사건이 아니다. 그것은 오히려 미끄러져 빠져나가는 존재자 전체를 거부하고 가리키면서 그 존재자 전체를—무를 마주하여—지금까지는 숨겨져 있던 그러한 아주 낯선 형태 안에서 단적인 타자로 드러낸다."[2] 우

---

2 M. Heidegger, "Was ist Metaphysik", *Wegmarken* GA9, hrsg. Friedrich-Wilhelm von Herrmann, Vittorio Klostermann Frankfurt am Main, 1976. 114쪽.; 이기상 옮김, 『형이상학이란 무엇인가』(서울: 서광사, 1994), 89쪽. (이하 『형이상학이란 무엇인가』로 인용과 표기)

리는 불안이라는 근본기분 속에서 우리의 욕망이나 자의적인 해석에 의해서가 아닌 '있는 그대로'의 사물과 타인의 생경(生警)함을 볼 수 있는 가능성으로 입문하게 된다. 그렇지만 다른 한편 우리는 일상 가운데 이러한 불안 없이도 잘 지내며 다른 사물이나 타인과도 관계를 그럭저럭 맺으며 살아가고 있지 않은가? 이러한 우리의 '우선 대개'의 일상은 어떻게 말할 수 있는가? 그것은 바로 "무가 우리에게 우선 대개 그 근원성에 있어 위장되어 있음을 말하는 것이다. 그렇다면 어떻게 해서 그것이 가능할 수 있는가? 다름이 아니라 우리가 우리 자신을 특정한 방식으로 완전히 존재자에 잃어 버림으로써 그럴 수가 있다. 우리가 일상적인 활동 속에서 더욱더 존재자에게 몰두하면 할수록, 우리는 더욱더 존재자 자체를 미끄러져 빠져 나가지 않게 할 것이고, 그래서 더욱더 무에서부터 돌아서 버릴 것이다. 그리고 우리는 더욱더 확실하게 우리 자신을 현존재의 공적인 껍데기(öffentliche Oberfläche des Daseins)로 몰아넣을 것이다."[3]

우리의 일상적 존재양식인 잡담과 호기심 그리고 애매함은 결단성과 본래성의 차원에서 보자면 사실 현존재의 공적인 껍데기에 연관된 삶의 세계이다. 그러므로 일상에서의 피상적이고 이해타산적인 태도로는 다른 사물이나 타인과 제대로 된 관계를 가질 수 없으며 그런 의미에서 하이데거는 "무의 근원적인 드러남이 없이는 자

---

3 『형이상학이란 무엇인가』, 92~93쪽.

기 자신으로 존재함도, 자유도 없다"[4]고 말하는 것이다. 삶의 거기에 있다는 것, 즉 "현－존재란 무 속으로 들어서 머물러 있는 것을 말한다."[5] 우리는 각자 자신의 죽음으로 미리 달려가 보는 연습 속에서 무의 자리지기(Platzhalter des Nichts)로서의 자기 자신임을 발견하게 될 것이다. 이러한 우리의 현사실적 삶과 죽음 그리고 불안이라는 처해 있음에서의 본래성 회복이라는 철학적 문제를 직접적으로 다룬 영화이야기로 잠시 우리의 논의를 쉽게 정리해보기로 하자.

필자가 하이데거의 죽음담론과 관련하여 다루고자 하는 영화는 구로자와 아끼라 감독의 <이키루(生), 1952>라는 영화이다.

구로자와 아끼라, 〈이키루, 1952〉

구로자와 아끼라 감독은 이 영화에서 현존재의 죽음사건을 하이데거의 『존재와 시간』에서와 아주 유사하게 그려준다. 이 영화의

4 『형이상학이란 무엇인가』, 91쪽. "*Ohne ursprüngliche Offenbarkeit des Nichts kein Selbstsein und keine Freiheit.*"
5 『형이상학이란 무엇인가』, 89쪽. "*Da-sein heißt : Hineingehaltenheit in das Nichts.*"

주인공인 시청과장인 와타나베 칸지는 30년 가까이 공무원생활을 해온 사람이다. 하지만 그는 매번 대충대충 일처리를 하는, 매너리즘에 철저히 빠진, 그래서 자기 자신의 꿈과 가능성을 향해 열정을 불태우는 삶을 살아본 적이 없다. 그저 적당히 눈치보고 시간 때우고 자리를 유지해 오면서 꼬박꼬박 월급을 받고 퇴직 후의 연금을 계산해 왔다. 그러한 삶의 태도를 보고 자란 주인공의 아들 내외역시 아버지가 죽으면 받게 될 상속에 대해 은근히 관심을 보이며 아버지의 눈치를 살피며 함께 살아가고 있다. 그러던 어느 날, 아버지는 병원에서 위암 말기라는 판정을 받게 된다. 가장 일상적인 안정과 안온함 그리고 포근함이 완전히 무너지는 경험을 주인공은 겪게 된다. 그러면서 30년이라는 그동안의 일상적인, 비본래적인 그래서 '자기 자신'을 직접 문제삼아 보지 못했던 시간을 되돌아보며 후회하게 된다. 그러한 후회와 더불어 '자기 자신'의 본래적인 꿈과 가능성에 대해 결단을 내리게 되는데, 그 결단의 내용은 그 동네의 빈민자들을 위해 공원을 조성해 주는 일이다. 마을 주민들은 매번 공원조성을 위한 민원을 넣어보지만 시청 공무원들은 복지부동이다. 자신의 일이 아니기 때문이다. 괜히 나섰다가 귀찮고 험한 꼴만 당한다는 것을 시청 공무원들은 너무나 잘 알고 있다. 이러한 일의 세계에서의 매너리즘과 사람들 서로간의 눈치 그리고 적당한 타협이 자리잡은 삶의 세계에서 주인공은 자신의 결단을 통한 일침을 놓는다. 공무원으로서의 본연의 사명과 임무에 대해 깨달은 주인공은 상사와의 불협화음, 동료들의 비방 등 온갖 문제들과 정면으로 대적하며 '자기 자신'의 결단을 드러내고 온전히 실현시켜 내기 위해 최선을 다한다. 온갖 우여곡절 끝에 주인공은 공원을 조성해 놓고 동네 놀이터에서 그네를 타다 죽게 된다. 이후 주민들을 위한 공원조성이라는 선한 일은 시장이 단독으로 이룩한 일로 여론에 비춰지며 시장만 부각되고 주인공은 빛도 이름도 없는 가운데 영안실의 영정사진 속에서 미소만 짓고 있다. 조문(弔問)을 온 직장동료들은 이 일을 두고, 술에 흥건히 취한 채, 격렬한 논쟁을 벌이게 된다. 시장이 권력에 눈이 어두운 놈이라느니, 주인공이 불쌍하다는 등의 푸념과 함께 시장 옆에 줄선 사람들과 주인공의 죽음에 대해 인간적인 양심에 호소하는 사람들로 나뉘어 심한 논쟁이 오간다. 감독은 이 논쟁하는 장면에 긴 시간을 할애하며 논쟁하는 사람들의 표정을 세밀하게 보여준다. 바로 우리들의 일상적 삶에서 나타날 수 있는 다양한 모습들이다. 감독은 마치 그런 상황에서 '여러분은 어떠한 표정을 지으며 무슨 말을 할 것인가'를 관객들의 양심에 호소하고 있는 듯하다.

이 영화 읽기를 통해 우리는 『존재와 시간』에 나타난 현존재의 일상성과 죽음문제 그리고 결단을 통한 본래적 삶으로의 기획투사라고 하는 하이데거가 보는 실존적 인간의 모습을 너무나 구체적이고 생활세계적으로 확인하고 공감(共感)할 수 있을 것이다.

최근 우리사회에서는 급격하게 발달하는 과학과 기술에 마음을 빼앗겨 낙태나 생체(생명)복제를 얼마든지 할 수 있다는 자신감에 사로잡힌 채, 우리는 마치 우리가 죽지 않을 것인 양 행동하며 살아가고 있다. '의무의 윤리학'을 강조한 칸트의 눈, 즉 '우리는 할 수 있다. 왜냐하면 해야 하기 때문이다'라는 생각을 가지고는 도저히 상상할 수 없는 삶의 사태들이 너무나 일상적으로 벌어지는 상황이 도래하였다. 이러한 상황을 직시해 본다면, 현대인들은 마치 '우리는 해야만 한다. 왜냐하면 할 수 있기 때문이다'라는 생각 속에 죄책감 없이 살아가고 있는 듯하다. 할 수 있는데 하지 않는 것은 죄다. 그것도 원죄다. 과학으로 풀 수 없는 수수께끼란 없다는 자신감 속에 우리 모두는 참을 수 없는 욕망을 마음껏 발산하며 살아가고 있다. 이것이 이른바 근대성의 극치이자 완성인데 과연 지금 우리는 어디에 서 있는 것인가. 가장 본질적인 인간관계를 나타내는 성(性)윤리가 원조교제니 스와핑 등으로 왜곡되어 가고, 배려 없는 개발로 인해 생태계가 파괴되어 가며 이제는 인간 자신이 무분별한 낙태와 생체(생명)복제로 인해 위협받고 있다. 현대의 이러한 현상은 바로 근대 이후의 인간의 생각함의 방향, 삶의 방식이었던 '인간의지의 현상학', '주체의 형이상학'의 결과임에 틀림없다. 그래서 하이데거는 전통 형이상학자들과의 대결을 통해 형이상학의 극복을 이야기하며 인간을 더 이상 실존이나 현존재도 아닌 죽을 자(die Sterbliche)로 보게 된다.[6]

---

6 후기 하이데거는 더욱 근대성 극복을 위한 '세계(Welt)'이해의 다른 길을 제시하면서 인간을 아예 죽을 자(die Sterbliche)로 부른다. 인간만이 죽음을 죽음으로서 알아보고 대면할 수 있다. 인간은 이성적 동물도, 하느님의 모상이라는 정의로도 본질적 차원이 적중되지 않는다. 인간은 바로 죽을 자, 죽음으로 향해 있는 존재이다. 죽을 자는 하늘과 땅 그리고 신적인 것과 거울—놀이를 하며 거주한다. 그러므로 인간주체의 욕망으로 하늘과 땅, 신적인 것을 훼손해서나 마음대로 할 수 있다고 생각해서는 안 된다. 인간은 죽을 자로서 하늘과 땅 그리고 신적인 것과 함께 세계사방의 한 구성요소로서 살아가고 있는 것이다. 죽을 자로서의 인간과 그 인간의 거주함 그리고 사방세계에 대한 자세한 내용은 다음을 참조. M. Heidegger, "Das Ding", *Vorträge und Aufsätze*,

후기 하이데거에 의하면, 인간은 죽을 자로서 자신의 유한성을 자각하고 자신을 통해 하늘과 땅 그리고 신적인 것을 비추는 삶을 살아야 한다. 그리고 이러한 비추는 삶은 '사람들'에 빠져 살아가는 삶 속에서는 불가능하며 자신의 죽음으로 앞서 달려가 보는 '자기 자신'의 결단에 의한 삶, 다시 말해 본래적인 자신의 실존에 직면하는, 불안을 감내하는 삶 속에서 가능할 것이다. 죽음으로 "미리 달려가봄은 현존재에게 '사람들'에 상실되어 있음을 드러내 보이며 현존재를, 배려하는 심려에 일차적으로 의존하지 않은 채, 그 자신이 될 수 있는 가능성 앞으로 데려온다. 이때의 '자기-자신'이란, '사람들'의 환상에서부터 해방된 정열적이고 현사실적인, '자기 자신'을 확신하고 불안해하는 죽음을 향한 자유 속에 있는 자신이다."(SZ 355)

결국 하이데거는 죽음을 죽음으로서 대면해야 하는 인간의 현사실적인 삶의 성격을 보고 불안과 본래적인 실존으로의 결단성을 말했으며 이는 후기에 가서는 인간을 아예 죽을 자로 보고 세계사

Neske Pfullingen, 1978, 157~175쪽; 최상욱, 「거주하기의 의미에 대하여」, 한국하이데거학회 편, 『하이데거와 근대성』(서울: 철학과 현실사, 1999), 271~299쪽; 강학순, 「하이데거의 근원적 생태론」, 한국하이데거학회편, 『하이데거와 자연, 환경, 생명』(서울: 철학과 현실사, 2000), 17~64쪽; 이기상, 『하이데거의 존재사건학(존재진리의 발생사건과 인간의 응답)』(서울: 서광사, 2003), 특히 173~185쪽; 윤병렬, 「'거주함'의 철학적 지평(하이데거 사유와 고구려의 고분벽화를 중심으로)」, 한국하이데거학회 엮음, 『하이데거연구(제11집)』, 2005년 봄호, 5~35쪽; 신상희, 「하이데거의 사방세계와 신」, 한국철학회, 『철학』(제84집), 2005 가을, 63~86쪽; 신상희, 「사방세계 안에 거주함(자연친화적 삶의 방식에 대한 모색)」, 『하이데거와 신』(서울: 철학과 현실사, 2007), 199~230쪽; 강학순, 「볼노우의 인간학적 공간론에 있어서 '거주'의 의미」, 한국하이데거학회 엮음, 『하이데거연구(제16집)』, 2007년 가을호, 5~32쪽 참조.

방의 거울놀이에 동참해야 하는 존재로 말하게 된 것이다.

2. 양심의 부름에 응답하려는 삶 : 양심을 가지기를 원함

하이데거는 본래성과 비본래성이 뒤엉킨 채 살아가는 마당인 '사람들'과의 더불어 있음(Mitsein)에서 본래적 존재가능의 현존재적인 증명으로 또한 우리의 양심현상을 말하고 있다. 하지만 이러한 본래적 실존적 가능성을 입증하는 문제에서 우선 대개 '사람들' 속에 빠져 있어 '자기 자신'의 본래적 존재가능을 상실한 채 아무도 아닌 자에 의해 끌려 다니는 삶으로부터 자기 자신을 발견하고 본래성을 선택하는 계기로서 양심을 실존론적-존재론적으로 분석하는 일은 그렇게 간단하지 않다.

하이데거는 이 문제에 있어 "우선 양심이 그 실존론적 기초와 구조에서 소급추적되어 지금까지 획득된 현존재라는 이 존재자의 존재구성틀을 확고하게 견지하면서 현존재의 현상으로서 드러내보여야 한다."(SZ 359)는 입장을 견지한다. 그러면서 양심에 관한 존재론적 분석은 이제까지의 양심체험에 대한 심리학적 기술이나 신학적 해석 그리고 신의 존재 증명과 관련한 설명 등과는 거리가 멀다고 강조한다.[7] 하이데거는 양심현상에 대해 과대평가되어서도 안

---

7 하이데거는 자신이 수행하는 양심에 대한 "존재론적 분석이 일상적인 양심이해를 고려에 넣지 않고 그 이해에 근거한 인간학적, 심리학적, 신학적 양심이론을 무시해버

되고 잘못된 요구 아래 과소평가되어서도 안 된다는 입장에서 단적으로 다음과 같이 말한다. "양심은 현존재의 현상으로서, 객관적으로 눈앞에 발견되는 사실이나 때때로 눈앞에 있는 사실이 아니다. 양심은 오직 현존재의 존재양식 안에만 '있으며' 각기 그때마다 오직 현사실적 실존과 함께 그리고 이 실존 안에서 현사실로서 알려진다."(SZ 359)

하이데거는 양심을 현사실적으로 실존하는 인간에게만 일어나고 있는 인간현상으로 본다. 이러한 양심은 열어밝히는 힘, 즉 어떤 것을 이해하게 하는 힘이 있으며 부름의 성격이 있다고 한다. 그렇다면 양심의 부름의 성격이란 무엇을 뜻하는가? 양심현상에서 누가 부르며, 무슨 말이 들리는가 더 나아가 현존재는 어디로 불러내어지는 것인가? 양심의 실존론적-존재론적 기초를 위해 우리는 이 세 물음에 대한 해명을 해야 할 것이다. 우선 양심현상에서 누가 부르는 것인가? 우리는 우선 대개 서로 함께 있음의 공공성 속에서, 자신이 배려하고 있는 것, 자신이 투신하고 있는 것 등에 빠져 시간 가는 줄 모르고 열심히 살아간다. 그런데 자신이 몸담고 있는 공동체와 사회의 구조 속에서 온갖 비리와 부정부패 그리고 비인간적인 처사가 난무하는 생활이 일상적으로 자행되어가는 현

릴 권리는 가지고 있지 않다. 만일 실존론적 분석이 양심현상을 그것의 존재론적 뿌리까지 파헤쳐 보였다면, 바로 이 실존론적 분석에서부터 통속적인 해석도 이해될 수 있어야 한다. 특히 통속적인 해석이 어디에서 현상을 놓치고 있으며, 왜 그것이 현상을 은폐하고 있는지가 이해될 수 있어야 한다."(SZ, 387)는 입장을 고수하며 통속적인 양심해석이 자신에게 제기할 수 있는 네 가지 비판에 대해 논의하고 있다.

사실을 대하는 가운데 문득문득 '이렇게 살아가도 괜찮은가'라는 섬뜩한 기분과 함께하는 물음이 일어나는 경험을 하곤 한다. 우선 대개는 이러한 기분과 물음을 무시한 채 아무 일 없는 듯 살아가지만 우리는 결코 이 기분과 물음을 완전히 없앨 수는 없다. 사람이 사람일수록, 양심의 부름을 크게 듣는 자일수록 그러한 상황에서 갈등과 번뇌, 본래성과 비본래성의 긴장을 느끼게 된다. 본래성이 망각된 채 일상적으로 그저 그렇게만 살아가는 삶속에서 우리는 뭔가 편치 못함을 느낀다. 이러한 편치 못함을 느끼는 사람은 누구인가? 바로 부르는 자이다. 이렇듯 "부르는 자는 섬뜩함 속에 있는 현존재이며, 안절부절하는 근원적인 내던져져 있는 세계−내−존재이며, 세계의 무 속에 있는 적나라한 '있음의 사실'이다."(SZ 369) 그러므로 부르는 자는 일상적 사람들에게는 친숙하지 않으며 잡담과 호기심에 흥분하는 귀를 만족시킬 만한 아무런 말을 할 수 없는 자가 된다. 그렇기에 두 번째로 우리는 양심현상에서 무슨 말이 들리는가 하는 문제에 직면하게 된다. 하이데거는 이에 대해 다음과 같은 말을 한다. "부름은 아무것도 말하지 않으며, 세계의 사건에 대해서 아무런 정보도 주지 않으며, 이야기할 아무것도 가지고 있지 않다. (중략) 부름받은 자기에게 '아무것도' 건네 말해지지 않고, 그 자기가 그 자신에게로, 다시 말해서 자신의 가장 고유한 존재가능에로 불러세워지는 것이다."(SZ 365) 이와 같이 양심의 부름은 어떠한 발성이나 낱말이 필요하지 않으며 오로지 침묵의 양태로만 말할 뿐이다. 양심은 자신의 본래적 존재가능을 염려하는, 염려의 부름(Ruf der Sorge)으로서 "우리 자신에 의해서 계획되지도,

준비되지도, 의도적으로 수행되지도 않는다. 기대에 반해서, 심지어 의지에 반해서 '그것'이 부른다. 다른 한편, 부름은 의심의 여지 없이 나와 세계 안에 함께 있는 어떤 타인에게서 오는 것이 아니다. 부름은 나에게서 와서 나 위로 덮쳐온다."(SZ 367~368)

이렇게 섬뜩함과 염려의 부름을 듣는 현존재는 그렇다면 어디로 불러내어지고 있는 것인가? "이 부름은 사람들 자신을 자기 자신에게로 불러내는 것이다. 이러한 불러냄으로서 부름은 자기를 그의 자기존재가능으로 불러세우고 그로써 현존재를 그의 가능성에로 나오도록 앞으로 부르는 것이다."(SZ 366) 이렇게 자신의 존재가능으로 불러세우는 양심의 부름을 이해하는 자는 또한 자신의 현사실적 삶에 대해 탓이 있음(Schuld)을 느끼게 된다. 여기서 우리는 탓이 있음이라는 이념을 일부러 고안하여 현존재에게 뒤집어씌우는 것은 아니다. 이 탓의 본질은 이미 현존재 안에 있는데, 그 흔적을 우리는 일상적 현존재 해석에서부터 찾아야 할 것이다. 우리가 탓, 양심, 죽음 등과 같은 실존론적 현상들에 대한 존재론적 탐구를 수행할 때, 이것들에 대한 일상적 삶에서의 해석은 어떠한지를 무시해서는 안 된다. 왜냐하면 어떤 사태에 대한 일상적 해석은 비본래적으로 방향잡혀 있으며 따라서 근원적인 존재론적 물음제기는 은폐되어 있다고 하더라도 일상적인 잘못 봄에는 현상의 근원적인 이념에 대한 지침이 함께 드러나 있기 때문이다. 따라서 우리는 이 탓이 있음에 대한 일상적인 해석을 먼저 언급하지 않을 수 없다.

일상적으로 우리가 '~에 탓이 있다'라고 할 때, 우리는 두 가지를 염두에 두고 말하고 있다. '~빚을 지고 있다(schulden)'와 '~책임이 있다(schuldsein an)'가 그것이다. 예를 들어, 학교에 잘 적응도 못하고 공부도 못 따라가는 한 아이가 있다고 하자. 그래서 그 아이를 두고 그 아이의 엄마가 이렇게 말을 했다고 가정해 보자. '저 아이가 저렇게 된 것은 다 내 탓이야. 내가 아이 학원비 마련하고 가계 보탬이 되어보겠다고 일 다니느라 돌보지 못해서 저렇게 된 게야. 다 내 책임이고 내가 치러야 할 빚이야.' 이러한 말은 필자가 억지로 글을 전개하기 위해 고안해 낸 것이기보다는 우리의 생활세계에서 흔히 들을 수 있는 말일 것이다. 이 상황에서 엄마는 아이에게 빚을 지고 있음과 책임이 있음을 통감하며 일종의 죄를 지은 것 같은 미안함을 느낄 것이다. 우리가 흔히 죄를 지었다고 하면, 법을 위반하여 구체적으로 남에게 죄를 지음이라는 사태를 떠올릴 수 있을 것이다. 하지만 위의 경우에서 엄마가 아이에게 죄를 지었다는 것은, "타인(아이)의 현존재에서의 결핍에 대하여 원인(근거)이 되며, 그래서 이러한 원인이 됨 자체가 그것이 그 점에서 그것인 그 관점에서 볼 때 '결핍적인' 것으로 규정된다. 이 결핍성은 타인과 함께 실존하는 더불어 있음에 해당되는 요구를 충족시키지 못하는 것이다."(SZ 377) 이러한 타인과 더불어 있음에서 발생하는 어떤 요구를 충족시키지 못하는 사태를 우리는 '탓이 있음'이라고 이해할 수 있다. 이는 일종의 현존재의 존재양식이라고 볼 수 있는데, 따라서 이 탓이 있음은 현존재의 존재양식에서부터 개념파악되어야 할 것이다.

하이데거는 현존재의 있음을 단적으로 염려라고 말한다. 그리고 그 염려에는 3가지 구조계기, 즉 현사실성(내던져져 있음), 실존(기획투사), 그리고 빠져 있음이 포함된다. 현존재는 자신의 현사실성을 자신이 근거를 놓지 않았다 하더라도 되물릴 수 없으며, 자신의 있음을 떠맡아 실존할 수 있는 그런 존재자로서 자신의 존재가능을 부담으로, 해결해야 할 과제로 부여받고 있다. 그렇기에 "존재자의 존재가 염려인 그런 존재자는 스스로에게 현사실적인 탓을 부과할 수 있을 뿐만 아니라 또한 그의 존재의 근거에서 탓이 있다. 그리고 이 탓이 있음이 비로소 현존재가 현사실적으로 실존하면서 탓이 있을 수 있는 존재론적인 조건을 내주고 있는 것이다. 이러한 본질적인 탓이 있음이 똑같이 근원적으로 '도덕적인' 선과 악, 다시 말해서 도덕성 일반 및 이 도덕성의 현사실적인 가능한 형성을 위한 실존론적 가능조건인 것이다."(SZ 382)

그런데 우리의 현사실적 삶에 대한 이러한 근원적인 탓이 있음은 일상 속에서 닫혀 있다. 각자 자신의 삶에 대해 빚을 지고 있고 책임이 있기에 본래적 존재가능을 염려하며 살아가야 하지만 '사람들' 세계의 짜릿함과 편안한 유혹에 빠져 염려의 부름을 망각한 채 살아가는 때가 많다. 하지만 우리는 문득문득 우리의 존재가능 앞으로 불러내는 염려의 부름을 듣는다. 이 부름은 듣는 현사실적인 경험을 우리는 무시하고 슬쩍 지나칠 수는 있지만 근본적으로 부정할 수는 없다. 우리가 현존재이기 때문이다. 그렇다면 우리가 현존재로서 이러한 염려의 부름을 듣는다는 것은 무엇을 뜻하는가? "불러냄을 올바로 듣는다는 것은 곧 자신의 가장 고유한 존재가능에서 자신을 이해한다는 것, 다시 말해서 가장 고유한 본래적인 탓이 있게 될 수 있음으로 자신을 기획투사한다는 것과 같을 것이다. 이해하며 자신을 이러한 가능성으로 불러내도록 뇌둠은 그 자체 안에 '부름에 대해서 현존재가 자유롭게 됨'을, 즉 '불러내어 질 수 있음에 대한 준비태세'를 포함하고 있다. 현존재는 부름을 이해하며 자신의 가장 고유한 실존가능성에 귀를 기울이고 있는 것이다. 그는 자기 자신을 선택한 것이다."(SZ 384) 현존재는 자기 자신을 선택함으로써 '사람들'에게는 닫혀 있는 자신의 가장 고유한 탓이 있음을 의식하며 양심을 가지기를 원하는 태도로 전향할 수 있게 된다. 하이데거는 양심을 가지기를 원함이라는 삶의 자세로 살아갈 때 '사람들'의 세계에 매몰되지 않고 '자기 자신'의 결단에 의한 본래적인 자신의 삶을 선택할 수 있다고 한다.[8] 따라서 이러한 자기 자신의 가장 고유한 존재가능에서 자신을 이해하는 양심을 가지기를 원함은 현존재의 열어 밝혀져 있음의 한 탁월한 방식이다. 현존재의 열어 밝혀져 있음에는 이해 외에도 처해 있음과 말이 있는데, 양심을 가지기를 원함이라는 사태에서는 불안이라는 처해 있음과 양심의 침묵하는 말함을 들 수 있다. 현존재의 양심을 가지기를 원함에서는 불안이라는 처해 있음에 놓이게 되며, 여기에서 분류파악하는 말의 양태는 침묵하고 있음[9]이다. 양심의

---

8 이러한 하이데거의 양심개념이 함의하고 있는 윤리학적 의미와 현대의 윤리적 상황 그리고 그에 따른 인간행위의 본질 등에 관해 논구한 바로는 다음의 글들을 참조할 수 있다. 구연상, 「Kant 윤리학에서 양심의 문제-하이데거의 양심 개념에 근거하여」, 한국외대 인문과학연구소, 『인문학연구(제8집)』, 2003, 101~132쪽, 박찬국, 『하이데거와 윤리학』(서울: 철학과 현실사, 2002); 이유택, 「하이데거의 전통 윤리학 비판과 근원윤리학의 이념」, 한국하이데거학회, 『하이데거연구(제13집)』, 2006년 봄호, 129~155쪽.

말은 결코 발성되거나 낱말로 나타나지 않는다. 다만 고요 속에서 자신의 가장 고유한 존재가능으로 불러 세운다. 이러한 양심의 침묵하는 말함을 듣는 이는 '사람들'의 값싼 이해에 근거한 잡담과 진정성 없는 호기심의 세상으로부터 거리를 두게 된다. 하이데거는 이러한 현존재의 열어 밝혀져 있음 사태를 다음과 같이 요약 제시한다.(SZ 393~395 참조)

> 양심을 가지기를 원함에 놓여 있는 현존재의 열어 밝혀져 있음은 불안의 처해 있음에 의해서, 가장 고유한 탓이 있음에로 자기 자신을 기획투사함인 이해에 의해서 그리고 침묵하고 있음으로서의 말에 의해서 구성되고 있다. 이러한 현존재 자신 안에서 그의 양심에 의해서 증거되고 있는, 탁월한 본래적인 열어 밝혀져 있음을, 즉 침묵하고 있으면서 불안의 태세 속에서 가장 고유한 탓이 있음에로 자기 자신을 기획투사함을 우리는 결단성이라고 이름한다. (SZ 395)

그러므로 이 결단성 또한 현존재의 열어 밝혀져 있는 탁월한 한 양태라고 할 수 있다. 우리가 현존재의 열어 밝혀져 있음 자체를 실존론적으로 근원적인 진리라고 본다면, 이 결단성에 의한 근원적인 열어 밝혀져 있음을 실존의 진리라고 명명할 수 있을 것이다. 이러한 실존의 진리, 즉 세계와 현존재의 열어 밝혀져 있음에서부

---

9 하이데거의 언어사상에서 침묵하기의 의미에 대해서는 다음을 참조. 배학수, 「듣기·말하기·침묵하기(하이데거의 언어철학)」, 한국철학회 편, 『현대철학과 언어』(서울: 철학과 현실사, 2002), 192~215쪽.

터 일치로서의 진리(판단)도 말해질 수 있고, 손안의 것과 눈앞의 것도 발견될 수 있는 것이다.[10] 특정한 세계에 내던져진 현존재는 우선 대개 자신의 세계에 의존하고 있다. 그 세계 속에서 '사람들'과 더불어 손안의 것을 배려하고 타인들을 심려하며 살아가기에 자기 자신을 상실한 채 현사실적인 기획투사를 수행하고 있다. 그런데 이 본래적인 열어 밝혀져 있음을 가져오는 결단성은 현존재의 삶의 세계를 변양시키는 힘을 가지고 있다. 우리의 일상적 삶속에서 가장 힘든 문제는 무엇인가? 많은 문제들이 있겠지만 관계를 근원적으로 새롭게 함으로써 우리의 일상을 생경한 눈으로 보게 하는 일만큼 중요하고 큰 문제가 있겠는가? 우리는 결단성 속에서 가장 고유한 존재가능으로 뛰어들 수 있으며, 주위의 사물을 있는 그대로 여여(如如)하게 볼 수 있으며 또한 본래적인 '서로 함께'를 발원시킬 수 있는 것이다.(SZ 395~398 참조)

이러한 하이데거가 말한 양심을 가지기를 원함과 결단성을 통한 열어 밝혀져 있음 속에 염려의 부름을 듣기를 원하며 거대한 '사람

---

10 이렇듯 하이데거는 서양 형이상학에서 전통적인 '일치로서의 진리'개념이 판단하는 의식과 존재자 사이의 관계라는 차원에서 문제 삼고 있을 뿐, 선술어적 차원에서의 주체성의 본질을 보지 못하고 있다고 비판하며 현존재의 열어 밝혀져 있음이라는 사태를 말함으로써 진리문제를 해명하는데 새로운 기원을 열었다. M. Heidegger, *Vom Wesen der Wharheit*(GA34), hrsg. von Gunter Seubold, Vittorio Klostermann, Frankfurt a.M.1991.(『진리의 본질에 관하여(플라톤의 테아이테토스와 동굴의 비유)』, 이기상 옮김(서울: 까치, 2004); 이기상, 「역사 속의 진리사건. 진리가 비은폐성에서 올바름으로 변함」, 한국하이데거학회, 『하이데거연구(제9집)』(서울: 세림 M&B, 2004), 199~246쪽, 박찬국, 「하이데거의 실존적 진리개념에 대해서」, 한국하이데거학회, 『하이데거연구(제13집)』(서울: 세림 M&B, 2006), 43~71쪽 참조.

들'의 세계로부터 '자기 자신'의 존재가능의 세계를 추구하는 고독하지만 자유로운 삶의 정황을 시인 조병화는 <인간 세계>라는 詩를 통해 다음과 같이 보여준다.

신은 침묵으로
그저 모든 것을 용서하시면서
보이지 않는 한 자리에
부동자세로 존재하시고 있는 거로 알고 있지만

사람은 어찌하여 서로 용납하지 못하고
서로서로를 묶어서
자유롭지 못하는지
사람이 사람일수록 민감해지는 것은 양심
양심을 산다는 것은 인간을 산다는 거
자기 자신을 산다는 거
부끄럽지 않은 자기 존재를
맑게 자유롭게 산다는 거
아, 양심을 산다는 건
숨어 있는 자기를 산다는 거
그것은 사람의 세계에서
신을 산다는 거
신분은 없어도
가난은 해도[11]

---

11 조병화, 「인간 세계」, 『따뜻한 슬픔』(第49宿)(서울: 동문선, 1999), 67~68쪽. 본문

이 시에 의하면, "사람이 사람일수록" 다시 말해 현존재가 자신의 본래적인 존재가능을 염려하며 살아갈수록 "민감해지는 것은 양심"이다. 그리고 "양심을 산다는 것" 다시 말해, 양심의 부름에 응답하는 삶을 산다는 것은 바로 인간 현존재를 사는 것이고 "'자기 자신'을 사는 것이며 숨어 있는 자기를 사는 것"이 된다. 이러한 삶을 살려고 노력하는 인간 현존재는 거대한 사람의 세계, 즉 '사람들'의 삶의 논리와 문법으로부터 벗어나 "神을 사는", 즉 본래적인 '자기 자신'의 양심의 부름을 살려고 염려하는 존재인 것이다. 본래적인 '자기 자신'의 양심의 부름은 인위적인 계획이나 준비에 의해서 수행되는 것이 아니다. 그리고 그 부름은 다른 타인에게서 오는 것도 아니다. 양심의 부름은 나에게서 와서 나 위로 덮쳐오는 것이다. 또한 부름은 어떤 요란한 잡담이나 떠듦, 혹은 큰 목소리로 오는 것이 아니다. 부름은 침묵이라는 섬뜩한 양태로 다가온다.

우리는 양심을 그 양심의 불러냄의 이해에서부터 그리고 동시에 그 이해와 함께 온전히 양심의 체험을 파악할 수 있는 것이다. 하이데거는 이러한 양심에 대한 보편적인 존재론적 성격부여와 더불어 비로소, 양심 속에서 불려 말해지고 있는 탓이 있음을, 즉 '사람들'로부터 '자기 자신'을 되찾아 와야 한다는 것을 실존론적으로 파악할 수 있는 가능성이 주어지고 있는 사태를 강조한다.(SZ 373

중 자유, 양심, 자기 자신, 숨어 있는 자기는 필자가 강조한 것이다.

참조) 그러므로 하이데거는 『존재와 시간』의 양심분석에서 "양심에서 증거된 본래적인 존재가능의 실존론적 구조"(제60절)로 마무리하고 있는 것이다.

3. 현존재의 죽음이해와 죽음을 향한 본래적 존재의 실존론적 기획투사

하이데거는 『존재와 시간』 제1부 제2편(현존재와 시간성) 제1장("현존재의 가능한 전체존재와 죽음을 향한 존재")에서 죽음에 대해 철학적 담론을 전개하고 있다. 여기에 나타난 하이데거의 죽음분석의 특징은 생물학적, 종교학적 또는 장례학적 측면에서의 접근이 아닌 인간 실존의 전체존재가능과의 관계에서 논의되고 있다는 점이다.[12] 우리의 지금까지의 현존재의 일상성과 결단성 그리고 양심에 대한 분석이 현존재의 본래성-비본래성의 적나라한 모습에 대한 이야기였다면, 이제부터 다루어질 현존재의 죽음이해와 담론은 죽음을 향한 존재의 일상성에서의 **죽음경험**과 죽음의 온전한 **실존론적 개념**을 밝혀봄으로써 죽음을 향해 있는 현존재의 **실존론적 기획투사**는 어떠해야 하는지 등에 대한 철학적 성찰이라 할 수 있을 것이다.

---

12 우리는 다음과 같은 하이데거의 말을 통해 죽음의 실존론적 분석론의 특징과 입장을 확인할 수 있다. "죽음의 차안적 존재론적 해석이 모든 존재적-피안적 사변에 앞서 놓여 있다."(SZ 332); "죽음에 대한 실존론적 분석론은 생물학, 심리학, 변신론 및 신학 등에서의 죽음에 대한 물음보다 방법적으로 순서상 앞에 놓여 있다."(SZ 333).

죽음이란 무엇인가? 현존재가 자신의 죽음을 이해하고, 더 나아가 아직 오지 않은 죽음으로 미리 달려가 볼 수 있다는 사태는 무엇을 뜻하는가? 『존재와 시간』에 나타난 하이데거의 죽음담론을 상론하기에 앞서 먼저 일상적인 우리들의 죽음이해에 대해 잠시 생각해보기로 하자. 이러한 작업은 일반적인 죽음담론과 차이나는 하이데거의 죽음—해석학의 특성을 부각시키며 실존론적인 죽음의 의미를 더욱 확연하게 드러낼 것이다.

일상 속에서 우리는 죽음을 어떻게 이해하고 있는가? 우리는 우리의 삶의 사건 중에서 죽음사건이 차지하고 있는 심각함과 중요성, 그래서 배우자나 가까운 친지의 죽음이 일상의 위기를 가져올 수 있다는 사실을 알고 있다. 그리고 '인간은 누구나 죽는다'라는 사실도 잘 알고 있다. 따라서 이러한 죽음의 특징은 그 절대적인 평등성과 다시 되돌릴 수 없는 불가역성[13]을 함의하고 있음도 우리는 '잘' 알고 있다. 그런데 이러한 우리의 죽음에 대해 잘 알고 있음은 어떻게 가능했던 것인가? 바로 생활 속에서 타인의 죽음을 경험함을 통해 알고 있는 것이다. 우리는 가깝거나 먼 이 사람 혹

---

13 물론 우리는 실제로 죽었다 살아난 사람들의 증언, 대표적으로 Raymond A. Moody 박사가 수집하여 보여준 사례들도 알고 있다. 이를 통해 우리는 각 개인들의 죽음체험뿐만 아니라 동서양 사람들의 죽음체험이 놀랄 만큼 유사한 것도 알 수 있다. 그래서 이러한 임사체험자들의 경험이 사실이며 죽음이후의 세계가 있다고 주장하는 이론들도 나오고 있는 실정이다. 하지만 필자는 그러한 임사체험자들의 경험이 사실이라는 증거가 그들의 진술 밖에 없으며 그들의 죽음 이후의 경험들을 객관적으로 검증할 수 있는 근거는 아직 없기 때문에 죽음의 불가역성, 즉 완전히 죽은 사람이 다시 살아날 수 없는 성격이 근본적으로 부정되는 것은 아니라고 생각한다.

은 저 사람이 매일 매시간 죽는다는 것을 '알고' 있다. 이렇듯 우리의 '서로 함께'라는 공공성은 죽음을 부단히 일어나는 사건, 즉 사망사건으로 열어밝힌다. 우리는 신문의 부고란이나 인터넷 사이트를 통해 누구누구가 죽었다는 소식을 접한다. 그럴 때 우리는 속으로 되뇌인다. '그래, 사람은 누구나 죽지. 하지만 너무 어린 나이에 참 안됐네'라는 말과 함께 이런 생각도 스치고 지나간다. '그런데 이런 일이 나에게는 아직 해당이 안 되지.'

우리는 '인간은 누구나 죽는다'라는 명백한 사실을 알고는 있지만 당장 우선 나 자신에게는 해당이 안 되는 그렇기에 아직 눈앞에 닥친 사태로는 받아들이지 못하고 있는 우리 자신을 발견할 수 있다. 우리는 일상 속에서 죽음을 '사람들'에게나 해당되지 나에게는 아직 해당되지 않는 평준화된 사건으로 해석한다. 더욱이 일상의 '사람들'은 죽음을 은폐하고 회피하도록 부채질하며 우리의 삶에서 죽음은 아직 오지 않을 사건으로 자꾸 연기시킨다. 이러한 태도는 너무나 검질기게 우리의 일상을 지배하고 있기 때문에 우리는 죽음에 직면하여 자신의 가장 고유한 존재가능에 대해 숙고해볼 시간을 빼앗기고 만다. '사람들'은 서로서로 위로하고 격려함으로써 죽음에 대한 부단한 안정감을 배려해주며 죽음 앞에서의 불안이 피어나지 못하도록 한다. 이러한 일상적 삶속에서 우리는 죽음으로부터 일종의 도피행각을 벌이고 있는 것이다. 죽음은 남들에게나 일어나는 사건이며 자기 자신에게도 일어나겠지만 '아직은 아닌' 그런 먼 훗날의 사건으로 치부해버린다. 이렇듯 평균적인 일상성에서 우리 자신의 죽음이 은폐되고 있지만 현사실적으로 우리는 죽음으로 향해 있다는 사실을 부정할 수는 없다. 그 죽음을 '나의' 죽음으로 받아들이는 용기와 결단을 통해 자신의 고유한 존재 가능의 세계를 열어가고 그래서 새로워진 삶의 맛을 느끼는 것은 불안에 처하려는 우리들의 **자유**에 달린 일일 것이다.

이상으로 우리는 일상적인 종말을 향해 있는 우리의 모습을 살펴보았다. 그렇다면 이러한 일상에서의 우리의 죽음에 대한 태도와 이해에서 한 걸음 더 나아가 하이데거는 어떻게 죽음에 대한 실존론적 개념을 드러내고 있는가?

우리의 일상적인 죽음을 향해 있음이라는 사태는 인간은 누구나 죽지만 그러나 나에게는 아직 아닌 평준화된 사건으로 은폐되어 있다. 하이데거는 이러한 죽음의 확실성이 일상성 가운데 나에게는 은폐되어 완화되어있는 사태를 지적하며 죽음의 확실성이라는 문제를 제기한다. 우리가 어떤 존재자를 확실한 것으로 여긴다는 말은 그것을 참된 것으로 생각한다는 것을 뜻한다. 그런데 우리가 진리(참)를 존재자의 발견되어 있음으로 보고 더 나아가 모든 발견되어 있음은 현존재의 열어 밝혀져 있음에 근거하고 있다는 사태에 주목해본다면, 죽음의 확실성은 죽음을 발견하고 있는 현존재에게 근거하거나 속해 있는 것이 된다. 죽음은 현존재에게 앞서 발견되어져 있고 현존재의 존재, 즉 염려에 근거하고 있는 사태이다. 하지만 이러한 전제조건에도 불구하고 일상적 현존재는 자기 존재의 가장 고유한, 무연관적이고 건너뛸 수 없는 죽음의 가능성을 은폐한다. "그러므로 죽음을 향한 존재의 그러한 은폐에 속하는 확실성은 일종의 부적합한 참인 것으로 여김이지, 이를테면 의심한다는 의미의 불확실성은 아님에 틀림없다. 부적합한 확실성은 그것이 확신하고 있는 것을 은폐 속에 간직하고 있다. '사람들'이 죽음을 주위세계적으로 만나게 되는 사건으로 이해한다면, 그것과 연관된 확실성은 종말을 향한 존재를 적중시키지 못한다."(SZ 343)

우리들은 분명히 일상적으로 타인의 죽음을 경험하고 그래서 죽음을 부인할 수 없는 확실한 경험의 사실로 인정하고 있다. 하지만 이와 같은 경험적인 확실성에만 머물러가지고 우리는 죽음을 있는 그대로 '나의 죽음'으로 확신할 수는 없다. 우리는 사람들의 세계 속에서 죽음의 확실성에 대해 수많은 이야기를 하지만 아직 당장은 나의 일이 아니라는 해석을 하며 죽음을 정면으로 마주하려는 순간을 회피한다. 이러한 나의 일이 아니다며 죽음을 회피하려는 발언과 태도는 단순한 것이 아니라, 오히려 죽음에 대한 일종의 '사람들'(일상성)의 자기해석이다. 이와 같은 '사람들'의 자기해석은 죽음이 '언젠가 나중에' 올 사건이라는 그 '언제'에 대해 규정할 수 없음도 또한 함의하고 있는 것이다. 따라서 우리는 죽음에 대한 사람들의 일상적 해석에는 죽음의 확실성(인간은 누구나 죽는다)과 함께 무규정성(하지만 당장은 아니다, 아직—아님)의 성격이 묻어 있음을 알 수 있다. 이러한 성격 때문에 우리는 일상적인 빠져 있음 속에서 일종의 비본래적인 죽음을 향한 존재로서 살아가게 된다. 우리는 현사실적으로 살아가면서도 우선 대개 비본래적인 죽음을 향한 존재로서 가장 고유한 존재가능으로의 기획투사를 미루고 있는 것이다.

사실 물리학에서 말하는 관성의 법칙 같은 것이 우리 삶에도 어느 정도 부합하는 바가 있어서 우리가 지금까지 해오던 습관과 일상을 바꾸는 결단을 수행하는 일은 대단히 어려운 일임에 틀림없다. 생활세계에서 눈앞의 것이나 손안의 것들에 배려하고 타인들에 대해 심려하며 그 속에서 자신의 존재가능을 이렇게 혹은 저렇게 저울질해가며 살아가는 우리들은 바쁘고 피곤하고, 그래서 스트레스를 받지 않고 살 수가 없는 것이다. 이러한 삶의 상황에서 우리는 어떻게 죽음을 눈앞의 것이나 손안의 것이 아닌 나의 가장 고유한 존재가능성으로 받아들이며 그 죽음으로 미리 달려가 봄으로써 '사람들'로부터 분리될 수 있겠는가?

이에 대해 하이데거는 현존재의 존재양식인 염려에 근거하여 우리는 각자 그때그때마다 죽음으로 미리 달려가 보는 행위가 가능하며 그로써 더욱 자신의 존재가능을 스스로 떠맡지 않을 수 없는 것이 바로 자신의 현사실적 삶임을 깨닫게 된다고 강조한다. 현존재는 죽음으로 미리 달려가봄에서 비로소 자신의 가장 고유한 존재를 그 전체성에서 확신할 수 있으며 "건너뛸 수 없는 가능성의 앞에 놓여 있는 현사실적 가능성들을 처음으로 비로소 본래적으로 이해하고 선택하게 한다."(SZ 353) 그러므로 이러한 죽음으로 미리 달려가보는 행위는 우리로 하여금 **개별 현존재**일 것을 요구한다. 개별 현존재일 때의 기분, 즉 깊은 고독 속에서 우리는 모든 배려되고 있는 것 곁에 있음과 모든 타인과의 더불어 있음이 소용없다는 것을 느끼게 된다.[14] 이러한 깊은 고독감은 삶의 '거기'(Da)를 가장 환하게 열어밝히는 기분이며 그 환한 빛 가운데 우리는 홀로 있지만 우주와 함께 있는 듯한 풍요로움도 느낄 수 있다. 우리는 삶의 그 때 그 때마다 자신의 죽음으로 미리 달려가보는 연습을 통해 홀로 있음 속에서 자신의 존재가능의 전체성을 확신할 수 있게 되고 그러한 기분과 확신 속에서 본질적으로 불안이라는 처해 있음에 놓여 있는 우리 자신을 발견하게 된다. 지금까지 논의한 현존재의 죽음의 연습, 즉 죽음으로 미리 달려가보는 실존론적 기획투사행위를 하이데거는 다음과 같이 정리한다.

> 미리 달려가봄은 현존재에게 '사람들'에 상실되어 있음을 드러내 보이며 현존재를, 배려하는 심려에 일차적으로 의존하지 않은 채, 그 자신이 될 수 있는 가능성 앞으로 데려온다. 이때의 자기 자신이란, '사람들'의 환상에서부터 해방된 정열적이고 현사실적인, 자기 자신을 확신하고 불안해하는 죽음을 향한 자유 속에 있는 자신이다. (SZ 355)

일찍이 플라톤은 철학을 죽음의 연습[15]이라고 하였다. 이것은 무

---

14 『존재와 시간』에서 하이데거의 죽음논의는 각자의 '죽음에로 미리 달려가봄'에서 자신의 가장 고유한 가능성을 발견한다는 측면에서 현존재는 개별 현존재일 것을 요구받는다. 따라서 죽음문제가 각자성에 맞추어 설명되고 있다. 하지만 필자는 우리의 생활세계에서 타자의 죽음의 문제 역시 비중 있게 다루어져야 할 사태라고 생각한다. 현존재가 근본적으로 더불어 있음(Dasein ist Mitsein)이라면, 각자성의 문제도 새로운 측면에서 조명할 수도 있을 것이고 또 현존재는 '단절된 주체'가 아니기 때문에 더더욱 그러하다. 구연상, 「<실존의 죽음, 죽음의 실존: 실존 망각의 죽음관과 죽음 가능의 실존성(실존철학에서의 삶과 죽음의 문제(이선일)에 대한 논평」, 『생사(生死)에 대한 철학적 성찰』, 철학연구회 2006년 춘계 학술발표회 발표문, 2006.6.17. 이화여대 인문관 111호, 14~18쪽 참조.

15 Platon, *Phaidon*, In: Platon, Bd, hrsg. von Gunther Eigler, Wissenschaftliche Buchgesellschaft, Darmstadt, 1974. 67e. 81a; 『에우티프론, 소크라테스의 변론, 크리

엇을 뜻하는가? 고대철학적 맥락에서 생각해본다면, 이는 육체적 요소를 최대한 정화하여 신적 세계로 들어가 정신적으로 다시 태어나야 하는 에로스(욕망)의 자연스런 발로가 바로 철학함이라는 것 아닌가. 우리가 이러한 플라톤의 철학이해와 비교하여 우리의 죽음을 향한 본래적 존재의 실존론적 기획투사행위를 생각해본다면 무엇이라 말할 수 있겠는가? 우리의 죽음으로 향한 본래적 존재의 실존론적 기획투사는 일상세계에서 사람들의 질투심 섞인 말들과 진정성 없는 호기심 그래서 애매성 속에 안주하려는 온갖 유혹을 정화하여 죽음으로 미리 달려가봄이라는 불안을 견디어내며 죽음을 향한 자유의 결단을 통해 자신의 본래적 존재가능을 염려하는 데서 비롯하는 현사실적 삶의 행위라고 할 수 있다.

우리는 지금까지 일상 속에서 본래성을 회복하게 되는 한 계기로서 현존재의 죽음이해와 죽음으로 미리 달려가봄이라는 사태에 대해 고찰하여 보았다. 하이데거의 죽음해석학이 우리에게 말하고 있는 바는 무엇인가? 그것은 죽음이 바로 우리 자신의 현사실적 삶을 제대로 직시하게 하는, 자신의 가장 고유한 존재가능에 눈뜨게 하는 진정한 삶의 연습이라는 사태이다. 더 나아가 우리 '자신의' 실존을 살고, 삶의 길 위에 있음에서 그때그때마다 '참 나'으로의 길로 입문(入門)시키는 이정표인 것이다.

톤, 파이돈』, 박종현 역주(서울: 서광사, 2003), 301쪽, 346쪽.

제10절

결론 :

하이데거의 눈으로 삶을 읽다

우리는 서론에서 제기한 바 있는 초기 하이데거가 직면한 물음
을 다시 던져본다. 삶이란 무엇인가? 삶과 세계의 관계를 어떻게
보아야 하는가? 그리고 자신만의 현사실적 삶의 '거기(Da)'에 있다
는 것은 무엇을 뜻하는가? 더 나아가 그러한 삶의 현사실성에 대
한 해석으로서 철학을 생각한다는 것은 무엇을 뜻하는가?

우선 대개 내던져진 삶의 세계 안에서 살아가는 우리들은 사실
이러한 물음에 관해 대자적 반성을 하기 전에 이미 자신의 삶의
세계 내에서 살아가고 있다. 그래서 우리의 삶은 항상 그리고 이미
세계−내−삶이라고 할 수 있는 것이다. 이러한 세계−내−삶, 즉
현사실적이고 역사적인 삶의 문제는 초기 하이데거에게 사유의 근

원사태였다. 그런데 이러한 사유의 근원사태인 삶의 현사실성과 역사성의 문제에 대해 근대 형이상학과 그 당시 신칸트학파에서는 초월적 주체와 세계라는 주–객 도식으로 인간과 세계를 설명하고자 하였다. 다시 말해 초월적인 나, 선험적 주체로서의 내가 있고 세계가 대상으로 있어서 그 세계와 나와의 관계를 인식론적으로 분석하는 도식에서 바라보고자 한 것이다. 하지만 그러한 입장을 견지하는 한, 세계 내에서 살아가는 현존재의 현사실성과 역사성의 의미를 온전히 파악할 수 없다고 하이데거는 강조했던 것이다.[1]

초기 하이데거에게 삶과 세계는 결코 객관적 사물과 같은 사태로 접근할 수 있는 문제가 아니었다.[2] 현사실적 삶의 본래적인 것은 우리의 배려와 심려 그리고 염려함에서 발생하는 의미성격들의 현상학적인 양식화에서, 그 지향적인 관련성격, 내용성격 그리고 수행성격에서 알려진다. 그리고 그러한 현사실적 삶의 세계에서 우리는 사물(도구)과 타인들을 '우선 대개' 그 지시연관의 전체성과

---

1 이러한 하이데거의 입장은 멀게는 근대 형이상학(주체의 철학, 의지의 현상학) 전반에 대한 비판이요 가깝게는 후썰의 의식의 현상학에 대한 비판적 관점에서 견지되는 것이다.

2 초기 하이데거에게 삶의 역사성과 삶과 세계의 통일성에 대한 숙고에 대해 큰 영향을 끼친 철학자로 우리는 딜타이를 빼놓을 수 없을 것이다. 딜타이의 삶의 철학에 영향을 받고, 거리를 두고, 현상학적으로 해체하는 과정을 통해 『존재와 시간』에서의 현존재 분석론의 형태로 승화될 수 있었다. 하지만 본 논문의 의도가 딜타이와 초기 하이데거에서 삶과 현존재 개념의 영향연관에 초점을 두는 것은 아니기 때문에 자세한 논의는 생략했던 것이다. 이에 대해서는 다음의 글들을 참조할 수 있다. *Phänomenologie der Anschauung und des Ausdrucks*(GA59), hrsg. von Claudius Strube, 1993. 149~174쪽; A. Beelmann, *Heideggers hermeneutischer Lebensbegriff*, Würzburg, 1994; Kim Jae Chul, *Leben und Dasein(Die Bedeutung Wilhelm Diltheys für den Denkweg Martin Heideggers)*, Inauguraldissertation, Mainz, 1999.

사용사태의 전체성 그리고 공동세계의 앞서 나타나는 성격으로 만나게 된다. 이를 다르게 말해본다면, 우리는 먼저 학문적으로 분석하고 이론적으로 관찰한 현사실적 삶의 세계를 사는 것이 아니라 처해진 대로의 자기세계(Selbstwelt), 공동세계(Mitwelt) 그리고 주위세계(Umwelt)를 사는 것이라고 할 수 있다. 그런데 이러한 자기세계, 공동세계 그리고 주위세계라는 것이 사실은 '사람들(das Man)'에 의해 일상적으로 열어 밝혀져 있는 일상세계에 빚지고 있는 세계이기도 하다. 그러므로 우선 대개 우리의 현사실적 삶은 공공성과 일상성에 빚지고 있다고 볼 수 있다. 이와 같은 성격과 경향을 지니고 있는 우리의 현사실적 삶은 따라서 끊임없이 사람들 세계로의 몰락(Ruinanz)과 자기 자신으로의 복귀(Reluzenz) 사이의 반복운동 가운데에서 새로움과 생경함이 솟아나게 된다.

이러한 삶의 현사실성을 자신의 철학적 주제로 삼고 근원학문으로서의 현상학을 통해 철학함의 새로운 길을 모색했던 하이데거는 전통 형이상학에서의 인간 개념 — 이성적 동물, 하느님의 형상 — 에서 벗어나 삶의 '거기(Da)'에 '있는' 자의 그 적나라한 현사실성을 현상학적인 눈으로 보여주고자 한 것이다. 이 과정에서 하이데거는 전통적 인간 개념의 문제점을 지적하고 현상학적인 봄을 바탕으로 현존재(Dasein)로서의 인간을 말하고 그 현존재의 근본구성틀을 세계-내-존재(In-der-Welt-sein)로 명명한 것이다. 이와 같이 현존재를 세계-내-존재로 봄으로써 전통적인 인간(주체)-세계(객체)의 이원론적 이해를 극복하고 새로운 차원에서 현존재의 초월과 존재이해의 문제를 제기할 수 있었던 것이다. 특히 존재이해의 문제에서 그동안 서양에서의 존재이해가 '논리적' 해석 속에 놓여 있는 편협성을 지니고 있음을 역설하고 새로운 존재이해의 지평으로 눈을 돌려야 한다는 하이데거의 안목은 21세기 상호문화성의 시대를 살아가고 있는 우리들에게 많은 시사점을 던져주고 있다.

현상학적 인간 현상 읽기를 통해 철학함의 새로운 지평을 열고자 한 하이데거는 현존재의 존재를 염려(Sorge)라고 명명하고 이 염려의 구조해명을 현존재의 시간성과 연관하여 풀어낸다. 염려의 구조계기인 실존성과 현사실성 그리고 빠져 있음에서 도래(Zukunft)와 기재(Gewesenheit) 그리고 현재(Gegenwart)라는 현존재의 시간의식을 설명함으로써 염려의 존재론적 의미를 밝혀낸 것이다. 이렇듯 특정한 세계 내에서 주어진 시간을 의식하는 가운데 자신의 존재가능을 늘 염두에 두고 살아가는 현존재는 또한 자신의 삶이 자기 자신에서 벗어나 물화(物化)되어 몰락할(Verfallen) 경향이 있음을 염려하며 끊임없이 자기 자신을 가짐의 사태를 문제 삼는다. 나 자신을 가짐은 삶의 파악의 근원적인 형식이다. 여기에서 삶은 자기 자신에 대해 가지는 어떤 친숙함의 획득과 상실의 과정을 의미한다. 이러한 삶의 현사실성에 주목한 초기 하이데거였기 때문에 그는『존재론(현사실성의 해석학)』강의에서 전통적인 해석학 개념을 소개, 비판한 뒤 해석학의 의미를 그 근원적인 의미에서 다시 봄으로써 현존재의 현사실성의 자기해석에서 찾아낸다. 현사실성의 자기해석으로서 해석, 다시 말해 현존재의 존재방식으로서의 해석함은 하나의 자기 가짐(ein Haben des Selbst), 자기의 곁에 있음(Dabeisein des Selbst)의 수행의미(Vollzugssinn)를 가진다. 이러한 맥락에서 하이데거는 현존재의 이해를 현존재의 깨어있음이라고, 현사실성의 해석을 그때마다 고유한 현존재를 그 자신에게 접근하게 하는 과제로서 보아야 한다고 강조한 것이다.

하지만 삶의 그때그때마다 깨어있음과 자기의 현상에서 본래적인 현사실적 삶에 제대로 응대하지 못한 채, 우리는 '우선 대개' 현사실적 삶의 일상적인 열어 밝혀져 있음에 빠져 살아간다. 그러한 일상적인 해석에서의 편안함과 포근함을 하이데거는『존재와 시간』에서 잡담과 호기심 그리고 애매함이라는 표현으로 설명하고 있다. 이러한 일상적 존재양식 안에서 우리들은 다소 느긋하게 혹은 편안하게 살아가고 있는 것이다. 그렇지만 살아가면서 겪을 수밖에 없는 삶의 한계상황들―고통, 죄, 죽음 등―로 인해 우리는 불안과 양심의 부름 그리고 자기 자신의 죽음을 마주하게 되고 그러한 마주함에의 결단을 통해 현사실적 삶의 위기를 느끼며 삶의 또 다른 비약을 꿈꾸게 되기도 한다. 이렇듯 우리는 일상으로의 몰락(빠져들기)과 일상으로부터 자기로의 복귀(거리두기)를 반복(repetitio)적으로 경험하며 삶의 새로움과 생경함을 느끼는 가운데 살아가는 것이다. 특히 우리는 실존적 결단을 통하여 일상(사람들 세계)에 대해 거리두기를 시도하는데, 이러한 결단은 다름 아닌 종교의 참된 의미 ― 정신적으로 다시(re) 태어남(naitre), 새로운 존재방식에의 귀의(conversio) ― 와도 상통하고 있음도 우리는 본론에서 확인해보았다.

하이데거가『존재와 시간』을 통해 보여준 현존재의 일상성과 결단성 그리고 양심현상에 관한 숙고를 통하여 우리는 자기 자신을 찾기 위해 여정을 떠나는 실존(Existenz)으로서의 인간과 그러한 인간의 현사실적 삶의 이중적인 모습을 살펴본 셈이다. 현존재의 현사실적 삶, 현존재의 존재 그리고 현존재의 일상성과 결단성! 그것은 우리들의 몸의 욕망과 마음의 욕망의 엇갈림이라는 인간본성의 타락에서 기인하는 것인가? 하이데거는 이러한 일종의 신학적이고 교의적인 관점에 대해서는 거리를 두며 자신의 현사실성의 해석학적 입장을 고수한다. 현존재가 일상에 빠져듦은 일종의 존재론적 움직임의 개념이며 따라서 현상학적인 탐구에서는 인간의 타락문제가 논의될 수 없다는 입장을 취하면서(SZ 246 참조) 오히려 현존재의 세계와의 관련성으로 풀어내고자 한다.

세계와 인간은 서로에게 속해 있으면서 영향을 주고받는다. 인간은 도구세계, 사물세계, 사람들 세계와 관계를 맺는 가운데 또한 자기 자신의 세계를 형성해간다. 특히 타인들과의 관계에서 형성되는 사람들 세계와 자기 세계와의 긴장 혹은 화해의 문제는 우리들의 영원한 삶의 과제이기도 하다. 이러한 삶의 과제를 잘 떠맡기 위해 우리는 어떻게 해야 하는가? 먼저 우리들의 일상적인 열어밝혀져 있음의 세계를 현상학적 해체의 눈으로 잘 드러내야 할 것이며 또한 불안과 죽음으로 앞서 달려가봄 등으로 일어나는 탁월하게 열어 밝혀져 있음의 세계도 읽어낼 수 있어야 할 것이다. 하이데거는 『존재와 시간』을 통하여 사람들 자신과 자기 자신의 긴장 혹은 화해로 엮어지는 우리들의 일상을 보여주고 그러한 일상의 발견과 더불어 드러나는 인간 현존재의 특성을 분석함으로써 존재의 의미를 해명하고자 하는 자신의 문제의식을 제시하였다. 그리고 우리는 그러한 하이데거의 제시의 길을 따라 우리의 현사실적 삶의 세계—몰락과 복귀, 비본래성과 본래성, 일상성과 결단성—의 숲 속을 두루두루 탐사해 보았다. 이러한 탐사를 통해 우리는 현사실적 삶의 숲 속에서 사람들의 세계에 빠져듦과 자기 자신의 세계를 건립해가려는 깨어 있음과 결단이라는 긴장을 맛보며 살아가는 운명을 지니고 있음을 확인할 수 있었다. 일상의 숲에 참여함과 자기 자신 곁에 있으려는 노력을 통한 심기일전(心氣一轉)의 반복은 새로운 자기이해와 자기 자신의 삶의 방식(Modus Vivendi)을 만들어가야만 하는 우리들의 삶의 현사실성과 함께 계속될 것이다.

참고문헌

1. 하이데거 전집(Martin Heidegger, Gesamtausgabe, Vittorio Klostermann, Frankfurt a.M.)에 속한 글들(전집의 번호순)[1]

Frühe Schriften(GA1), hrsg. von Friedrich-Wilhelm von Hermann, 1978.

Sein und Zeit(GA2), hrsg. von Friedrich-Wilhelm von Hermann, 1975.

Kant und das Problem der Metaphysik(GA3), 1977.

Wegmarken(GA9), hrsg. von Friedrich-Wilhelm von Hermann, 1976.

Prolegomena zur Geschichte des Zeitbegriffe(GA20), 1979.

Logik. Die Frage nach der Wahrheit(GA21), hrsg. von Walter Biemel, 1976.

Die Grundprobleme der Phänomenologie(GA24), hrsg. von Friedrich-Wilhelm von Hermann, 1975.

Einleitung in die Philosophie(GA27), hrsg. von Otto Saame und Ina Saame-Speidel, 1996.

Der Deutsche Idealismus(Fichte, Schelling, Hegel) *und Die Philosophische Problemlage der Gegenwart*(GA28), hrsg. von Claudius Strube, 1997.

Die Grundprobleme der Metaphysik. Welt-Endlichkeit-Einsamkeit(GA29 / 30), hrsg. von Friedrich-Wilhelm von Hermann, 1983.

Vom Wesen der Menschlichen Freiheit(GA31), hrsg. von Hartmut Tietjen, 1982.

Grundfragen der Philosophie. Ausgewählte "Probleme" der "Logik"(GA45), hrsg. von Friedrich-Wilhelm von Hermann, 1984.

Nietzsches Lehre vom willen zur Macht als Erkenntnis(GA47), 1989.

Nietzsche: Der Europäische Nihilismus(GA48), 1986.

Die Metaphysik des Deutschen Idealismus(GA49), hrsg. von Gunter Seubold, 1991.

---

1 하이데거 전집 및 연구서에 관한 자세한 안내는 다음을 참조
이기상, 『하이데거의 實存과 言語』(서울: 문예, 1991); 발터 비멜, 『하이데거』, 신상회 옮김(서울: 한길사, 1997); 이수정 / 박찬국, 『하이데거. 그의 생애와 사상』(서울: 서울대학교 출판부, 1999).

Zur Bestimung der Philosophie(GA56 / 57), hrsg. von Friedrich-Wilhelm von Hermann

Grundprobleme der Phänomenologie(GA58), hrsg. von Hans-Helmuth Gander, 1993.

Phänomenologie der Anschauung und des Ausdrucks(GA59), hrsg. von Claudius Strube, 1993.

Phänomenologie des Religiösen Lebens(GA60), hrsg. von Friedrich-Wilhelm von Hermann, 1995.

Interpretationen zu Aristoteles(GA61), hrsg. von Walter Bröcker und Kate Bröcker-Oltmanns, 1985.

Ontologie(Hermeneutik des Faktizität(GA63), hrsg. von Käte Bröcker-Oltmanns, Vittorio Klostermann Frankfurt am Main, 1988.

Beiträge zur Philosophie(Vom Ereignis)(GA65), hrsg. von Friedrich-Wilhelm von Hermann, 1989.

2. 하이데거 전집에 속하지 않은 글들(출판 연도순)

Heidegger, M., *Zur Sache des Denkens*, Max Niemeyer, Tübingen, 1976.

_____, *Gelassenheit*, Günter Neske, Pfullingen, 1977.

_____, *Vorträge und Aufsätze*. Günter Neske Pfullingen, 1978.

_____, *Identität und Differenz*, Günter Neske, Pfullingen, 1978.

3. 하이데거 저작의 국내 번역본(번역 출판 연도순)

『니체철학 강의. 예술로서의 힘에의 의지』, 김정현 옮김, 서울: 이성과 현실, 1991.

『사유란 무엇인가?』, 권순홍 옮김, 서울: 고려원, 1993.

『현상학의 근본문제들』, 이기상 옮김, 서울: 문예, 1994.

『형이상학 입문』, 박휘근 옮김, 서울: 문예, 1994.

『형이상학이란 무엇인가?』, 이기상 옮김, 서울: 서광사, 1995.

『니체와 니힐리즘』, 박찬국 옮김, 서울: 지성의 샘, 1996.

『존재와 시간』, 이기상 옮김, 서울: 까치, 1998.

『동일성과 차이』, 신상희 옮김, 서울: 민음사, 2000.

『존재론(현사실성의 해석학)』, 이기상 / 김재철 옮김, 서울: 서광사, 2002.

『논리학. 진리란 무엇인가』, 이기상 옮김, 서울: 까치, 2003.

『형이상학의 근본개념들. 세계─유한성─고독』, 이기상 / 강태성 옮김, 서울: 까치, 2003.
『칸트와 형이상학의 문제』, 이선일 옮김, 서울: 한길사, 2005.
『이정표 1, 2』, 신상희 / 이선일 옮김, 서울: 한길사, 2005.
『철학입문』, 이기상 / 김재철 옮김, 서울: 까치, 2006.

4. 하이데거를 연구한 글들(필자 이름순 : 가나다 순)

1) 한국어로 된 글들

• 단행본(필자 이름순 : 가나다 순) ···

권순홍, 『존재와 탈근거: 하이데거의 빛의 형이상학(Sein und Ab-grund: Die Metaphysik des Lichtes bei Martin Heidegger)』, 울산: 울산대 출판부, 2000.
김형효, 『하이데거와 마음의 철학』, 서울: 청계, 2000.
신상희, 『시간과 존재의 빛. 하이데거의 시간이해와 생기사유』, 서울: 한길사, 2000.
＿＿＿, 『하이데거와 신』, 서울: 철학과 현실사, 2007.
이수정・박찬국, 『하이데거』, 서울: 서울대학교 출판부, 1999.
이기상, 『하이데거의 實存과 言語』, 서울: 문예, 1991.
＿＿＿, 『하이데거의 存在와 現象』, 서울: 문예, 1992.
＿＿＿, 『존재의 바람, 사람의 길』, 서울: 철학과 현실사, 1999.
＿＿＿, 『하이데거 철학에의 안내』, 서울: 서광사, 1993.
　　　실린 논문들:
　　　「하이데거의 삶과 철학」(P.H. 쾨스터스)
　　　「수수께끼의 하이데거」(G. 해프너)
　　　「하이데거의 생애와 사상. 존재의 의미와 그 역운」(이기상)
　　　「하이데거의 현사실성의 해석학」(이기상)
　　　「하이데거의 실존론적 존재론」(W. 슈텍뮐러)
　　　「형이상학의 정초로서의 기초 존재론」(O. 푀겔러)
　　　「자유와 실천. 행위하는 자아의 관점에서 본 자유」(이기상)
　　　「인간 자유의 본질에 대한 현상학적 고찰」(이기상)
　　　「물음은 사유의 경건함인가」(G. 해프너)
　　　「푀겔러의 "하이데거에 의한 현상 개념의 새로운 규정"」(이기상)
　　　「푀겔러 교수와의 대담」(이기상)

「하이데거와 기술의 문제」(O. 푀겔러)

「오늘날 형이상학이란 무엇인가」(M. 뮐러)

_____, 『하이데거의 존재사건학』, 서울: 서광사, 2003.

이기상·구연상, 『<존재와 시간> 용어해설』, 서울: 까치, 1998.

이기상, 『존재와 시간(인간은 죽음을 향한 존재)』, 서울: 살림, 2006.

• 논문들(필자 이름순 : 가나다 순)[2] ....

김재철, 「하이데거의 종교현상학」, 한국현상학회 편, 『인간의 실존과 초월』, 서울: 철
학과 현실사, 2002.

_____, 「하이데거 사유─길에서 전회와 존재역사적 사유」, 대한철학회, 『철학연구』
(제85집), 2003.

김재철, 「하이데거의 기초존재진리론」, 대한철학회, 『철학연구』(제93집), 2005.

이기상, 「하이데거의 형이상학 이해」, 『형이상학과 존재론2(현대 존재론의 향방)』, 서
울: 철학과 현실사, 1995.

_____, 「21세기 기술사회를 위한 새로운 가치관 모색」, 『가톨릭철학』(창간호), 가톨
릭대학교 출판부, 1999.

_____, 「"태양을 꺼라!" 존재 중심의 사유로부터의 해방. 다석 사상의 철학사적 의
미」, 『인문학연구』(제4집), 한국외국어대학교 외국학종합연구센터 인문과학
연구소, 1999.

_____, 「시간, 시간의식, 시간존재. 시간에 대한 현상학적 분석」, 『과학사상』, 2000년
봄호

• 논문 모음집(출판 연도순) ....

그리스도교 철학연구소, 『하이데거의 철학사상』, 서울: 서광사, 1988.

실린 논문들:

「하이데거의 시간론의 한계」(김규영)

「하이데거 철학에 있어서 존재와 신문제」(정의채)

「하이데거의 존재사유의 경험」(김병우)

---

2 여기의 논문 목록은 아래의 "논문 모음집"에 실리지 않은 것들만을 실은 것임.

「해석학사에서의 하이데거」(심상태)

「하이데거의 인간관」(진교훈)

「철학－그것은 무엇인가」(M. 하이데거 저 / 강성위 옮김)

「사후의 하이데거. "오늘에 있는 것－하이데거와 더불어, 하이데거에 반대
하는 생각을 하다"」(미하엘 토이니쎈 저 / 강성위 옮김)

「"신 앞에서는 침묵하다"」(에버하르트 윙겔 / 강성위 옮김)

「"하이데거의 부정적인 존재론"」(요셉 슈탈마흐 저 / 강성위 옮김)

한국하이데거학회, 『하이데거의 존재사유』, 서울: 철학과 현실사, 1995.

    실린 논문들:

「하이데거에 있어서 존재의 유한성과 유일성」(전동진)

「하이데거 철학의 구조와 성격」(이수정)

「현대에 있어서 고향상실의 극복과 하이데거의 존재물음」(박찬국)

「하이데거 철학에 있어서 의지와 하게함의 역동적 상관관계에 대한 분석」
(최상욱)

「하이데거의 존재사유에 있어서 전회의 의미」(신상희)

「하이데거와 신의 현현」(심광섭)

「시와 사유」(박이문)

「존재사유와 시작」(강학순)

「기술과 방념」(이진우)

「기술의 본질과 극복」(이선일)

「역사를 종말론적으로 뒤덮으려는 존재역사를 가로지르며」(김진석)

「형이상학의 존재역사적 해석」(여종현)

안상진 외, 『하이데거 철학의 근본문제』, 서울: 철학과 현실사, 1996.

    실린 논문들:

「실존과 존재」(안상진)

「하이데거의 시간론」(이수정)

「하이데거의 인간론」(최상욱)

「비은폐성의 본질」(전동진)

「후기 하이데거의 진리문제」(박휘근)

「하이데거 후기사상의 해석학적 함의」(강학순)

「과학의 본질에 대한 실존론적 해석」(이선일)

「하이데거에 있어서 형이상학적 사유의 극복」(신승환)

「존재진리의 발생사건에서 본 기술과 예술」(이기상)
「하이데거의 신의 문제」(심광섭)

한국해석학회, 『후기 하이데거와 자유현상학』, 서울: 지평문화사, 1997.
　　실린 논문들 :
　　「하이데거의 죽음 해석학과 그 한계」(윤병렬)
　　「현존재(Dasein)의 실존성과 죽음의 문제」(김희봉)
　　「하이데거의 존재-언어 경험」(염재철)
　　「하이데거에 있어서 형식지시적 해석학」(김인석)
　　「하이데거의 언어론」(최상욱)
　　「창조적 존재와 초연한 인간」(전동진)
　　「존재의미, 존재이해 및 해석」(권순홍)
　　「리쾨르 해석학의 신학적 성격」(김영한)

한국하이데거학회, 『하이데거의 언어사상』, 서울: 철학과 현실사, 1998.
　　실린 논문들 :
　　「논리의 언어와 존재의 언어」(소광희)
　　「인간의 언어와 존재의 언어. 하이데거 언어론의 기본 윤곽」(이수정)
　　「말과 언어. 기초 존재론적인 이해의 지평에서」(신상희)
　　「하이데거의 존재-언어 경험」(염재철)
　　「하이데거의 고고학적 언어철학」(이승종)
　　「하이데거의 언어론」(최상욱)
　　「하이데거에서 시와 언어의 관계」(배학수)
　　「후기 하이데거의 예술관과 언어관」(박찬국)

한국하이데거학회, 『하이데거의 철학세계』, 서울: 철학과 현실사, 1997.
　　실린 논문들 :
　　「하이데거의 사상길의 변천」(염재철)
　　「존재론 혹은 현사실성의 해석학」(김인식)
　　「하이데거의 현상학」(이수정)
　　「하이데거와 자연의 문제Ⅰ」(이선일)
　　「존재진리의 발생사건에서 본 기술과 예술」(이기상)
　　「존재의 역동적 움직임으로서의 예술의 진리」
　　「"진리" 개념에 대한 탈형이상학적 이해 시도」(신승환)

「하이데거의 "존재사"와 "비은폐성"으로서의 진리」(윤병렬)
「니힐리즘의 기원과 본질 그리고 극복에 대한 니체와 하이데거 사상의
비교 고찰」(박찬국)
「하이데거 철학에 있어 신의 의미」(최상욱)
「시작과 역사성. 하이데거의 횔덜린 해석을 중심으로」(한상철)

소광희 외, 『하이데거와 철학자들』, 서울: 철학과 현실사, 1999.
  실린 논문들 :
  「하이데거와 철학사」(염재철)
  「하이데거와 플라톤」(여종현)
  「하이데거와 아리스토텔레스」(소광희)
  「하이데거와 아퀴나스」(정은해)
  「하이데거와 데카르트」(김종욱)
  「하이데거와 라이프니츠」(이동현)
  「하이데거와 칸트」(이선일)
  「하이데거와 셸링」(박진)
  「하이데거와 헤겔」(강순전)
  「하이데거와 니체」(박찬국)
  「하이데거와 후설」(이남인)
  「하이데거와 베르크손」(최정식)
  「하이데거와 사르트르」(차건희)
  「하이데거와 데리다」(한상철)

한국하이데거학회, 『하이데거와 근대성』, 서울: 철학과 현실사, 1999.
  실린 논문들 :
  「하이데거의 근대성 비판에 대한 이해」(강학순)
  「하이데거의 시대비판」(이수정)
  「하이데거와 현대성 비판의 문제」(이선일)
  「근대적 주체의 형성과 해체」(김종욱)
  「포이에시스적 자연이해와 근대성 극복」(신승환)
  「현대기술과 구원」(권순홍)
  「현대와 예술적 사유」(배학수)
  「거주하기의 의미에 대하여」(최상욱)
  「하이데거의 니체 읽기: 이해와 오해」(백승영)

「기술문명에 대한 하이데거와 프롬의 사상」(박찬국)

「하이데거와 가다머의 해석학」(정은해)

「하이데거와 데리다」(한상철)

「근대적 휴머니즘에서 탈−근대적 휴머니즘으로」(여종현)

한국하이데거학회, 『하이데거와 자연, 환경, 생명』, 서울: 철학과 현실사, 2000.

　　　실린 논문들:

「하이데거의 근원적 생태론」(강학순)

「하이데거의 환경철학−환경문제에 관한 존재론적 고찰」(이수정)

「환경철학과 하이데거의 존재사유−보호와 구원」(이선일)

「하이데거의 세계개념에 대한 비판적 고찰」(이서규)

「하이데거와 건축」(배학수)

「하이데거에게서의 생명의 의미」(최상욱)

「생명해석학과 철학함−하이데거 "형이상학의 근본개념"을 중심으로」(신
승환)

「퓌시스·존재·도(道)−헤라클레이토스·하이데거·노자의 시원적 사유」
(윤병렬)

한국하이데거학회 편, 『하이데거의 예술철학』(하이데거 연구 제7집), 서울: 철학과현
실사, 2002.

　　　실린 논문들:

「롬바흐의 그림 철학」(전동진)

「정보 기술의 탈은폐 방식에 대한 시론」(구연상)

「동작 속의 진리−하이데거와 무용」(배학수)

「하이데거의 언어철학−언어의 본질을 중심으로」(정은해)

「다시 써보는 『예술 작품의 근원』」(이선일)

「하이데거의 횔덜린 시−해석과 "다른 시원"」(윤병렬)

「하이데거의 예술론」(이수정)

「하이데거에게서의 예술의 본질」(최상욱)

「진리 이해의 지평으로서의 예술」(신승환)

「하이데거와 동양사상의 대화 가능성과 필연성」(박찬국)

한국하이데거학회, 『하이데거 연구』(제9집), 서울: 세림 M&B, 2004 봄호.

　　　실린 논문들:

「하이데거의 형이상학에 대한 비판과 신적인 신에 대한 사유」(신상희)

「하이데거와 불교 그리고 생태철학」(김종욱)

「근대성의 내재적 원리에 대한 존재해석학적 연구―실체와 재현의 사고를 중심으로」(신승환)

「하이데거와 리쾨르의 해석학」(정기철)

「언어의 근원: 헤르더와 하이데거의 차이」(정은해)

「구조의 현상학―하인리히 롬바흐의 '구조존재론'적 사유체험의 '현재'를 위하여」(양국현)

「역사 속의 진리사건. 진리가 비은폐성에서 올바름으로 변함」(이기상)

한국하이데거학회, 『하이데거 연구』(제10집), 서울: 세림 M&B, 2004년 가을호.
    실린 논문들:
    「플라톤과 하이데거 및 고구려 고분 벽화가 표명한 '사방'으로서의 코스모스」(윤병렬)
    「하이데거와 엘리아데의 성스러움에 대한 고찰」(최상욱)
    「문화와 해석 그리고 교육」(정은해)
    「생동적 질서」(전동진)
    「현존재의 "유아론적인 자기"와 "더불어 있음"」(하피터)
    「체계존재론의 성립」(양국현)
    「하이데거의 철학사적 위치―존재해명으로 가는 길 위에 있음」(오희천)
    「실체의 원리와 코기토 그리고 무아」(김종욱)
    「하이데거의 사유와 중세 형이상학―중세 존재론의 현상학적 해체를 중심으로」(강학순)

한국하이데거학회, 『하이데거 연구』(제11집), 서울: 세림 M&B, 2005년 봄호.
    실린 논문들:
    「'거주함'의 철학적 지평―하이데거의 사유와 고구려의 고분 벽화를 중심으로」(윤병렬)
    「예술가의 자기 목소리―예술가와 양심」(김동규)
    「하이데거는 무신론자였는가?」(이유택)
    「하이데거와 생명중심 윤리」(배상식)
    「문학과 독서에 대한 예술이론적 해석―가다머를 중심으로」(정은해)
    「말의 얼개와 특징」(구연상)
    「교양교육과 다원주의」(전동진)

「Being and Nothingness」(이광세)

한국하이데거학회, 『하이데거 연구』(제12집), 서울: 세림 M&B, 2005년 가을호.
    실린 논문들 :
    「하이데거와 형이상학의 문제」(이유택)
    「하이데거의 "und"의 논리」(서동은)
    「하이데거에 있어 현존재의 기분에 관한 연구」(박유정)
    「하이데거와 전통형이상학」(문동규)
    「존재론적 해석학에 대한 역사철학적 고찰」(신승환)
    「고대 그리스와 하이데거의 사유에서 선포와 개시의 해석학」(윤병렬)
    「하이데거의 존재사유의 구조적 내용에 관한 고찰—트라클 해석과 유비
    적으로」(최상욱)
    「Zum Ausgriff des Heideggerschen Denkens. Er ffnungen und Grenzen」(Georg
    Stenger)

한국하이데거학회, 『하이데거 연구』(제13집), 서울: 세림 M&B, 2006년 봄호.
    실린 논문들 :
    「하이데거의 말놀이 사건—말의 말함과 하이데거의 응답함」(이기상)
    「하이데거의 실존적 진리개념에 대해서」(박찬국)
    「하이데거 철학에 있어서 "내버려둠"으로서의 결단성 개념—탈 주관적인
    의지 개념에 관하여」(하피터)
    「하이데거의 전통윤리학 비판과 근원윤리학의 이념」(이유택)
    「하이데거와 주관성철학—하이데거의 데카르트 비판을 중심으로」(이서규)
    「종교와 실존 : 하이데거의 둔스 스코투스 및 슐라이어마허 연구」(한상연)
    「하이데거 철학의 정보해석학에의 기여」(윤병렬)

한국하이데거학회, 『하이데거 연구』(제15집, 이 땅의 존재사건을 찾아서), 고양: 두리
    터, 2007년 봄호.
    실린 논문들 :
    「존재사건과 존재지평. 한국어의 존재(있음)에서 읽어내는 존재사건」(이기
    상)
    「하이데거의 "철학규정"」(김재철)
    「M. 하이데거: 일상의 발견. <존재와 시간>에 나타난 현존재의 일상성
    과 결단성에 관한 숙고를 바탕으로」(조형국)

「하이데거의 데카르트 해석. 세계상의 시대를 중심으로」(박치완)

「리쾨르의 문학론. 언어와 실재에 대한 탐구」(윤성우)

「현대 문명 위기 극복을 위한 원효와 하이데거의 존재이해」(김원명)

「구조존재론. 인간과 자연의 공창조성의 철학」(전동진)

「가다머에게서 하이데거 해석학의 유산과 "철학적 해석학"」(윤병렬)

「하이데거의 "시원" 개념에 대하여」(최상욱)

「성의 본질: 성의 본래성과 비본래성」(배학수)

「현대문화에서의 영성(靈性)론 연구」(신승환)

「베른하르트 벨테가 이해하는 하이데거, 무 그리고 신」(심광섭)

「하이데거 기초존재론에서의 공간개념. "세방화"의 가능성에 대하여」(하 제원)

「니체의 니힐리즘에 대한 하이데거의 비판」(신상희)

「원효의 "고향" 이야기」(박정근)

「테세우스 영웅 신화에 대한 분석」(박희영)

「하이데거 시학의 실제: 시 텍스트에서 존재의 개시 및 은폐 문제」(이도흠)

2) 한국어로 옮긴 글들(원저자 이름순)

Biemel, W., 『하이데거』, 신상희 옮김, 서울: 한길사, 1997.

Müller, Max, 『실존철학과 형이상학의 위기(하이데거 철학의 이해를 위해)』, 박찬국 옮김, 서울: 서광사, 1998.

George, S., 『하이데거』, 임규정 옮김, 서울: 지성의 샘, 1996.

Hempel H.P., 『하이데거와 禪』, 이기상 / 추기연 옮김, 서울: 민음사, 1995.

Hermann, F. ─W. von, 『하이데거의 <존재와 시간>을 찾아서』, 신상희 옮김, 서울: 한길사, 1997.

Otto, Heinrich, 『사유와 존재. 마르틴 하이데거의 길과 신학의 길』, 김광식 역, 서울: 연세대학교 출판부, 1985.

Pöggeler, O., 『하이데거 사유의 길』, 이기상 · 이말숙 옮김, 서울: 문예, 1993.

Wisser, R., 『사유의 도상에서』, 강학순 · 김재철 옮김, 서울: 철학과 현실사, 2000.

3) 외국어로 된 글들(필자 이름순 : 알파벳순)

Robert R. Brandom, "Dasein, the Being that Thematizes", *Heidegger Reexamined*(Vol. 1), Ed, Hubert Dreyfus / Mark Wrathall, NY: Routledge, 2002.

William D. Blattner, "The Concept of Death in Being and Time", *Heidegger Reexamined*(Vol. 1), Ed, Hubert Dreyfus / Mark Wrathall, NY: Routledge, 2002.

Edgar C. Boedeker, Jr., "Individual and Community in Early Heidegger: Situating das Man, the Man-Self, and Self-Ownership in Dasein's Ontological Structure", *Heidegger Reexamined*(Vol. 1), Ed, Hubert Dreyfus / Mark Wrathall, NY: Routledge, 2002.

John van Buren, "The Young Heidegger and Phenomenology", *Heidegger Reexamined*(Vol. 1), Ed, Hubert Dreyfus / Mark Wrathall, NY: Routledge, 2002.

Kim Jae Chul, *Leben und Dasein*(Die Bedeutung Wilhelm Diltheys für den Denkweg Martin Heideggers), Inauguraldissertation, Mainz, 1999

Hermann, F. W. von, *Subjekt und Dasein*, Frankfurt am Main, 1985.

Husserl, E., *Die Krisis der europäischen Wissenschaften und die transzendentale Phänomenologie*, Hamburg, 1977.

Kettering, Emil, *Nähe*, Pfullingen, 1987.

Theodore Kisiel, *The Genesis of Heidegger's Being and Time*, Berkely and Los Angeles, University of California Press, 1993.

Kockelmans, Joseph J., *Heidegger's "Being and Time"*, Lanham, University Press of America, 1989.

Richardson, W. J., *Heidegger. Through Phenomenologie to Thought*, The Hague, Martinus Nijhoff Publishers, 1974.

Ernst Tugendhat, "Heidegger on the Relation of Oneself to Oneself: Choosing Oneself", *Heidegger Reexamined*(Vol. 1), Ed, Hubert Dreyfus / Mark Wrathall, NY: Routledge, 2002.

Mark A. Wrathall, "Social *Constraints on Conversational Content:* Heidegger on *Rede and Gerede*", *Heidegger Reexamined*(Vol. 1), Ed, Hubert Dreyfus / Mark Wrathall, NY: Routledge, 2002.

5. 그 밖의 저서

1) 한국어로 지은 글들(필자 이름순)

• 단행본 ···

구연상, 『후회와 시간』, 서울: 세림 M&B, 2005.
_____, 『철학은 슬기 맑힘이다』, 서울: 채륜, 2009.
김경훈, 『대한민국 욕망의 지도』, 서울: 위즈덤하우스, 2006.
이기상, 『철학노트』, 서울: 까치, 2003.
_____, 『다석과 함께 여는 우리말철학』, 서울: 지식산업사, 2004.
조병화, 『고요한 귀향(2판 1쇄)』, 서울: 시와 시학사, 2001.

• 논문들 ···

강영안, 「철학의 종말과 인간의 미래」, 『주체는 죽었는가(현대 철학의 포스트모던 경
　　　향)』, 서울: 문예, 1996.
김상환, 「테크놀로지 시대의 동도서기론」, 『창작과 비평』, 2001 봄호.
박희영, 「철학적 관점에서 본 서양의 종교」, 최영수 / 임영상 외, 『종교로 본 서양문화』,
　　　서울: 역민사, 2002.
이기상, 「계산의 시간: 아리스토텔레스에 있어서의 시간」, 『철학』 제35집, 1991 봄.
_____, 「하이데거의 현대 기술 비판」, 『철학교육연구』(제12권 제25호), 1996.
_____, 「인간은 無의 자리지기」, 『인문학연구』 제2집, 한국외국어대학교 외국학종합
　　　연구센터 인문과학연구소, 1997.
_____, 「형이상에 대한 현대적 접근 하이데거의 존재사건학」, 『형이상에 대한 동서
　　　양의 철학적 접근』, 한국정신문화연구원, 1998.
_____, 「존재의 역사와 새 천년 – 있음에서 살아 있음에로」, 『사회비평』 제21호(99~
　　　가을호).
이진우, 「하이데거: 형이상학 비판과 다른 사유에로의 길」, 『이성은 죽었는가(포스트
　　　모더니즘의 철학)』, 서울: 문예, 1998.
최준식, 「한국의 종교, 그 존재 당위성의 여부 문제에 대하여」, 한국종교학회, 『종교
　　　연구』(제18집), 1999년 가을.
조형국, 「기술시대와 초연한 삶: 인간과 기술, 그 자유로운 관계를 위한 한 해석」, 한
　　　국해석학회, 『해석학연구』(제22집), 2008년 가을호.

_____, 「삶과 현존재 그리고 본래성」, 신학과 사상학회, 『가톨릭신학과 사상』(제62호), 2008 / 겨울호

2) 한국어로 옮긴 글들(원저자 이름순 : 알파벳순)

Arendt. H., 『인간의 조건(The Human Condition)』, 이진우 · 태정호 옮김, 서울: 한길사, 1996.
_____, 『정신의 삶1(사유, The Life of the Mind)』, 홍원표 옮김, 서울: 푸른숲, 2004.
Baudrillard, J., 『소비의 사회(그 신화와 구조, 1판 중쇄)』, 이상률 옮김, 서울: 문예, 2002.
Haeffner, G., 『철학적 인간학(Philosophische Anthropologie)』, 김의수 옮김, 서울: 서광사, 1996.
Hufnagel. E., 『해석학의 이해(Einführung in die Hermeneutik)』, 강학순 옮김, 서울: 서광사, 1994.
Kierkegaard, S.A., 『철학적 단편 / 죽음에 이르는 병 외』, 손재준 역, 서울: 삼성출판사, 1990.
_____, 『이것이냐 저것이냐』, 백재욱 옮김, 서울: 혜원출판사, 1999.
_____, 『불안의 개념』, 임규정 옮김, 서울: 한길사, 2000.
Lefebvre, H., 『현대세계의 일상성』, 박정자 옮김, 서울: 기파랑, 2005.
Marcuse. H., 『1차원적 인간 / 부정』, 차인석 옮김, 서울: 삼성출판사, 1990.